U0471770

出版业知识服务转型之路

——知识服务国家标准解读

THE TRANSFORMATION OF
KNOWLEDGE SERVICE
IN PUBLISHING INDUSTRY

THE INTERPRETATION OF NATIONAL STANDARDS FOR
KNOWLEDGE SERVICE

主　　编　魏玉山

副 主 编　张　立

执行主编　刘颖丽

SSAP 社会科学文献出版社
SOCIAL SCIENCES ACADEMIC PRESS (CHINA)

《出版业知识服务转型之路——知识服务国家标准解读》

参与人员名单

主　　编：魏玉山

副 主 编：张　立

执行主编：刘颖丽

撰 稿 人：

第一章　谢　冰

第二章　张新新

第三章　高　培

第四章　韩　娜

第五章　刘化冰

第六章　王德胜

第七章　李　军

第八章　李　军

案例编写（按姓氏笔画）：

王　力　刘　冬　刘志辉　苏瑞欣　张运良

金　辉　翁梦娟　韩红旗

序

近年来，我国出版企业深入贯彻落实习近平新时代中国特色社会主义思想，把知识服务作为推动内容汇聚、挖掘内容产业的新动能，推出了大量优秀数字出版精品，不断丰富产业形态，增强优质内容供给，推动文化产业高质量发展，体现了出版企业在服务大局、服务群众中的新作为，彰显了出版企业用精品奉献人民的文化自觉。

习近平总书记指出："标准是人类文明进步的成果。中国将积极实施标准化战略，以标准助力创新发展、协调发展、绿色发展、开放发展、共享发展。"习总书记还多次强调，要从国情出发，从中国实践中来，到中国实践中去，使理论和政策创新符合中国实际、具有中国特色。出版界学习贯彻习近平总书记重要指示精神，重视标准的制定与完善，探索具有中国特色的出版业标准化建设之路，逐渐形成政府引领、机构协作、企业参与的标准化建设格局，为提升出版业科技竞争力和文化软实力，构筑中国精神、中国价值、中国力量作出积极贡献。

由全国新闻出版标准化技术委员会组织众多出版单位自主编制的知识服务系列国家标准，是出版业应用新技术、探索新模式的实践探索和经验总结，对于规范新闻出版知识服务、推动建立最佳秩序、促进技术的创新和应用具有非常重要和积极的意义。

《出版业知识服务转型之路——知识服务国家标准解读》一书阐述了新闻出版知识服务标准体系建设的方法和路径，对标准中的核心条款进行了解读，全方位展示了出版业技术与标准融合的新路径、新探索，体现了新闻出版知识服务的三个特点。

第一，以标促建，重塑出版产业链。通过发挥标准的规范功能，推动建立新闻出版知识服务的最佳秩序，重塑出版业生产管理流程，引导行业规范发展。

第二，以标提质，强化精品生产。通过发挥标准的带动作用，促进先进技术在新闻出版业的创新应用，催生思想精深、艺术精湛、制作精良的数字出版产品，有效提升产品和服务的整体质量和水平。

第三，以标增效，提高企业竞争力。通过发挥标准的示范引领效应，助力知识服务成为带动出版业融合发展的新引擎，推动传统出版产业向着现代化、智能型知识服务的方向转型升级，增强出版企业的市场竞争力。

出版作为蕴含创意和创造力的文化事业，在传播社会主流价值、传承弘扬中华文化、满足群众精神文化需求、服务经济社会发展等方面发挥了重要作用。建设标准体系，编制标准解读，推动标准应用，建立技术秩序，既是国家标准建设的新需要、新要求，也是出版业开展知识服务工作的内在需求。出版业要坚持标准引领，强化数字赋能，将内容与技术融合，面向用户获取“价值”，实现出版业新旧动能的转换和高质量发展。

中国新闻出版研究院院长

魏玉山

目　录

第一章
新闻出版 知识服务 标准体系

第一节 建设背景

近年来，出版产业在政策推动、市场带动以及技术驱动下，业务模式不断发生变革。数字出版业已经成为出版产业的重要组成部分，代表着出版产业的先进发展方向，代表着出版产业转型升级的未来。

在信息时代以前，出版单位通过筛选信息、减少信息来过滤信息，生产图书、报纸、期刊等标准化、可复制的传统出版物向公众传递信息，服务读者用户。传统出版受到物质载体与编辑技术的双重制约，出版集团大部分采用区域式设立，资源分布呈现“小、散、弱”的特点，较难实现低成本大规模的定制化服务，只能采取批量生产、大规模复制和销售的服务方式。在信息时代，数字技术促进了内容的融合，推动了内容数据库和数字化终端的产生，互联网技术的飞速发展也使内容传播打破了空间域界和时间跨度的制约，用户获取大量信息的途径愈加便利。面对西方出版集团的强势进入和民营企业信息服务发力迅猛的冲击，出版单位以内容资源作为生存和发展的根基，在政府的大力扶持下，借力数字技术和互联网技术，利用文化产业发展专项资金和国有资本经营预算资金，助推产业转型升级，实现了传统出版与数字出版流程再造，完成了部分优质资源的数字化和碎片化任务。数字出版从以原版原式电子书为代表的数字化阶段进入以数据库产品为代表的碎片化阶段。

随着出版业转型升级步伐的加快，一方面，出版业碎片化的内容资源越来越丰富，出版领域分布式、异构的内容数据呈现爆炸式增长态势，内容专业分化也越来越细，但由于缺乏数字核心技术以及对用户需求的及时把握，存在内容与技术割裂，大量有用的知识被湮没在海量信息和资源当中等问题；另一方面，读者对能体现自身特色、具有综合性和知识性的服务需求日益增多，他们的需求由单一的信息索取向线性化、层次化、连接化的数据分析，乃至向结构化、网络化、智能化的知识探索利用转变。这些都要求出版单位从集成出版思维上升到知识服务理念的高度，改变对内容的认识，从出版范畴下碎片化的图书库、期刊库转变到文章库（或片段库）、图片库、音像库、视频库等多媒体化的知识库，从产品生产商转型为知识服务商。

2014 年，国家新闻出版广电总局、财政部联合发布《关于推动新闻出版业数字化转型升级的指导意见》，明确提出重点支持部分专业出版单位按服务领域划分、联合开展专业数字内容资源知识服务模式探索。2015 年 3 月，国家新闻出版广电总局开始推动“专业数字内容资源知识服务模式试点工作”，并首批选取了 28 家出版单位，共同探索知识服务模式创新，探索国家知识服务体系建设的总体布局。2017 年底，又确定 27 家新闻出版单位为第二批专业数字内容资源知识服务模式试点单位。2018 年，试点单位的遴选扩大到大学和科研院所的单位，最后确定 55 家新闻出版单位、少量大学和科研院所为第三批专业数字内容资源知识服务模式试点单位。自此，试点单位已达 110 家。主管部门对新闻出版知识服务的布局逐步完备，新闻出版知识服务支撑体系渐趋完善，这也标志着出版数字化转型由数字出版流程再造、专业资源库建设阶段迈向知识资源服务建设阶段。

新闻出版知识服务以知识体系构建为基础，将实现出版流程再造。第一，在选题创意环节，基于知识体系对策划、约稿进行查漏补缺，发现潜在领域，发挥竞争优势。第二，在审校环节，按照知识体系对出版单位内容资源进行知识标引，实现纸质图书、知识库等多形态产品协同出版。第三，通过知识计算、智能搜索等人工智能技术，自动获取增量知识，形成跨学科、跨领域的知识图谱，从而实现知识共享。出版业应深刻认识到，知识服务是推动内容汇聚、挖掘内容产业的新动能，是实现产业快速增长、向高质量出版发展转型的新方向，是优化产业结构、深化供给侧改革、提质增效的新手段。

出版业具有开展知识服务的天然优势。出版单位拥有资源优势、人才优势和专业化优势，应在自身优势的基础上主动担负起为用户选择、整理知识的责任，向知识服务领域探索。自2014年以来，越来越多的出版单位立足自身特色的、大量的、可信的、高品质的内容资源，将大数据、云计算、物联网、人工智能等新一代信息技术有机地融合到出版产业链条之中，打通数字出版产业链的内容、技术、营销及衍生服务等各个环节，在多层次、多维度、多形态的产品提供和服务供给方面，从内容、产品到模式、业态不断进行全方位创新，使很多产品在数据库的基础上拓展出更丰富的功能，构建起以用户为导向的数字化知识服务体系，研发立体化、个性化、定制化的知识产品和服务，建立健全销售渠道，以知识服务为业态创新表现实现新闻出版业融合发展。

知识服务有力提升了新闻出版业的内容资源服务水平。新闻出版知识服务将散布在各种文献中各学科门类的学科型实证知识、各行各业在产业发展过程中生成的应用型知识，以及随着社会的进步和发展产生的各种最新知识，利用大数据、人工智能、物联网等技术，围绕用户需求进行传递，为用户提供细粒度的知识及相关信息等个性化服务，提高了知识内容的查找速度和精准度。它超越了以文献服务为主的服务模式，是以字、词等知识元为主的服务模式，颗粒度更小。出版单位背靠行业，依托资源优势做内容增量，完善底层知识体系和图谱，利用技术使碎片化的知识能够更精准地被检索和呈现，重新构建新的知识传播体系，使用户能够迅速地找到需要的内容。知识服务让知识更新速度更快，知识传播范围更广，知识获取方式更便捷。知识服务实现了有价值的知识聚合和高效率的知识应用，是出版业实现转型升级的重要方向。

第二节　建设目的和意义

一　建设目的

国家标准GB/T 20000.1—2014《标准化工作指南 第1部分：标准化和相关活动的通用术语》对“标准化”的定义是：“为了在既定范围内获得最佳秩序，促进共同效益，对现实问题或潜在问题确立共同使用和重复使用的条款以及编制、发布和应用文件的活动。”同时在定义后注明：（1）标准化活动确立的条款，可形成标准化文件，包括标准和其他标准化文件；（2）标准化的主要效益在于为了产品、过程或服务的预期目的改进它们的适用性，促进贸易、交流以及技术合作。标准化是组织现代化生产的重要手段和必要条件；是合理发展产品品种、组织专业化生产的前提；是实现科学管理和现代化管理的基础；是提高产品质量，保证安全、卫生的技术支撑；是国家资源合理利用、节约能源和原材料的有效途径；是推广新材料、新技术、新科研成果的桥梁；是消除贸易障碍、促进国际贸易发展的通行证。

标准化是出版业在互联网时代建立沟通的基础，是互联互通的前提，引领着技术和应用的创新。当前，出版单位知识服务发展虽然呈现推进路径各具特色、应用模式百花齐放的良好态势，但还存在诸多问题：（1）多平台、多领域间互联互通，跨平台、跨领域调用的统一接口规范有待建立；（2）技术需求广泛，共性技术有待提炼，技术体系有待完善，亟待攻克关键技术瓶颈，以支撑新闻出版知识服务的应用推广；（3）技术成果转移及应用创新的环境有待营造，区域协调的格局有待打开，产业链上下游资源的对接有待完善，全产业链、全价值链协同发展的态势有待形成。这些问题的解决亟待建立和完善新闻出版知识服务标准体系。

新闻出版知识服务标准化是指出版单位在开展知识服务的实践中，对重复性的事物和概念，通过制定、发布和实施标准达到统一，以获得最佳秩序和社会效益。新闻出版知识服务标准化不是中间的一个孤立环节，而是从源头开始的，是制定、执行和不断完善新闻出版知识服务标准的过程，是不断提高新闻出版知识服务产品质量、提高新闻出版知识服务管理水平、提高出版业经济效益和社会效益的过程。

新闻出版知识服务标准体系是新闻出版知识服务标准化工作的顶层设计。建设新闻出版知识服务标准体系，既是打造新闻出版知识服务的技术支撑，又是构建新闻出版知识服务发展生态的关键环节。

标准体系描绘出标准化活动的发展蓝图，明确标准化工作努力方向和工作重点。标准体系不但会列出现有标准，还有今后要发展的标准和相应的国际标准、国外先进标准，反映与国外的差距和自身标准体系中的空白，为系统了解国际标准、国家标准、行业标准、工程标准和企业标准提供全面参考，并有助于指导编制标准、制 / 修订计划和完善健全现有标准体系。

新闻出版知识服务标准体系是指在规划、设计、建设、运行、管理新闻出版业知识服务工作的过程中所涉及的标准，按其内在联系形成的科学的有机整体。它有两层含义。首先，新闻出版知识服务标准体系是一个整体，体系内各项标准之间具有内在的有机联系。其次，新闻出版知识服务标准体系的组成单元是标准，通过标准体系框架和标准体系表的形式反映该标准体系的概况、总体结构以及体系内各标准之间的内在联系。其中，标准体系框架可简单地看作标准体系表的结构性框架，主要是在对现有相关各级各类标准进行系统梳理与概略研究的基础上，确定分类依据，形成条理明确、层次清晰的标准组成架构，以方便全面系统地了解标准体系。

新闻出版知识服务标准体系的建设目的是在充分遵循现有国际标准、国家标准、新闻出版行业标准和工程标准的基础上，构建一套涵盖新闻出版业知识服务工作规划、设计、建设、运行和管理的标准体系，并通过组织培训、宣传推广等多种方式促进相关标准规范的贯彻和实施，进而确保新闻出版业开展知识服务工作时规划科学、设计合理、运行规范、管理有序。

二　建设意义

新闻出版知识服务标准体系的建设是新闻出版业开展知识服务工作的重要内容，其建设意义主要包括以下三个方面。

第一，在科学上，新闻出版知识服务标准体系的建设将发挥标准的带动作用和示范引领效应，有利于拓宽知识资源的组织、加工、管理、运用及服务的范畴，推动知识服务范畴的统一，进而促进我国知识服务学术领域的发展，推动与人工智能紧密相关的知识计算规则、知识标引方法、知识服务与知识管理等科学理论研究，助力知识服务成为带动知识经济发展的新引擎，助力数字出版发展为数字经济的新动能，推动传统出版和新兴出版的动能接续转换。

第二，在技术上，新闻出版知识服务标准体系的建设有助于将知识服务与新兴技术融合，推进传统出版产业转型升级，有助于推动大数据、云计算、语义标引、知识关联、增强现实、虚拟仿真、知识计算与知识标引、人工智能、自动化控制等多项高新技术在新闻出版业广泛应用，促进知识服务及其相关前沿技术的应用与推广，提升新闻出版行业知识服务的应用水平。

第三，在产业上，新闻出版知识服务标准体系的建设将有助于带动整个新闻出版行业的发展，对数字内容产业乃至数字经济的发展有巨大的推动作用。新闻出版知识服务标准体系的建设，对开展线上知识服务、数字图书馆、知识库、增强现实知识服务、跨媒体知识图谱、移动知识服务等一系列构成出版产业产品要素的知识服务将起到规范引领的作用，可以促进增强现实、虚拟仿真、知识计算、大数据、云计算、人工智能等先进技术在新闻出版业的广泛运用和创新变革，重塑新闻出版业生产管理流程，推动传统出版产业向着现代化、智能型知识服务的方向转型升级。

第三节　建设原理与原则、技术路线及过程

一　建设原理

1. 标准理论

（1）标准的定义及特性

所谓标准，就是为了在一定的范围内获得最佳秩序，经协商一致制订并由公认机构批准，共同使用和重复使用的一种规范性文件。从这个定义看，标准具有以下四个特性。一是权威性。标准要由权威机构批准发布，在相关领域有技术权威，为社会所公认。二是民主性。标准的制订要经过利益相关方充分协商，并听取各方意见。三是实用性。标准的制订、修订是为了解决现实问题或潜在问题，在一定的范围内获得最佳秩序，实现最大效益。四是科学性。标准来源于人类社会实践活动，其产生的基础是科学研究和技术进步的成果，是实践经验的总结。标准制订过程中，对关键指标要进行充分的实验验证，标准的技术内容代表着先进的科技创新成果，标准的实施也是科技成果产业化的重要过程。

（2）标准体系的定义及含义

国家标准 GB/T 13016—2018《标准体系构建原则和要求》中对标准体系的

定义是：“一定范围内的标准按其内在联系形成的科学的有机整体。”从这一定义中，可以看到标准体系包含以下三个方面的含义。一是标准体系的基本单元是标准。二是标准之间具有内在联系，主要体现为标准之间的系统联系、结构联系和功能联系，标准之间要协调、配套。三是标准体系是科学的有机整体，要求每个标准及整体标准体系要科学合理、切合实际，形成系统，而不是简单的集合。标准体系是在实践中形成并发展的，因而应是在一定条件下相对稳定而又能不断发展完善的系统。

国家标准 GB/T 13016—2018《标准体系构建原则和要求》还对标准体系模型和标准体系表进行了定义。标准体系模型的定义是：“用于表达、描述标准体系的目标、边界、范围、环境、结构关系并反映标准化发展规划的模型。”标准体系表的定义是：“一种标准体系模型，通常包括标准体系结构图、标准明细表，还可以包含标准统计表和编制说明。”

构建标准体系是运用系统论指导标准化工作的一种方法，是标准化工作的重要内容。从上述定义可以看出，构建标准体系主要体现为研制标准体系结构图和标准明细表，提供标准统计表、编写研制说明，这是标准体系建设的主要工作，也是研制标准、制/修订规划和计划的依据。

2. 标准制/修订程序

我国在借鉴世界贸易组织（WTO）、国际标准化组织（ISO）和国际电工委员会（IEC）的标准制订阶段划分规定的基础上，依据《国家标准管理办法》对我国标准的计划、编制、审批发布和复审等程序的具体要求，确立了我国标准制订的常规程序。我国标准制订的常规程序需要依次经过九个阶段，具体为：预研阶段、立项阶段、起草阶段、征求意见阶段、审查阶段、批准阶段、出版阶段、复审阶段和废止阶段。

预研阶段是标准制/修订过程中提出标准计划项目建议的准备阶段。主要工作内容包括研究分析、决定是否申报标准立项，并完成立项申报材料。主要工作程序是标准提案方向标准化技术委员会提出项目提案，由标准化技术委员会论证项目提案，并确定是否向国务院标准化主管部门申报项目。形成的必备文件清单包括项目建议书、标准草案、经费预算等。

立项阶段是国务院标准化行政主管部门对上报的国家标准新工作项目建议进行统一汇总、审查、协调、确认的过程。立项阶段的主要工作是在标准预研阶段结束之后，将技术委员会或行业主管部门评估通过的项目向国务院标准化行政主管部门申报（其中直属技术委员会的可直接申报），并经国务院标准化行政主管部门审批下达计划，主要由国务院标准化行政主管部门完成。立项阶段最终形成的结果为批准或否决项目，形成的文件为国家标准项目计划。

起草阶段是标准制订的构建阶段和核心所在。起草阶段主要由技术委员会落实计划，组织项目实施。即组建标准起草工作组，由标准起草工作组完成标准征求意见稿及征求意见稿的编制说明和相关试验报告等文件。起草阶段形成的必备文件清单包括标准草案征求意见稿、标准编制说明等。

征求意见阶段是在标准征求意见稿编制完成后，就标准征求意见稿广泛征求意见，并对征集的意见进行汇总和相应处理，按处理结果修改标准征求意见稿，形成标准送审稿和意见汇总处理表的过程。征求意见阶段由标准起草组准备文件，由技术委员会或分技术委员会秘书处组织开展。标准起草工作组要将各起草单位提出的建议和意见综合，在草案阶段进行充分研究与协商，达成一致意见后形成标准征求意见稿。标准征求意见稿形成后，由标准起草工作组组长审核，经标准化技术委员会统一组织向标准相关的各个利益相关方征求意见。征求意见阶段形成的必备文件清单包括标准送审稿、标准编制说明和意见汇总处理表等。

审查阶段是在征求意见阶段之后，由标准起草工作组完成送审稿及相关送审材料，提交技术委员会、行业主管部门进行标准审查的标准化活动。审查阶段的主要工作内容包括：以会审或函审的形式对标准草案送审稿进行审查，标准审查组织单位将审查的意见反馈给标准起草工作组，标准起草工作组根据收集到的各种意见对标准送审稿进行修改，在此基础上形成标准草案报批稿。审查阶段完成后形成完整报批材料，包括标准报批稿及编制说明、会议纪要（或审查结论、函审结论）。

批准阶段是国务院标准化行政主管部门对报批稿及相关工作文件进行审核和协调的过程。出版阶段是国家标准出版单位按照 GB/T 1.1 的规定，对国家标准出版稿进行必要的编辑性修改和出版的过程。批准阶段形成的文件包括标准审核最终稿、标准编辑稿、标准发布稿和发布公告。出版阶段形成的文件是标准出版稿。

复审阶段是技术委员会或技术归口单位对国家标准的适用性进行评估并做出复审结论的过程。标准复审的结论分为继续有效、修订、修改或废止。对于继续有效的标准，向社会公众公布复审日期；对于需要修订的标准，重新立项开展技术内容的修订；对于需要废止的标准，由制定标准的部门按照程序发布废止公告。标准的复审周期一般不超过 5 年。复审阶段形成的文件是复审结论和复审报告。废止阶段是对复审阶段决定为废止的标准予以公告废止的过程。废止阶段形成的文件是国务院标准化行政主管部门发布国家标准废止信息的废止公告。

此外，为了缩短标准制定周期，适应国家对市场经济快速反应的需要，我国《采用快速程序制定国家标准的管理规定》规定，制定标准可采用快速程序。快速程序是在常规程序的基础上，省略起草阶段或者省略起草阶段和征求意见阶段的简化程序。快速程序适用于已有成熟标准草案的项目，特别适用于变化快的高新技术领域。快速程序通常有两类——B 程序和 C 程序。快速 B 程序是在常规程序的基础上省略起草阶段的简化程序，适用于等同采用或修改采用国际标准或国外先进标准制定为国家标准的项目和现行国家标准的修订项目；快速 C 程序是在常规程序的基础上省略起草阶段和征求意见阶段的简化程序，适用于现行国家标准的修订项目和现行其他层级的标准（如行业标准）转化为国家标准的项目。

二　建设原则

建设新闻出版知识服务标准体系主要依据的原则有科学性原则、规范性原则、实用性原则、适用性原则、通用性原则、完整性原则、协调性原则和前瞻性原则。

1. 科学性原则

在建设新闻出版知识服务标准体系时，充分借鉴现有的知识服务相关国际标准、国家标准、行业标准及其他标准，相关的报告和学术文献，结合出版领域实际应用，搭建标准框架，编写体系内容。

2. 规范性原则

新闻出版知识服务标准体系依据《标准化工作导则 第 1 部分 标准的结构和编写》（GB/T 1.1—2009）和《标准体系表编制原则和要求》（GB/T 13016—2009）进行标

准内容的编写，研制程序遵循国家标准制订的相关要求，确保标准内容及程序的规范性。

3. 实用性原则

新闻出版知识服务标准体系在基本条件、基本流程和基本方法上考虑新闻出版及相关单位开展知识服务工作的实际，给出了新闻出版及相关单位开展知识服务工作的标准体系的层次结构和标准明细，切实指导新闻出版及相关单位开展知识服务工作。

4. 适用性原则

根据知识服务的特点，结合新闻出版及相关单位开展知识服务工作组织实施等方面的要求，提出适用于新闻出版及相关单位开展知识服务工作时需遵循的规范性要求和方法。

5. 通用性原则

在建设新闻出版知识服务标准体系的过程中，充分考虑了新闻出版及相关单位开展知识服务工作各个阶段、各个环节及各方面应用的共性需求，确保各项标准在应用过程中充分满足出版机构、技术企业及用户的多重需求。

6. 完整性原则

根据新闻出版及相关单位开展知识服务工作的特点，全面、完整地提出适用于新闻出版及相关单位开展知识服务工作的标准体系。

7. 协调性原则

在建设新闻出版知识服务标准体系的过程中，充分考虑各项标准之间相互制约的关系，确保体系中各项标准是相互联系、相互衔接、相互补充的，确保各项标准在新闻出版及相关单位开展知识服务工作的各个阶段、各个环节及各方面应用发挥作用时可相互配合、互为支撑。

8. 前瞻性原则

新闻出版知识服务标准体系的建设以当前新闻出版及相关单位开展知识服务工作为基础，也考虑到相关技术的发展和应用对知识服务工作所产生的影响，可为新闻出版及相关单位发挥内容资源优势，完成由传统出版企业向知识服务提供商转型升级提供借鉴和参考。

三 技术路线

新闻出版知识服务标准体系的建设成果主要包括新闻出版知识服务标准体系结构图、标准明细表、标准统计表以及研制说明。其中，新闻出版知识服务标准体系结构图、标准明细表和标准统计表以新闻出版知识服务标准体系表的形式来呈现。新闻出版知识服务标准体系的建设过程，也可以说是新闻出版知识服务标准体系表的编制过程。编制新闻出版知识服务标准体系表应遵循的技术路线如下。

第一，根据研制进度要求，从标准化需求出发明确标准体系表制定思路，制定切实可行的研制方案和研制计划。

第二，根据标准体系表研制工作要求组织起草组。起草组成员包括标准专家、技术专家等，并充分吸纳标准体系的利益关联方，确保标准体系表制定的广泛性和适用性。

第三，开展广泛、充分的调研。一方面，充分了解行业对标准体系的实际需求；另一方面，广泛收集国内外相关的标准、文献资料，为标准体系表的研制奠定坚实基础。

第四，在调研工作的基础上，明确标准体系的对象和范围，确定标准体系的内容和要素，拟定标准体系表大纲，完成工作组稿。

第五，经过起草组内部讨论和修改，以协调一致为原则，完成标准体系表征求意见稿及编制说明，面向管理部门、专业领域以及全社会充分征求意见。

第六，起草组整理汇总并研究讨论意见处理情况，完成标准体系表意见汇总处理表，以及编制说明的修改，并形成标准体系表的送审稿等成果。

第七，接受相关机构组织的专家审查，通过后根据专家意见修改完成标准体系表的报批稿及其他成果。

四 建设过程

新闻出版知识服务标准体系的建设过程以国家标准制/修订程序为参照依据，按照技术路线的相关要求具体开展建设工作。这是保障标准体系质量，提高标准体系技术水平，实现标准体系编制过程公平公正、公开透明、协商一致的基础和前提。

1. 预研阶段和立项阶段

2015 年 4 月，全国新闻出版标准化技术委员会提出研制新闻出版知识服务标准体系，并组织召开新闻出版知识服务标准体系研讨会，邀请相关专家讨论新闻出版知识服务标准体系的目的和意义，并对新闻出版知识服务标准体系的工作方案、工作计划及草案进行研讨，明确以新闻出版知识服务标准体系表的形式呈现新闻出版知识服务标准体系，确定了标准体系表的名称、范围和主要技术内容，说明了研制周期和经费预算等。

2. 起草阶段

2015 年 5 月，全国新闻出版标准化技术委员会面向“专业数字内容资源知识服务模式”的 28 家试点单位征集新闻出版知识服务标准体系表的起草单位。经过申报和遴选，于 2015 年 6 月 26 日组织召开新闻出版知识服务标准体系表研制工作启动会，会上正式成立由人大数媒科技（北京）有限公司为组长单位的新闻出版知识服务标准体系表起草组。

2015 年 7~9 月，起草组组长单位通过调查研究，编制新闻出版知识服务标准体系表工作组稿，并在起草组内部进行讨论和修改，形成新闻出版知识服务标准体系表征求意见稿及其编制说明等附件。

起草组组长单位在开始编写工作组稿前，查阅并研究了标准体系表编制等方面的法律法规、国内外相关标准资料和技术资料，总结了相关技术、标准的框架和相关内容。调研的相关标准和部分资料如下。

- GB/T 1.1—2000《标准化工作导则 第 1 部分：标准的结构和编写规则》
- GB/T 1.1—2009《标准化工作导则 第 1 部分：标准的结构和编写》
- GB/T 13016—2009《标准体系表编制原则和要求》
- GB/T 13017—2008《企业标准体系表编制指南》
- GB/T 19000—2008《质量管理体系 基础和术语》
- GB/T 20000.1—2002《标准化工作指南 第 1 部分：标准化和相关活动的通用词汇》
- GB/T 20000.2—2001《标准化工作指南 第 2 部分：采用国际标准的规则》

- GB/T 20000.3—2003《标准化工作指南 第3部分：引用文件》
- CY/T 90.1—2013《出版元数据 第1部分：框架》
- CY/T 90.2—2013《出版元数据 第2部分：核心数据元素集》
- CY/T 90.3—2013《出版元数据 第3部分：通用数据元素集》
- CY/T 90.4—2013《出版元数据 第4部分：扩展及应用》
- CY/T 90.5—2013《出版元数据 第5部分：维护与管理》

起草组在充分研究现有的国内外先进技术，做好前期调研的基础上，进一步剖析了新闻出版知识服务标准体系的建设目标和行业需求，对新闻出版知识服务标准体系表应涉及的内容和定位进行了梳理和确定，围绕新闻出版知识服务标准化需求，经过多次讨论和修改，制定了新闻出版知识服务标准体系表的大纲。

依据新闻出版知识服务标准体系表的大纲，起草组撰写了新闻出版知识服务标准体系表的工作组稿（一稿）、工作组稿（二稿）、工作组稿（三稿）、工作组稿（四稿）。在起草过程中，起草组成员通过会议、电话、微信等方式多次进行了研讨，不断深入剖析行业需求，保证新闻出版知识服务标准体系满足行业实际需要和未来发展需求。

经过多次沟通交流，起草组内部达成了一致意见，确定了新闻出版知识服务标准体系的范围，新闻出版知识服务标准体系的构建要从新闻出版知识服务的业务逻辑出发，编制适用于新闻出版知识服务全过程的标准体系。在此基础上，起草组对工作组稿（四稿）进行完善，形成了征求意见稿及其编制说明，并提交到全国新闻出版标准化技术委员会。

3. 征求意见阶段

全国新闻出版标准化技术委员会在收到新闻出版知识服务标准体系表起草组组长单位人大数媒科技（北京）有限公司提交的《新闻出版知识服务标准体系表（征求意见稿）》后，于2015年9月30日开始面向相关专家及出版单位征求意见。截止到2015年10月20日，共征求到39条意见。全国新闻出版标准化技术委员会将征求到的39条意见反馈给新闻出版知识服务标准体系表起草组组长单位。组长单位通过会议、微信、电话等多种方式与起草组成员沟通交流，明确对39条意见的处理结果，汇总后形成《新闻出版知识服务标准体系表意见汇总处理表》，并修改完成《新闻出版知识服务标准体系表》送审稿定稿及编制说明。2015 年 11 月 6 日，起草组组长单位将意见汇总处理表、编制说明及标准送审稿定稿提交至全国新闻出版标准化技术委员会。

4. 审查阶段

全国新闻出版标准化技术委员会于 2015 年 11 月 12 日组织召开新闻出版知识服务标准体系表专家审查会。会上，新闻出版知识服务标准体系表送审稿定稿通过专家审查。会后，起草组组长单位根据专家意见修改完成新闻出版知识服务标准体系表报批稿，并于 2015 年 11 月 18 日将报批稿、编制说明及意见汇总处理表提交至全国新闻出版标准化技术委员会。

5. 批准阶段和出版阶段

2015 年 11 月 23 日，新闻出版知识服务标准体系由国家新闻出版广电总局数字出版司正式发布并实施。由于新闻出版知识服务标准体系属于工程标准，工程内部使用即可，因此未将其出版。

6. 复审阶段

伴随新闻出版知识服务工作的推进，新闻出版知识服务标准化工作也在不断深入，在 2015 年 11 月 23 日发布的 GC/ZX 19—2015《知识服务标准体系表》等 8 项通用工程标准的基础上，2016 年全国新闻出版标准化技术委员会向国家标准化管理委员会提出相应的国家标准提案。2017 年，7 项标准列入当年的国家标准制定计划，包括《新闻出版 知识服务 知识资源建设与服务工作指南》《新闻出版 知识服务 知识资源建设与服务基础术语》《新闻出版 知识服务 知识资源通用类型》《新闻出版 知识服务 知识关联通用规则》《新闻出版 知识服务 主题分类词表描述与建设规范》《新闻出版 知识服务 知识元描述通用规范》《新闻出版 知识服务 知识应用单元描述通用规范》。由于技术的进步和标准化工作环境的变化发展，全国新闻出版标准化技术委员会于 2018 年 4 月对 GC/ZX 19—2015《知识服务标准体系表》的适用性进行评估，提出对该标准进行修订的复审结论。

新闻出版知识服务标准体系的修订采用快速 B 程序，在常规程序的基础上省略起草阶段，直接进入征求意见阶段。由全国新闻出版标准化技术委员会组织实施，由原起草组组长单位人大数媒科技（北京）有限公司起草修订，于 2018 年 4~5 月面向管理部门、专业领域以及全社会充分征求意见。本次共征求到 31 条意见，其中增加相关标准 22 条，删除相关标准 3 条，调整相关标准 6 条；采纳 21 条，不采纳 10 条。2018 年 5 月 9 日，召开审查会，修订后的新闻出版知识服务标准体系通过专家审查。2018 年 6 月 21 日，修订后的新闻出版知识服务标准体系正式发布并实施。

第四节　新闻出版知识服务的业务逻辑

新闻出版知识服务的标准规范，归根结底是为新闻出版知识服务业务服务的，新闻出版知识服务标准体系建设要紧密结合新闻出版知识服务的具体业务。因此，有必要分析提炼出新闻出版知识服务的业务逻辑。

一　新闻出版知识服务的内涵

新闻出版知识服务是建立在新一代信息技术基础上的新型数字出版服务形态。其本质是基于海量的、权威的、系统的内容资源，通过对内容资源进行碎片化处理、标引、语义关联、深度挖掘和统计分析，为用户提供科研、生产、教育等多场景下的多元化、立体化、定制化服务。其核心是根据用户的个性化需求，利用数据挖掘、语义分析、人工智能等新一代信息技术，从海量的内容资源中提取知识，并对知识及资源进行搜寻、组织、分析和重组，建立庞大的知识资源库，通过双向互动的方式，为用户提供多样化、定制化的集成知识或解决方案，实现知识应用和知识创新。知识服务是知识获取、知识组织、知识应用、知识创新这几个环节循环迭代，知识服务产品和解决方案不断调整和优化的过程。

新闻出版知识服务是基于知识资源或知识产品，为满足目标用户知识需求的一种服务活动。它是以用户为中心的服务，是面向解决方案的服务，是满足个性化需求的服务。新闻出版知识服务关注用户的需求，给用户提供的不是海量无序的信息，而是根据用户的问题与需求，利用数据挖掘、异构数据库、知识图谱等技术对资源进行组织与分析，向用户提供可以解决问题的知识资源的一种服务。首先，将新闻出版领域内现有的出版内容资源知识化。然后，以字或词为元素，以知识元为最小基本单元，将各行各业、各门类的知识进行大规模的结构化整合，建立计算机可操作的、结构科学的、层次清晰的、覆盖全面的、高度关联的、内容正确的分布式知识库群，进而为用户提供科学、权威、准确、及时的高度可信的知识服务。

二 新闻出版知识服务的业务逻辑

根据新闻出版知识服务的内涵，新闻出版知识服务的业务逻辑可分为三个阶段：资源采集和管理阶段、知识资源组织阶段和知识应用服务阶段。具体分析如下。

1. 资源采集和管理阶段

在这一阶段中，出版单位的目标是获得数据化、结构化的内容资源库。大规模、高质量的资源是新闻出版知识服务的前提，是知识标引的基础，是知识图谱形成的素材。新闻出版知识服务应以资源采集和管理为起点，发挥行业出版累积多年形成的内容资源优势。新闻出版知识服务不是传统的书报刊编辑方式，而是对出版单位底层数据资源的深层次开发与利用。这些资源既包括基于专业出版、部委出版社所产生的条资源，还包括基于地域性出版单位所产生的块资源。发现、深度挖掘和组织这些庞大的资源，需要出版业根据资源特点和规律，横向、纵向聚集梳理各类资源，重塑新闻出版知识的采集、存储体系，形成可提供强大智力支撑的内容资源库。

资源采集和管理阶段的业务流程如下：首先，出版单位将其既存的出版内容资源进行内容资源数字化、结构化加工，并对资源进行标识后存入内容资源库；其次，出版单位将日常编辑出版过程中的资源，通过同步化手段，进行数字化、结构化加工，并对资源进行标识后存入内容资源库；最后，出版社可在主营业务之外，将通过资源置换、资源购置、网络抓取等方式获得的资源进行标识后存入内容资源库。

2. 知识资源组织阶段

在这一阶段中，出版单位的目标是获得知识体系、知识库和知识化资源库。知识体系是一个主题或一个领域涉及的知识内容及关联内容。专业、权威的知识体系是形成知识库的关键，是知识标引的依据和参照，与内容资源一起被看作专业出版机构的核心资产。知识体系构建可以让碎片化的知识互相关联，形成知识库，帮助用户更好地获取和理解知识，为用户提供系统化、定制化的知识服务，实现更方便、快捷、智能化的知识传播。构建知识化资源库的核心是对内容资源进行知识标引。标引是检索的前提，标引既能反映文献的重要信息，又能起到为检索服务的作用。没有正确的标引，就不可能真正实现精准检索。

知识资源组织阶段的业务流程如下：首先，出版单位分别构建概念型、事实型等类型的知识元；其次，在知识元构建的基础上，出版单位厘清知识元相互之间的逻辑层次，分别从学科层面和行业层面构建知识体系，并对知识体系进行管理和维护，形成知识库；最后，出版单位利用知识库，围绕特定领域用户的业务流程和工作环节，或围绕特定的知识应用场景，对内容资源库中的数字内容资源进行重组、聚类和关联等知识化加工，进而形成知识化资源库。

3. 知识应用服务阶段

在这一阶段，出版单位的目标是向用户提供科学、权威、准确、及时的高可信的知识服务和产品。出版单位推进知识服务，最终还是要落到产品上。只有以优质的产品作为突破口，才能征服用户，推动企业转型。出版单位对知识化资源库和知识库中的资源进行知识服务与产品管理形成知识服务和产品，知识服务和产品通过知识服务和运营被推送给用户。出版单位根据用户需求向用户提供的知识产品包括电子书、专业内容数据库、知识库、大型开放式网络课程、大数据平台等；出版单位根据用户特定领域、特定行业、特定应用场景的知识需求，向用户提供知识解决方案、移动型知识服务和小规模限制性在线课程服务等，以切实解决用户的实际问题。

此外，收集知识利用后的用户反馈可以促进资源采集内容的调整，不断优化聚合内容，对用户反馈进行分析，挖掘新的知识，不断完善知识体系、知识库和知识化资源库，进而对知识产品不断进行更新迭代，最终建成可动态调整的、不断进化完善的、可循环的智能化新闻出版知识服务体系。据此，新闻出版知识服务的业务逻辑如图 1-1 所示。

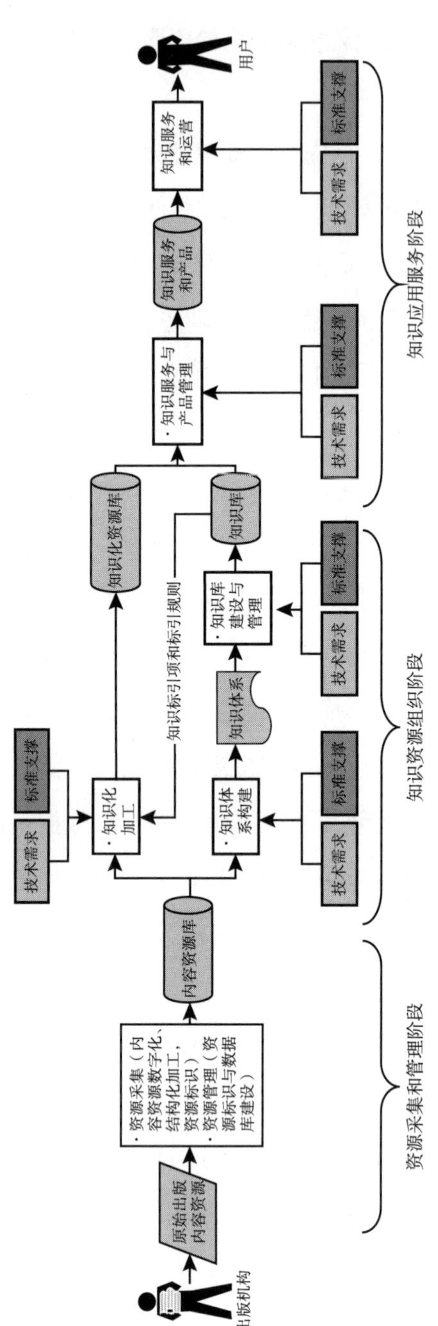

图 1-1　新闻出版知识服务业务逻辑

第五节 新闻出版知识服务标准体系

一 新闻出版知识服务标准体系

根据新闻出版知识服务的业务逻辑，结合标准体系建设的特点，由全国新闻出版标准化技术委员会组织，人民交通出版社、化学工业出版社、人民法院出版社等专业数字内容资源知识服务模式试点单位参与，人大数媒科技（北京）有限公司执笔起草的《知识服务标准体系表》，明确了新闻出版知识服务标准体系。具体设计如图 1–2 所示。

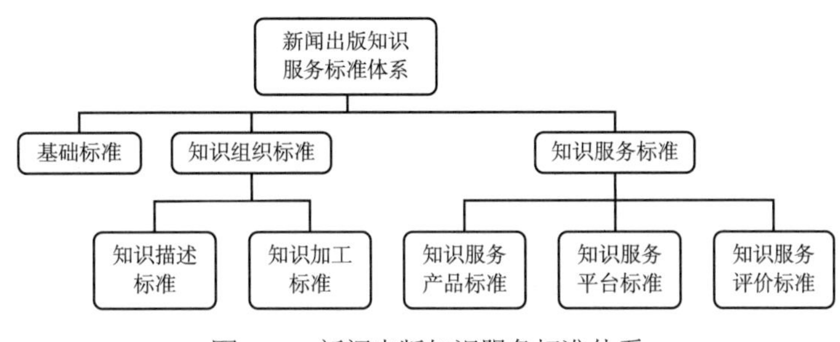

图 1–2 新闻出版知识服务标准体系

1. 基础标准

基础标准是整个新闻出版知识服务标准体系的基础，应满足标准总体设计和总体规划要求，并结合新闻出版知识服务建设的实际情况。本部分主要包括体系表、指南、术语标准、资源分类标准及关联标准等。

2. 知识组织标准

知识组织标准从知识描述和知识加工两个角度划分。知识描述标准主要包括知识元标准、知识单元标准、主题分类词表标准、知识地图标准等；知识加工标准主要包括加工标准、关键词标准、知识元建库规范等。

3. 知识服务标准

知识服务标准从知识服务管理角度分为知识服务产品标准、知识服务平台标准和知识服务评价标准三类。知识服务产品标准主要包括知识图谱标准、版权标准和互动规范等；知识服务平台标准主要包括身份认证标准、技术规范标准、用户画像标准等；知识服务评价标准主要包括评价规范，旨在对知识产品及服务质量进行评价。

二　新闻出版知识服务标准明细

有了标准体系结构，就可以在此基础上对标准体系结构逐步进行细化和完善，进而形成新闻出版知识服务标准明细[①]。

1. 基础标准明细

基础标准明细如表 1-1 所示。

表 1-1　基础标准明细

分体系名	序号	标准编号	标准名称	研制方向	优先级别	宜定级别	研制状态
基础标准	1	GB/T 38382—2019	新闻出版 知识服务 知识资源建设与服务工作指南	规定了知识资源建设与服务工作的基本条件、基本流程和基本方法	高	国家标准	已发布
	2	GB/T 38377—2019	新闻出版 知识服务 知识资源建设与服务基础术语	规范知识资源建设和知识服务相关的常用术语	高	国家标准	已发布
	3	GB/T 38380—2019	新闻出版 知识服务 知识资源通用类型	对知识资源的分类进行统一规范	高	国家标准	已发布
	4	GB/T 38378—2019	新闻出版 知识服务 知识关联通用规则	制定统一的知识关联表达方式和关联规则	高	国家标准	已发布
	5	—	知识对象标识符规范（KOI）	对知识对象的统一标识，旨在实现对知识对象的统一管理、有效整合和资源共享	高	行业标准	在编
	6	—	知识关联服务标识符（KLS）	从知识服务层面应用 ISLI 标准，针对知识组织以及知识服务的特性进行扩展关联属性和扩展关联模式等方面进行规范	高	行业标准	在编
	7	GC/ZX 19—2015	知识服务标准体系表	覆盖知识服务完整流程的标准体系，包括基础标准、知识组织、知识服务、应用指南等。梳理并规范当前和今后需要制定的标准以及与其密切相关的标准	高	工程标准	已发布
	8	—	知识资源建设与服务企业标准编写指南	指导企业标准规范化、企业知识标准体系建设的应用标准	中	工程标准	待编
	9	—	专业领域知识资源术语系列标准	各专业知识资源及相关的术语概念和定义	中	工程标准	待编
	10	—	知识服务框架指南	知识服务顶层设计架构，描述属分关系以及服务协作模式等	中	工程标准	待编

① 详见 GC/ZX 19—2015《知识服务标准体系表》。

已发布的知识基础相关标准明细如表 1-2 所示。

表 1-2　知识基础相关标准明细

分体系名	序号	标准编号	标准名称
知识基础相关标准	1	GB/T 13016—2009	标准体系表编制原则和要求
	2	GB/T 13017—2008	企业标准体系表编制指南
	3	CY/Z 12.1—2010	新闻出版信息化标准体系表 第 1 部分：基础类标准
	4	CY/Z 12.2—2010	新闻出版信息化标准体系表 第 2 部分：电子政务标准
	5	CY/Z 12.3—2010	新闻出版信息化标准体系表 第 3 部分：电子商务标准
	6	GC/FH 1—2016	工程标准体系表
	7	GC/FH 8—2016	版权资产数据管理规范
	8	GC/FH 26—2016	资源数据库管理规范
	9	GC/FH 30—2016	工程软件系统接口描述规则
	10	GC/FH 31—2016	工程标准符合性测试规程
	11	GC/FH 35—2016	工程系统基本流程
	12	GC/FH 36—2016	工程项目管理指南
	13	GC/FH 37—2016	工程系统安全指南
	14	GC/FH 38—2016	工程标准应用指南
	15	CY/T 50—2008	出版术语
	16	GC/FH 2—2016	工程术语
	17	GB/T 2900.75—2008	电工术语 数字录音和录像
	18	GB/T 4894—2009	信息与文献 术语
	19	GB/T 5271.1—2000	信息技术 词汇 第 1 部分：基本术语
	20	GB/T 10112—1999	术语工作 原则与方法
	21	GB/T 10113—2003	分类与编码通用术语
	22	GB 12200.1—90	汉语信息处理词汇 01 部分：基本术语
	23	GB/T 16785—1997	术语工作 概念与术语的协调
	24	GB/T 17933—1999	电子出版物 术语
	25	GB/T 23289—2009	术语工作 文后参考文献及源标识符
	26	GB/T 25069—2010	信息安全技术 术语
	27	GB/T 27936—2011	出版物发行术语
	28	GB/T 13745—2009	学科分类与代码
	29	CY/T 44—2008	新闻出版信息分类代码集
	30	CY/T 46—2008	新闻出版业务主题词表
	31	GY/Z 199—2004	广播电视节目资料分类法
	32	GB/T 4754—2011	国民经济行业分类
	33	GB/T 21373—2008	知识产权文献与信息　分类及代码
	34	GB/T 5271.4—2000	信息技术 词汇 第 4 部分：数据的组织
	35	GB/T 5271.5—2008	信息技术 词汇 第 5 部分：数据表示

续表

分体系名	序号	标准编号	标准名称
知识基础相关标准	36	GB/T 5271.6—2000	信息技术 词汇 第 6 部分：数据的准备和处理
	37	GB/T 5271.8—2001	信息技术 词汇 第 8 部分：安全
	38	GB/T 5271.18—2008	信息技术 词汇 第 18 部分：分布式数据处理
	39	GB/T 5271.29—2006	信息技术 词汇 第 29 部分 : 人工智能 语音识别与合成
	40	GB/T 12200.2 — 94	汉语信息处理词汇 02 部分：汉语和汉字
	41	GB/T 30880—2014	信息技术 通用逻辑（CL）：基于逻辑的语言族框架
	42	GB 18030—2005	信息技术 中文编码字符集
	43	ISO 17316:2015	Information and documentation—International standard link identifier（ISLI）
	44	ISO 26324:2012	Information and documentation—Digital object identifier system（DOI）信息和文献 – 数字资源唯一标识符系统
	45	ANSI/NISO Z39.56	The Serial Item and Contribution Identifier (SICI) 串行产品及分配标识符（SICI）
	46	ISO/IEC 24707:2007	Information technology—Common Logic (CL): a framework for a family of logic-based languages 信息技术 通用逻辑 (CL)：基于逻辑的语言族的框架

2. 知识组织标准

知识组织标准明细如表 1-3 所示。

表 1-3　知识组织标准明细

分体系名		序号	标准编号	标准名称	研制方向	优先级别	宜定级别	研制状态
知识组织标准	知识描述标准	1	GB/T 38381—2019	新闻出版 知识服务 知识元描述	描述知识元的界定范围、规则约束、构成模型等	高	国家标准	已发布
		2	GB/T 38379—2019	新闻出版 知识服务 知识单元描述	根据专业数字内容资源知识单元特点与组织方式，提出适用于出版内容资源的知识单元模型	高	国家标准	已发布
		3	GB/T 38376—2019	新闻出版 知识服务 主题分类词表编制	主题分类词表的构成要素及表达	高	国家标准	已发布
		4	—	知识地图描述规范	提供面向概念、流程、能力、关系的知识地图表达	高	工程标准	待编
		5	—	知识体系描述规范	提供对知识体系的描述规范	高	工程标准	待编
		6	—	语义网描述规范	描述语义网的知识表达	中	工程标准	待编
		7	—	专业领域知识地图系列标准	企业依靠资源优势构建本专业领域的知识地图	中	工程标准	待编
		8	—	专业领域主题分类词表系列标准	企业依靠资源优势构建本专业领域的主题分类词表	中	工程标准	待编
		9	—	专业领域知识体系系列标准	企业依靠资源优势构建本专业领域的知识体系，包括构建、存储、应用等系列规范	中	工程标准	待编

续表

分体系名		序号	标准编号	标准名称	研制方向	优先级别	宜定级别	研制状态
知识组织标准	知识加工标准	1	—	知识加工系列标准	知识加工流程、知识加工质量等（包括知识标引）	高	工程标准	待编
		2	—	知识发现与知识资源更新规范	提供通过知识推理以及延伸至互联网的知识发现、实现知识组织的更新的系列规范	高	工程标准	待编
		3	—	通用知识元建库规范	指导通用知识元数据库的建设与管理	中	工程标准	待编
		4	—	专用知识元建库规范	指导专用知识元数据库的建设与管理	中	工程标准	待编
		5	—	专业领域知识资源建库规范	指导专业知识资源数据库的应用	中	工程标准	待编
		6	—	关键词提取规则	提出在知识加工中关键词提取的规范性要求等	高	工程标准	待编

已发布的知识组织相关标准明细如表 1-4 所示。

表 1-4　知识组织相关标准明细

分体系名		标准序号	标准编号	标准名称
知识组织相关标准	知识描述相关标准	1	CY/T 45—2008	新闻出版业务基础数据元
		2	CY/T 46—2008	新闻出版业务主题词表
		3	CY/T 83—2012	中国标准名称标识符
		4	CY/T 90.1—2013	出版元数据 第 1 部分：框架
		5	CY/T 90.2—2013	出版元数据 第 2 部分：核心数据元素集
		6	CY/T 90.3—2013	出版元数据 第 3 部分：通用数据元素集
		7	CY/T 90.4—2013	出版元数据 第 4 部分：扩展及应用
		8	CY/T 90.5—2013	出版元数据 第 5 部分：维护与管理
		9	GC/FH 3—2016	出版发行机构分类与代码
		10	GC/FH 4—2016	资源类型分类与代码
		11	GC/FH 7—2016	复合出版公共标签
		12	GC/FH 12—2016	复合文档基础结构
		13	GC/FH 13—2016	篇章复合文档结构
		14	GC/FH 14—2016	条目复合文档结构
		15	GC/FH 15—2016	新闻复合文档结构
		16	GC/FH 16—2016	论文复合文档结构
		17	GC/FH 17—2016	课件复合文档结构
		18	GC/FH 32—2016	知识单元模型
		19	GB 3259—92	中文书刊名称汉语拼音拼写法
		20	GB/T 3792.1—2009	文献著录 第 1 部分：总则
		21	GB/T 3792.2—2006	普通图书著录规则

续表

分体系名		标准序号	标准编号	标准名称
知识组织相关标准	知识描述相关标准	22	GB/T 3792.3—2009	文献著录 第 3 部分：连续性资源
		23	GB/T 3792.4—2009	文献著录 第 4 部分：非书资料
		24	GB/T 3792.9—2009	文献著录 第 9 部分：电子资源
		25	GB/T 4754—2011	国民经济行业分类
		26	GB 6447—86	文摘编写规则
		27	GB/T 12451—2001	图书在版编目数据
		28	GB 13190—91	汉语叙词表编制规则
		29	GB/T 18391.1—2009	信息技术 元数据注册系统（MDR） 第 1 部分：框架
		30	GB/T 18391.2—2009	信息技术 元数据注册系统（MDR） 第 2 部分：分类
		31	GB/T 18391.3—2009	信息技术 元数据注册系统（MDR） 第 3 部分：注册系统元模型与基本属性
		32	GB/T 18391.4—2009	信息技术 元数据注册系统（MDR） 第 4 部分：数据定义的形成
		33	GB/T 18391.5—2009	信息技术 元数据注册系统（MDR） 第 5 部分：命名和标识规则
		34	GB/T 18391.6—2009	信息技术 元数据注册系统（MDR） 第 6 部分：注册
		35	GB/T 24663—2009	电子商务 企业核心元数据
		36	GB/T 25100—2010	信息与文献 都柏林核心元数据元素集
		37	GB/Z 26248.1—2010	信息技术 文档描述和处理语言 用于 XML 的规则语言描述（RELAX） 第 1 部分：RELAX 核心
		38	W3C	XML Schema
		39	W3C	RDF（Resource Description Framework，资源描述框架）
	知识加工相关标准	1	CY/T 101.1—2014	新闻出版内容资源加工规范 第 1 部分：加工专业术语
		2	CY/T 101.2—2014	新闻出版内容资源加工规范 第 2 部分：数据加工与应用模式
		3	CY/T 101.3—2014	新闻出版内容资源加工规范 第 3 部分：数据加工规格
		4	CY/T 101.4—2014	新闻出版内容资源加工规范 第 4 部分：数据加工质量
		5	CY/T 101.5—2014	新闻出版内容资源加工规范 第 5 部分：资料管理
		6	CY/T 101.6—2014	新闻出版内容资源加工规范 第 6 部分：数据管理
		7	CY/T 101.7—2014	新闻出版内容资源加工规范 第 7 部分：数据交付
		8	CY/T 101.8—2014	新闻出版内容资源加工规范 第 8 部分：图书加工
		9	CY/T 101.9—2014	新闻出版内容资源加工规范 第 9 部分：报纸加工
		10	CY/T 101.10—2014	新闻出版内容资源加工规范 第 10 部分：期刊加工
		11	CY/T 102.1—2014	数字内容对象存储、复用与交换规范 第 1 部分：对象模型
		12	CY/T 102.2—2014	数字内容对象存储、复用与交换规范 第 2 部分：对象封装、存储与交换
		13	CY/T 102.3—2014	数字内容对象存储、复用与交换规范 第 3 部分：对象一致性检查方法
		14	GC/FH 5—2016	资源标识应用规范
		15	GC/FH 6—2016	名称标识应用规范
		16	GC/FH 9—2016	数据存储与备份规范
		17	GC/FH 10—2016	数据交换规则
		18	GC/FH 11—2016	跨媒体数据链接规范
		19	GC/FH 27—2016	工程软件系统编码规范
		20	GC/FH 28—2016	组件注册配置规范

续表

分体系名		标准序号	标准编号	标准名称
知识组织相关标准	知识加工相关标准	21	GB/T 3792.6—2005	测绘制图资料著录规则
		22	GB/T 3860—2009	文献主题标引规则
		23	GB/T 7714—2015	信息与文献 参考文献著录规则
		24	GB/T 18793—2002	信息技术 可扩展置标语言 (XML)1.0
		25	GB/T 19017—2008	质量管理体系 技术状态管理指南
		26	GB/T 19015—2008	质量管理体系 质量计划指南
		27	GB/T 19256.8—2009	基于 XML 的电子商务 第 8 部分：报文设计规则
		28	GB/T 20530—2006	文献档案资料数字化工作导则
		29	GB/T 23286.1—2009	文献管理 长期保存的电子文档文件格式 第 1 部分：PDF1.4(PDF/A-1) 的使用
		30	GB/T 23703.1—2009	知识管理 第 1 部分：框架
		31	GB/T 23703.2—2010	知识管理 第 2 部分：术语
		32	GB/T 23703.3—2010	知识管理 第 3 部分：组织文化
		33	GB/T 23703.4—2010	知识管理 第 4 部分：知识活动
		34	GB/T 23703.5—2010	知识管理 第 5 部分：实施指南
		35	GB/T 23703.6—2010	知识管理 第 6 部分：评价
		36	GB/T 23829—2009	辞书条目 XML 格式
		37	GB/T 24639—2009	元数据的 XML Schema 置标规则
		38	ISO 25964—1—2011	信息与文献 叙词表和与其他词汇表的互用性 第 1 部分：信息检索叙词表
		39	ISO 25964—2—2013	信息与文献 叙词表和与其他词汇表的互用性 第 2 部分：其他词汇表的互用性
		40	IEC 62448—2009	多媒体系统和设备 多媒体的电子出版和电子图书 电子出版的通用格式
		41	ISO/IEC 10646:2012	信息技术 通用编码字符集（UCS）

3. 知识服务标准明细

知识服务标准明细如表 1-5 所示。

表 1-5 知识服务标准明细

分体系名		序号	标准编号	标准名称	研制方向	优先级别	宜定级别	研制状态
知识服务标准	知识服务产品标准	1	—	知识图谱应用规范	提供基于知识组织的知识导航和知识图谱应用的系列规范	高	工程标准	待编
		2	—	知识产品版权保护相关规范	描述知识产品的知识版权保护方法，保护数字产品版权信息	中	工程标准	待编
		3	—	知识互动规范	提供描述知识互动模式和类型的规范	高	工程标准	待编

续表

<table>
<tr><th colspan="2">分体系名</th><th>序号</th><th>标准编号</th><th>标准名称</th><th>研制方向</th><th>优先级别</th><th>宜定级别</th><th>研制状态</th></tr>
<tr><td rowspan="7">知识服务标准</td><td rowspan="6">知识服务平台标准</td><td>1</td><td>—</td><td>知识服务平台统一身份认证规范</td><td>用于实现知识服务平台与用户机构认证系统的身份认证，支持各类用户的实名访问</td><td>中</td><td>工程标准</td><td>待编</td></tr>
<tr><td>2</td><td>—</td><td>知识服务平台统一日志规范</td><td>用于实现知识服务平台中各类用户的实名访问，日志数据按照统一方式进行记录、保存和汇集</td><td>中</td><td>工程标准</td><td>待编</td></tr>
<tr><td>3</td><td>—</td><td>知识资源调度规则</td><td>知识整合服务及知识资源交换、调度与管理规则</td><td>中</td><td>工程标准</td><td>待编</td></tr>
<tr><td>4</td><td>—</td><td>知识搜索技术规范</td><td>描述知识搜索技术的应用</td><td>中</td><td>工程标准</td><td>待编</td></tr>
<tr><td>5</td><td>—</td><td>知识产品定制与投送服务规范</td><td>描述知识定制规则、方法以及知识投送、服务等系列标准</td><td>中</td><td>工程标准</td><td>待编</td></tr>
<tr><td>6</td><td>—</td><td>用户画像与信息采集规范</td><td>描述最终用户的基本信息、行为信息等用户画像基础模型及基础信息采集规范</td><td>高</td><td>工程标准</td><td>待编</td></tr>
<tr><td>知识服务评价标准</td><td>1</td><td>—</td><td>知识产品与服务评价规范</td><td>构建知识产品以及服务质量的评价指标和评价要求，评价指标包括并不限于知识体系、内容资源、专家、版权等</td><td>中</td><td>工程标准</td><td>待编</td></tr>
</table>

已发布的知识服务相关标准明细如表 1-6 所示。

表 1-6　知识服务相关标准明细

<table>
<tr><th colspan="2">分体系名</th><th>标准序号</th><th>标准编号</th><th>标准名称</th></tr>
<tr><td rowspan="12">知识服务相关标准</td><td rowspan="12">知识服务产品相关标准</td><td>1</td><td>CY/T 48.1—2008</td><td>音像制品质量技术要求 第 1 部分：盒式音带</td></tr>
<tr><td>2</td><td>CY/T 48.2—2008</td><td>音像制品质量技术要求 第 2 部分：数字音频光盘（CD-DA）</td></tr>
<tr><td>3</td><td>CY/T 48.3—2008</td><td>音像制品质量技术要求 第 3 部分：VHS 像带</td></tr>
<tr><td>4</td><td>CY/T 48.4—2008</td><td>音像制品质量技术要求 第 4 部分：数字视频光盘（VCD）</td></tr>
<tr><td>5</td><td>CY/T 48.5—2008</td><td>音像制品质量技术要求 第 5 部分：多用途数字视频光盘（DVD-Video）</td></tr>
<tr><td>6</td><td>CY/T 64—2009</td><td>只读类数字音频光盘 CD-DA 常规检测参数</td></tr>
<tr><td>7</td><td>CY/T 65—2009</td><td>只读类数字视频光盘 VCD 常规检测参数</td></tr>
<tr><td>8</td><td>CY/T 115—2015</td><td>电子书内容版权保护通用规范</td></tr>
<tr><td>9</td><td>CY/T 126—2015</td><td>数字版权唯一标识符</td></tr>
<tr><td>10</td><td>GC/FH 18—2016</td><td>出版产品版式规范</td></tr>
<tr><td>11</td><td>GC/FH 19—2016</td><td>蒙古文出版产品版式规范</td></tr>
<tr><td>12</td><td>GC/FH 20—2016</td><td>藏文出版产品版式规范</td></tr>
</table>

续表

分体系名		标准序号	标准编号	标准名称
知识服务相关标准	知识服务产品相关标准	13	GC/FH 21—2016	维吾尔文和哈萨克文出版产品版式规范
		14	GC/FH 22—2016	傣文出版产品版式规范
		15	GC/FH 23—2016	朝鲜文出版产品版式规范
		16	GC/FH 24—2016	彝文出版产品版式规范
		17	GC/FH 25—2016	壮文出版产品版式规范
		18	GC/FH 29—2016	数字出版产品封装规范
		19	GB/T 15424—94	电子数据交换用支付方式代码
		20	GB 15851—1995	信息技术 安全技术 带消息恢复的数字签名方案
		21	GB 15852—1995	信息技术 安全技术 用块密码算法 作密码校验函数的数据完整性机制
		22	GB/T 16784—2008	工业产品售后服务 总则
		23	GB/T 21737—2008	为消费者提供商品和服务的购买信息
		24	GB/T 24620—2009	服务标准制定导则 考虑消费者需求
		25	GB/T 25061—2010	信息安全技术 公钥基础设施 XML 数字签名语法与处理规范
		26	GB/T 25530—2010	地理信息 服务
		27	GB/Z 25598—2010	地理信息 目录服务规范
		28	GB/Z 25599—2010	地理信息 注册服务规范
	知识服务平台相关标准	1	GB/T 17900—1999	网络代理服务器的安全技术要求
		2	GB/T 17901.1—1999	信息技术 安全技术 密钥管理 第 1 部分：框架
		3	GB/T 17902.1—1999	信息技术 安全技术 带附录的数字签名 第 1 部分：概述
		4	GB/T 17903.1—1999	信息技术 安全技术 抗抵赖 第 1 部分：概述
		5	GB/T 17903.2—1999	信息技术 安全技术 抗抵赖 第 2 部分：使用对称技术的机制
		6	GB/T 17903.3—1999	信息技术 安全技术 抗抵赖 第 3 部分：使用非对称技术的机制
		7	GB/T 20009—2005	信息安全技术 数据库管理系统安全评估准则
		8	GB/T 20273—2006	信息安全技术 数据库管理系统安全技术要求
		9	GB/Z 20986—2007	信息安全技术 信息安全事件分类分级指南
		10	GB/T 15843.1—1999	信息技术 安全技术 实体鉴别 第 1 部分：概述
		11	GB 15843.2—1997	信息技术 安全技术 实体鉴别 第 2 部分：采用对称加密算法的机制
		12	GB/T 15843.3—1998	信息技术 安全技术 实体鉴别 第 3 部分：用非对称签名技术的机制
		13	GB/T 15843.4—1999	信息技术 安全技术 实体鉴别 第 4 部分：采用密码校验函数的机制
	知识服务评价相关标准	1	CY/T 103—2014	数据库出版物质量评价规范
		2	GC/FH 33—2016	数字出版产品质量评价规范
		3	GC/FH 34—2016	数字内容资源评估规范
		4	GB/T 4088—2008	数据的统计处理和解释 二项分布参数的估计与检验
		5	GB/T 23791—2009	企业质量信用等级划分通则
		6	GB/T 23794—2009	企业信用评价指标体系分类及代码
		7	GB/T 26316—2010	市场、民意和社会调查 服务要求
		8	GB/T 3533.1—2009	标准化经济效果评价 第 1 部分：原则和计算方法

三　新闻出版知识服务标准统计

新闻出版知识服务标准统计如表 1–7 所示。

表 1–7　知识服务标准统计

单位：项

<table>
<tr><th rowspan="2">分类</th><th colspan="3">标准</th><th rowspan="2">相关标准</th></tr>
<tr><th>已发布</th><th>在编</th><th>待编</th></tr>
<tr><td>基础标准</td><td>5</td><td>2</td><td>3</td><td>46</td></tr>
<tr><td>知识组织标准</td><td>3</td><td>0</td><td>12</td><td>80</td></tr>
<tr><td>知识服务标准</td><td>0</td><td>0</td><td>10</td><td>49</td></tr>
<tr><td rowspan="2">总计</td><td>8</td><td>2</td><td>25</td><td rowspan="2">175</td></tr>
<tr><td colspan="3">35</td></tr>
</table>

第六节　实施应用情况及下一步工作建议

根据标准体系表制定相应的标准制 / 修订计划并按照计划逐步落实各个标准的制 / 修订任务，最终构建完成新闻出版知识服务标准体系。

在制 / 修订新闻出版知识服务标准体系的各个标准时，按照标准的紧急程度、重要程度等有计划、分阶段地开展，紧急的、核心的标准优先安排制定，其他标准可以根据实际情况后续逐步补充完善。

一　工程标准实施情况

2015 年，在国家新闻出版广电总局数字出版司的统一部署下，由全国新闻出版标准化技术委员会组织人民交通出版社、化学工业出版社、人民法院出版社等 28 家专业数字内容资源知识服务模式试点单位首批制定了《知识服务标准体系表》《知识资源建设与服务工作指南》《知识资源建设与服务基础术语》《知识资源通用类型》《知识元描述通用规范》《知识应用单元描述通用规范》《知识关联通用规则》《主题分类词表描述与建设规范》8 项新闻出版知识服务工程标准。

二 企业标准实施情况

为进一步推进《知识服务标准体系表》《知识资源建设与服务工作指南》等 8 项新闻出版知识服务工程标准的落地转化，充分体现出版单位在标准制订及实施中的主体地位，全国新闻出版标准化技术委员会（SAC/TC527）在 2016 年 9 月开展了“专业数字内容资源知识服务试点单位企业标准化建设情况调查”，人民交通出版社、化学工业出版社、人民法院出版社等 28 家试点单位共有 26 家单位反馈了调查表。具体情况如下。

1. 调查过程

2016 年 9 月 19 日，全国新闻出版标准化技术委员会面向人民交通出版社、化学工业出版社、人民法院出版社等 28 家试点单位发出了《关于开展“专业数字内容资源知识服务试点单位企业标准化建设情况调查”的通知》，设计了《专业数字内容资源知识服务模式试点企业标准化情况调查表》并随通知发出，该通知要求各试点单位根据本单位的实际情况填写调查表。截止到 2016 年 10 月 15 日，人民交通出版社、化学工业出版社、人民法院出版社等 28 家试点单位共有 26 家单位反馈了调查表。

调查内容主要包括三个方面。一是知识服务相关企业标准体系规划情况，旨在了解试点单位在企业标准化建设方面是否进行了顶层设计。二是知识服务相关企业标准制定情况，包括五项内容：企业标准号、标准名称、标准主要内容和作用、遵循工程标准情况、状态。“标准主要内容和作用”可以反映标准与实际业务需求之间的适用性，“遵循工程标准情况”可以反映企业标准与工程标准的一致性，“状态”可以反映标准制订的进度情况。三是知识服务相关企业标准实施情况，包括是否有专门的标准化部门，以及在标准宣传培训、应用实施效果等方面的情况描述。

2. 体系规划

26 家试点单位共有 11 家单位制定并发布了企业标准体系表，10 家单位正在制定企业标准体系表但尚未实施，3 家单位制定实施了标准制定计划，2 家正在制订计划（见表 1-8）。

表 1-8　知识服务相关企业标准体系规划情况统计

单位：家

编号	选项	单位数量
情况 1	已完成知识服务相关企业标准体系表的制定并发布实施	11
情况 2	正在制定知识服务相关企业标准体系，尚未发布实施	10
情况 3	制定了知识服务相关企业标准制定计划，并已经实施	3
情况 4	正在制定知识服务相关企业标准制定计划	2
情况 5	未制定知识服务相关企业标准标准体系表和计划	0

总体来看，试点单位比较重视企业标准的体系设计和标准化工作规划，75% 的试点单位都已经或正在制定企业标准体系。这一点有助于企业标准化工作科学、有序地开展。

3. 标准制定

26 家试点单位共发布企业标准 106 项，在编 102 项，待编 12 项，共计 220 项，其中 109 项遵循了试点工程标准，占比 49.55%。《知识服务标准体系表》《知识资源建设与服务工作指南》等 8 项新闻出版知识服务工程标准是试点单位开展知识服务所需的最基础的标准，从上述数据可以初步分析，试点单位在遵循试点工程标准的基础上，根据本单位实际的业务需求，制定或正在制定其他相关标准。这从一定程度说明了试点单位已经逐步认识到标准化工作对企业的业务发展“有用”，企业标准化建设从被动走向主动。详细情况如表 1-9 所示。

表 1-9　知识服务相关企业标准制定情况统计

单位：项

序号	单位	待编数量	在编数量	发布数量	合计	其中遵循工程标准的标准数量
1	人民交通出版社股份有限公司		2	6	8	4
2	化学工业出版社		9	16	25	3
3	人民法院出版社			5	5	4
4	英大传媒投资集团有限公司		8		8	
5	中国建筑工业出版社	5	5		10	4
6	电子工业出版社		10	12	22	11

续表

序号	单位	待编数量	在编数量	发布数量	合计	其中遵循工程标准的标准数量
7	人民卫生电子音像出版社			3	3	3
8	知识产权出版社有限责任公司			5	5	
9	中国少年儿童新闻出版总社			2	2	
10	中国铁道出版社		22		22	22
11	中国水利水电出版社		5		5	3
12	地质出版社			5	5	3
13	法律出版社			11	11	0
14	中国科技出版传媒股份有限公司		4		4	4
15	海峡出版发行集团	2			2	
16	中国法制出版社		11		11	5
17	中国林业出版社			13	13	13
18	国防工业出版社		2	5	7	4
19	人大数媒科技（北京）有限公司	1	1	5	7	7
20	哈尔滨工业大学出版社有限公司			4	4	4
21	中国纺织出版社	4	18		22	5
22	人民邮电出版社		1		1	
23	社会科学文献出版社			5	5	5
24	天津大学出版社		1	2	3	
25	华中科技大学出版社有限责任公司		3		3	
26	中国发展出版社			7	7	5
合计		12	102	106	220	109

4. 标准实施

（1）标准化部门设置

26 家单位里有 20 家单位有专职或兼职的标准化部门，以兼职部门为主，可以分两类情况，一类是由总编室、社长办公室、信息中心、数字出版转型办公室等部门承担企业标准化工作，另一类是直接由业务部门承担本部门所需标准化工作。

（2）标准培训

26 家单位有 14 家单位在内部开展了标准化培训，除了集中授课的培训形式外，有些单位还在出版社 ERP、OA 网站提供标准文本，可以供全体员工随时下载学习。

（3）标准实施效果

通过对 26 家试点单位描述的标准应用情况进行分析，可以看到，各试点单位在积极推动标准的实施应用，通过标准规范生产流程，提高了生产效率和产品质量，取得比较好的成绩。

第一，通过研制和实施知识服务相关标准，试点单位梳理了开展知识服务的工作思路，明确了工作目标。

第二，对标准的学习使员工掌握了知识资源建设与知识服务的基本流程和基本方法，提高了业务运行的效率。

第三，标准用于指导已有数据库产品的优化升级、新产品的策划开发以及资源或服务平台的建设，标准的适用性、可行性、落地性较强。

第四，企业标准在项目招标、实施过程中发挥作用，作为约束和要求技术企业的重要工具，保证委托项目可管可控。

第五，标准使数字出版部门与各管理部门和业务部门的协作更加顺畅，加深了不同部门之间的了解。

三 国家标准实施情况

2016 年，全国新闻出版标准化技术委员会在《知识资源建设与服务工作指南》等 8 项新闻出版知识服务工程标准的基础上，撰写相关国家标准申报材料，上报国家标准委员会。经国家标准委员会批准，《新闻出版 知识服务 知识资源建设与服务工作指南》《新闻出版 知识服务 知识资源建设与服务基础术语》《新闻出版 知识服务 知识资源通用类型》《新闻出版 知识服务 知识元描述通用规范》《新闻出版 知识服务 知识应用单元描述通用规范》《新闻出版 知识服务 知识关联通用规则》《新闻出版 知识服务 主题分类词表描述与建设规范》7 项标准列入 2017 年国家标准研制计划。

在国家标准征求意见环节，全国新闻出版标准化技术委员会根据专家建议，报国家标准委员会批准后，调整《新闻出版 知识服务 知识元描述通用规范》《新闻出版 知识服务 知识应用单元描述通用规范》《新闻出版 知识服务 主题分类词表描述与建设规范》3 项标准的名称分别为:《新闻出版 知识服务 知识元描述》《新闻出版 知识服务 知识单元描述》《新闻出版 知识服务 主题分类词表编制》。

经过严格的国家标准制订程序，《新闻出版 知识服务 知识资源建设与服务工作指南》《新闻出版 知识服务 知识资源建设与服务基础术语》《新闻出版 知识服务 知识资源通用类型》《新闻出版 知识服务 知识元描述》《新闻出版 知识服务 知识单元描述》《新闻出版 知识服务 主题分类词表编制》《新闻出版 知识服务 知识关联通用规则》7 项国家标准于 2019 年 12 月发布，于 2020 年 7 月 1 日正式实施。

四 现有标准应用情况

2018 年，中国新闻出版研究院以调研问卷的方式对知识服务模式试点单位（三批共 110 家）进行了知识服务应用案例调查，共回收问卷 83 份，其中专业类知识服务模式试点单位案例 38 份，综合类知识服务模式点单位案例 36 份，知识服务技术单位案例 9 份，案例总回收率为 75.45%。

此次案例调查的问题涉及知识服务模式试点单位采用相关标准的情况。现对此次调查中试点单位采用《知识服务标准体系表》《知识资源建设与服务工作指南》《知识资源建设与服务基础术语》《知识资源通用类型》《知识元描述通用规范》《知识应用单元描述通用规范》《知识关联通用规则》《主题分类词表描述与建设规范》8 项新闻出版知识服务工程标准的情况进行统计：共有 24 家知识服务模式试点单位采用了知识服务工程标准，占比 28.92%。其中，19 家专业类知识服务模式试点单位采用了知识服务工程标准，占比 50.00%；4 家综合类知识服务模式试点单位采用了知识服务工程标准，占比 11.11%；1 家知识服务技术单位采用了知识服务工程标准，占比 11.11%。统计结果如表 1–10 所示。

表 1–10 知识服务模式试点单位采用知识服务工程标准情况

单位：家，%

试点类型	采用标准单位数	回收案例单位数	采用率
专业类	19	38	50.00
综合类	4	36	11.11
技术类	1	9	11.11
合计	24	83	28.92

可以看到，虽然有一半的专业类知识服务模式试点单位采用了知识服务工程标准，但有三分之二的试点单位在本单位开展知识服务的过程中未采用知识服务工程标准。这表明虽然有些专业类试点单位对知识服务标准体系有一定的认识，但是有更多的试点单位未认识到知识服务标准体系对知识服务工作建设的重要性。这反映出知识服务标准体系在实施应用方面的一些问题：标准化工作不够深入细致，标准执行力度有待进一步加大，标准的贯彻实施缺乏有效的检测手段等。

五　下一步工作建议

针对目前知识服务标准体系的实施应用情况，提出如下工作建议：第一，加强宣传引导，增加标准培训及行业交流机会，提高知识服务标准的普及率；第二，修订体系和完善标准，巩固和优化现有的新闻出版知识服务标准体系，深入调研，优先制定行业急需的知识服务标准；第三，加大投入力度，保障知识服务标准的顺利实施，促进标准化工作与产业发展的融合，强化标准化在推动产业发展和转型升级中的导向和保障作用；第四，严格监督检查，保障知识服务标准的执行效果，完善标准实施的监督机制，建立标准实施的反馈机制，加大认证认可的工作力度，促进标准有效实施。

此外，针对 2018 年知识服务应用案例调查中暴露的知识服务标准体系在实施应用方面的问题，中国新闻出版研究院邀请 7 项国家标准的执笔人撰写了《新闻出版 知识服务 知识资源建设与服务工作指南》《新闻出版 知识服务 知识资源建设与服务基础术语》《新闻出版 知识服务 知识资源通用类型》《新闻出版 知识服务 知识元描述》《新闻出版 知识服务 知识单元描述》《新闻出版 知识服务 主题分类词表编制》《新闻出版 知识服务 知识关联通用规则》的核心条款，细化和具象标准内容，以便于标准使用者的阅读理解和实施应用。

第七节　应用示例：电力行业知识服务标准体系建设

一　建设背景

近年来，由于电力科技的飞速发展和信息技术的不断推动，报纸、工具书、标准、专业图书、期刊、视频动画等全媒体类型的电力行业资源呈现爆炸式增长，总量已达 PB（1PB=1024TB）级。但是，目前电力行业资源的管理存在诸多问题：第一，技术成果和科技论文缺乏统一管理，没有形成自有知识产权的电力科技信息资源数据库；第二，科技创新资源缺乏有效的资源共享机制；第三，现有查询检索手段落后，知识和信息资源管理效率和服务水平不高；第四，资源布局对科技创新支撑不足；等等。

如何高效地处理海量信息，将信息转化为适合不同人群的知识，建立内容的关联并形成知识体系，让知识被用户便捷地检索消费，实现从信息资源到真正知识服务的跨越，已成为电力行业出版工作的重点。正因如此，电力行业迫切需要充分整合、利用电力行业中外文科研成果、技术专利、科研论文、专业期刊、学术著作、企业标准等资源，运用大数据、语义网、知识图谱等技术对资源进行知识加工、组织和管理，研发建成具有自主知识产权、具备国内一流水准的电力科技知识资源体系，开展电力行业知识服务工作，解决行业内科技知识资源分散、缺乏统一标准规范等问题，全面提升知识资源管理效率、经营效益和服务水平。

电力行业知识服务是基于电力行业知识资源，满足电力行业专业用户需求的一种服务活动。电力行业知识服务关注用户的需求，给用户提供的不是海量无序的信息，而是根据用户的问题与需求，利用数据挖掘、异构数据库、知识图谱等技术对资源进行组织与分析，向用户提供可以解决问题的知识资源的一种服务。电力行业知识服务不仅能够整合电力行业中外文科研成果、技术专利、科研论文、专业期刊、学术著作、企业标准等资源，拓宽资源领域，盘活数据资产，实现跨单位、跨系统的信息整合、管理和服务，还能够实现科研分析管理、竞争情报追踪等功能，使海量知识资源经过价值识别和分类处理，实现有效关联，能够推动电力行业由传统信息应用向知识全网关联的应用转变，从而进一步提升核心竞争力，提高自主创新的能力。

开展电力行业知识服务需要建立大型的综合性的知识库，在电力行业知识体系的框架下对资源进行知识化的加工，并通过平台为用户提供服务。电力行业知识资源如何加工、如何交换、如何分类、如何管理，都需要有规则，即需要制定电力行业知识服务标准，将相关标准按其内在联系形成科学的有机整体，即电力行业知识服务标准体系。

二　建设目的

电力行业知识服务标准体系旨在规范电力行业知识服务工作，确保电力行业知识体系建立、更新、优化和共享的一致性和可延续性，形成对整合内容资源的关键技术及应用模式的统一认识，保障构建内容资源与知识体系之间关联关系，以及加工和标引知识化资源的规范化与标准化。

建立电力行业知识服务标准体系意义重大，有助于电力相关研究机构、电力科研工作者乃至刚接触电力行业的人员清晰地和正确地了解电力知识体系建设和应用过程中的数据管理规范、关键技术框架和知识体系的应用方向。规范统一的标准体系是支撑电力行业发展的基本条件，在电力行业知识服务标准体系的基础上，制定国家电网公司知识相关标准，是以知识服务支持数字化转型升级的重要工作。

电力行业知识服务标准体系的建立，一方面对知识内容的生产提出格式、质量等规范性要求，另一方面也对知识服务的技术和流程做出规定，这是保证电力行业知识服务水平和质量的基础性工作。电力行业知识服务标准体系的建立和完善，将有力促进电力出版数字化转型，实现电力科技知识生产、服务和管理的高质量和高效率。

具体而言，通过研制内容资源加工、验收、交换、管理相关标准，将知识内容资源的整合进行规范化、标准化；通过研制知识体系构建和维护相关标准，为知识体系的建立、更新、优化和共享提供标准化可延续性的保障；通过知识化资源加工、验收、交换和管理相关标准，为内容资源与知识体系之间关联关系的构建，以及内容资源的知识化加工和标引提供重要保障。通过标准体系的研制和推广应用，对内容资源的整合、知识体系的建设、知识化资源的建设加以规范化、标准化，为各类型知识资源聚合及相关工作提供一致性的标准和可持续发展的保障。

三　建设原则

电力行业知识服务标准体系的建立主要依据科学性原则、规范性原则、适用性原则和协调性原则，具体分析如下。

1. 科学性原则

梳理国内外电力行业知识服务相关标准和规范，深入分析电力行业已有相关标准，充分借鉴现有电力行业知识服务技术，以科学严谨的态度，提出适用于电力行业领域的知识服务标准体系。

2. 规范性原则

严格遵守国家及行业主管部门对标准化工作的规定，保证电力行业知识服务标准体系符合国家对企业标准的相关规范要求。

3. 适用性原则

结合电力行业知识服务的技术研究、产品研发、试点建设等情况开展标准研制工作，保证电力行业知识服务标准体系能够满足电力行业开展知识服务工作的目标要求。

4. 协调性原则

确保电力行业知识服务标准体系与相关国家标准和行业标准的符合性，各项标准间相互协调，互为支撑，避免重复矛盾，以及各标准不同部分内容的协调与统一。

四　技术路线

电力行业知识服务标准体系建设的工作参考国家标准制/修订程序进行。技术路线如下：第一，调研，包括需求调研和资料调研，需求调研旨在保证标准体系的适用性；资料调研，重点调研相关的国家标准和行业标准，确保标准体系与国家标准和行业标准的符合性。第二，编制大纲，根据调研情况，拟定标准体系框架结构。第三，编制工作组稿、征求意见稿，面向电力行业以及其他领域知识服务标准体系建设方面具备相应研究基础与实践经验的相关单位专家征求意见。第四，根据意见，修改征求意见稿，完成送审稿，请电力行业以及其他领域知识服务标准体系建设方面具备相应研究基础与实践经验的相关单位专家评审。第五，根据专家评审意见，修改送审稿完成报批稿，并加以实施、应用。

五　电力行业知识服务标准体系

电力行业知识服务标准体系的建设应根据电力行业进行知识服务的实践需要，首要工作是分析电力行业知识服务工作的内涵和重点；再梳理电力行业知识服务工作的标准需求；最后根据标准需求，逐步细化和完善标准体系，进而形成电力行业知识服务标准明细表。

1. 电力行业知识服务工作的内涵和重点

电力行业知识服务工作的内涵包括四个方面：一是找到“根”，即确定电力科技核心知识点；二是长成“干”，即围绕核心知识点梳理展开，建立电力科技知识树；三是“添加枝叶”，即将与主干有关联的知识信息添加到电力科技知识树中，丰富知识树的内容；四是“开花结果”，即根据用户的需求，在充分理解用户意图的基础上，通过内部调用整合知识树干、枝、叶的“精华”，为用户呈现一个近乎合意的答复。

电力行业知识服务工作的重点是“添加枝叶”和“开花结果”两个方面。所谓“添加枝叶”，就是要对国内外全行业电力科技知识的信息流进行汇聚，形成海量知识数据资源，并根据细致的专业分类，分别流向对应的“树枝”。在此基础上，对不同类别、不同属性、不同含义的资源进行整合，形成符合电力这个垂直行业从业人员搜索行为习惯的“枝叶”，在用户进行搜索时，针对关键词，能够实现整个数据资源池内所有相关信息源的抓取。所谓“开花结果”，是要在海量资源的内部，通过一定的算法进行机器学习，将不同枝节上的信息知识有机地进行关联映射，形成立体的知识网络，当用户根据个人喜好进行检索时，能够充分理解用户的需求，及时对知识网络中的信息进行调用，呈现在用户面前的内容，一定是用户最想要的知识脉络。此外，如何不断补充吸纳最新的电力行业科技知识与资讯内容，不断形成和完善基于用户现实需求的产品，经济上考虑资源的最优利用，功能上考虑用户的完美体验，产品上考虑市场的多样需求，使得平台能够良性运营，进行运营模式研究也是电力行业知识服务的重要工作内容。

2. 电力行业知识服务工作的标准需求

基于以上对电力行业知识服务工作内涵和重点的分析，电力行业知识服务标准体系应包括以下几个方面：第一，要确定电力科技核心知识点，需要规范知识元描述形式和方式的相关标准；第二，要建立电力科技知识树，需要知识元的逻辑关系描述形式和方式的相关标准；第三，要“添加枝叶”，需要电力科技知识资源重组、聚类的相关标准；第四，要“开花结果”，需要电力科技知识资源关联加工的相关标准；第五，要使平台良性运营，需要平台的服务质量要求及评价的相关标准。

3. 电力行业知识服务标准明细表

电力行业知识服务标准体系的建设应深入分析已有相关标准，结合相关领域内的技术研究、产品研发、试点建设等情况，制定电力领域内的知识服务标准明细表，实现电力领域内专业知识资源的标准化。知识服务标准明细表既要保证完整性，又要考虑整个体系的可扩展性，应覆盖术语等知识体系构建和维护的标准，内容资源加工、标引、交换的标准，以及知识关联规则、新词发现、知识地图构建等标准。

基于以上分析，为了整合现存的多种类型的电力行业资源，实现高效率的知识应用，电力行业知识服务标准明细表由基础标准、知识组织标准和知识服务标准三类构成，共计 14 项标准。每类标准构成如下。

（1）基础标准

基础标准包括《电力行业知识资源基础术语》和《电力行业知识服务规范》，形成对电力行业知识服务的统一认识。基础标准明细如表 1-11 所示。

表 1-11　基础标准明细

分体系名	序号	标准名称	研制方向
基础标准	1	电力行业知识资源基础术语	统一电力行业知识服务过程中的术语及定义
	2	电力行业知识服务规范	规定知识服务规范，主要包括知识组织、知识管理，描述知识服务类型、模式、评价等

（2）知识组织标准

知识组织标准包括《电力行业知识元描述规范》《电力行业知识应用单元描述规范》《电力行业内容资源加工规范》《电力行业内容资源标引规则》《电力图书元数据资源交换规范》《电力行业知识关联规则》《电力行业知识地图建设规范》《电力行业新词发现规范》，形成对整合内容资源的关键技术及应用模式的统一认识，保障构建内容资源与知识体系之间的关联关系，以及加工和标引知识化资源的规范化与标准化。知识组织标准明细如表 1-12 所示。

表 1–12　知识组织标准明细

分体系名	序号	标准名称	研制方向
知识组织标准	1	电力行业知识元描述规范	描述电力行业知识元的界定范围、规则约束、构成模型等
	2	电力行业知识应用单元描述规范	根据电力行业知识单元的特点与组织方式，提出知识单元模型
	3	电力行业内容资源加工规范	建立支持电力行业内容资源知识加工的标准
	4	电力行业内容资源标引规则	提供电力行业知识标引规则描述的标准
	5	电力图书元数据资源交换规范	支持电力图书元数据资源的交换
	6	电力行业知识关联规则	制定电力行业统一的知识关联表达方式和关联规则
	7	电力行业知识地图建设规范	提供面向概念、流程、能力、关系的知识地图表达
	8	电力行业新词发现规范	规范提取出电力行业新词的方法和基本流程

（3）知识服务标准

知识服务标准包括《电力行业知识图谱应用规范》《电力行业知识互动规范》《电力行业用户画像与信息采集规范》和《电力行业知识产品与服务评价规范》，形成对电力行业知识服务运营模式的统一认识，保障电力行业知识服务的服务水平。知识服务标准明细如表 1–13 所示。

表 1–13　知识服务标准明细

分体系名	序号	标准名称	研制方向
知识服务标准	1	电力行业知识图谱应用规范	提供基于电力行业知识组织的知识导航和知识图谱应用的规范
	2	电力行业知识互动规范	提供描述电力行业知识互动模式和类型的规范
	3	电力行业用户画像与信息采集规范	描述最终用户的基本信息、行为信息等用户画像基础模型及基础信息采集规范
	4	电力行业知识产品与服务评价规范	构建电力行业知识产品以及服务质量的评价指标和评价要求，评价指标包括但不限于知识体系、内容资源、专家、版权等

六　实施情况

在电力行业知识服务标准体系的基础上，有计划、分步骤启动了一批急需的电力行业知识服务标准项目的制定工作，具体如下。

1. 电力行业知识资源基础术语

为更好地进行电力知识资源的统计和数据分析管理，编制基础标准《电力行业知识资源基础术语》。该标准将电力行业知识服务建设过程中遇到的专业知识服务术语进行整理、归纳与总结，形成一套结构完整、定义清晰的术语体系，适用于电力行业科技知识资源服务系统、资源数据库等数字出版产品，可为后续电力行业数字出版领域提供规范性参考。其主要内容包括已有数字出版术语、改写术语和新增电力行业知识资源术语三类。

2. 电力行业知识服务规范

为明确电力行业知识服务需求及业务流程，编制基础标准《电力行业知识服务规范》。该标准将电力行业知识服务建设所满足的需求及业务流程进行梳理及归纳，对电力行业知识服务的类型及规则提出规范性要求，适用于电力行业知识服务的建设与运营。其主要内容包括知识搜索、科技查新、电子书阅读与内容数据库四个方面。

3. 电力行业内容资源加工规范

为规范电力行业知识资源加工，实现一次加工、重复使用，编制知识组织标准《电力行业内容资源加工规范》。该标准规定了电力行业图书、标准、期刊内容资源加工的成品数据、加工存储体系、数据验收和维护等方面的要求，用于其数字化加工和电子资源的加工制作，其他资源可参照执行。

4. 电力行业内容资源标引规则

为对电力行业知识资源进行统一标引，实现统一入库管理、统一存储调用、统一搜索展示等，编制知识组织标准《电力行业内容资源标引规则》。该标准规定了电力行业图书、期刊、标准等各类型数字资源内容进行结构化加工标引时应遵循的规则，为电力图书、电力技术标准、电力期刊等内容资源的数字化、结构化、知识化标引提供遵循；同时规范加工人员作业行为，为资源的收录、存储和统一调用提供指导。

5. 电力图书元数据资源交换规范

为有效传递电力图书产品信息到产业链的各环节，编制知识组织标准《电力图书元数据资源交换规范》。该标准规定了电力图书元数据资源交换的内容、类型和格式，指导电力图书元数据交换工作的开展，旨在向图书产业链上所有参与者提供完整的图书电子信息交换格式，实现上下游信息系统的互联互通，促进出版产品信息的流通与共享，保证图书产业链的上下游顺利进行数据交换。

6. 电力行业知识关联规则

为满足精准知识服务的需要，建立不同知识类型的统一关联规则，编制知识组织标准《电力行业知识关联规则》。该标准依托于电力行业目前比较权威的、规范的知识体系——电力百科知识体系，结合电力行业的数据特点，规定了电力新闻图片、新闻视频、电力图书视频、案例库、电力图书、电力标准、电力专利等各种资源的统一关联规则，形成各类型资源知识体系的统一映射关系。该标准可作为构建语义检索及知识图谱的基础，并对后期更新资源的关联起到规范作用。

7. 电力行业新词发现规范

为电力行业新词发现提供方法与流程支持，保证专业领域知识的正确性和全面性，编制知识组织标准《电力行业新词发现规范》。该标准规定了如何利用大量的电力行业语料来提取出电力行业新词的方法和基本流程，通过给定的检索词得到想要的资源，可更全面地了解所需要的信息；同时将得到的新词与现有的专业词汇进行关联，更新电力主题词表及电力知识体系。

8. 电力行业知识地图建设规范

为规范电力行业知识地图的建设，实现电力行业知识可视化，编制知识组织标准《电力行业知识地图建设规范》。该标准参照国内外相关研究，结合电力知识的特点，设计了电力行业适用的一些知识地图相关的规则，主要内容包括知识地图的类型、构建方法以及应用。该标准的研制将支撑电力行业知识服务建设，为其他知识服务相关产品的“知识地图”模块建设提供参照和规范。

第二章
新闻出版　知识服务 知识资源建设与服务工作指南

第一节　概述

一　编制意义

国家标准《新闻出版 知识服务 知识资源建设与服务工作指南》（GB/T 38382—2019）致力于解决知识资源建设与服务过程中的基本条件、基本流程和基本方法问题，指导新闻出版机构开展知识资源建设、研发知识服务产品和提供相关知识服务。该标准的研制意义如下。

第一，有助于从整体上规范新闻出版机构的知识资源建设与服务工作，提升新闻出版机构的知识服务业务水平。

第二，结合新闻出版业开展知识服务业务的实际，对知识资源建设与服务工作流程进行梳理，对出版机构开展知识服务具有指导意义。

第三，有利于国家主管部门规范管理，确保新闻出版市场按照国家标准要求提供知识产品和服务，不断优化文化产业领域的产品供给。

第四，借鉴和吸收了图书情报领域的成熟做法与经验，同时开创性地融合了新闻出版领域知识服务的新技术、新模式和新业态。

第五，锻炼了出版机构的标准化队伍，提升了新闻出版从业者的知识服务理论素养，培育出一批新闻出版标准化人才。

二　适用范围

本标准适用于新闻出版知识资源建设与服务工作：既适用于出版机构，也适用于新闻机构；既适用于知识资源建设工作，也适用于知识服务的提供与开展。

本标准给出了新闻出版知识资源建设与服务工作的框架，开展新闻出版知识资源建设与服务的基本条件、基本流程，以及开展新闻出版知识服务的基本方法。以资源为逻辑主线来看，知识服务的过程分为两个基本阶段。第一，知识资源建设阶段，由资源准备和资源组织所构成。资源准备的工作，主要有知识元的开发、知识体系研发、知识资源的采集和获取等；资源组织的任务，主要包括知识标引、知识关联、知识计算和形成知识图谱。第二，知识服务阶段，由知识服务的过程和知识服务的形态所组成。知识资源一旦步入发布环节，便是对内、对外提供知识服务的过程。知识服务过程从资源的多平台、多终端、多渠道发布开始；发布之后，便步入知识服务的运营和维护、评估和反馈阶段；完成反馈之后，又开始新一轮的知识资源重新准备、组织、发布的循环周期。知识服务形态，包括基础性知识服务，如电子书、数字图书馆、数字报纸、数字期刊等主流知识服务形态；也包括创新性知识服务，如知识库服务、大数据知识服务、MOOC（大规模开放性在线课程）、SPOC（小规模限制性在线课程）等。

三　主要内容

本标准包括知识资源建设与服务框架、知识资源建设基本条件和基本流程、知识服务的基本条件和基本流程，以及知识服务的基本形态。

知识资源建设的基本条件包括资产资金条件、内容资源条件、版权管理条件、人力资源条件和软硬件条件。知识资源建设的基本流程包括知识资源准备、知识资源组织、知识关联、知识计算和形成知识图谱。

知识服务的基本条件包括知识服务领导小组、知识服务实施团队、知识产品条件、技术应用条件和市场运营条件。知识服务基本环节包括知识服务模式策划、知识服务模式确定、知识资源发布、运营与维护以及评估与反馈。从时间先后顺序来讲，知识服务基本形态包括基础性知识服务和创新性知识服务两类；从是否解决特定的知识问题来看，可包括扩展性知识服务和定制化知识服务。

第二节　核心条款解读

一　知识资源建设与服务框架

（一）条款原文

5　知识资源建设与服务框架

开展知识资源建设与服务工作宜组建知识服务推进工作领导小组，制定知识资源建设规划和知识服务战略规划，建立知识资源建设资金保障体系，形成知识资源的版权管理机制和知识服务实施团队，构建具备知识资源建设的软硬件设施，研发和应用知识服务相关技术，开发知识服务产品，完善知识服务运营体系，实现知识资源的合理配置和使用，构筑资源、技术、产品和服务的质量控制体系，提升知识资源价值和知识服务水平。

知识资源建设与服务框架如图 1 所示。

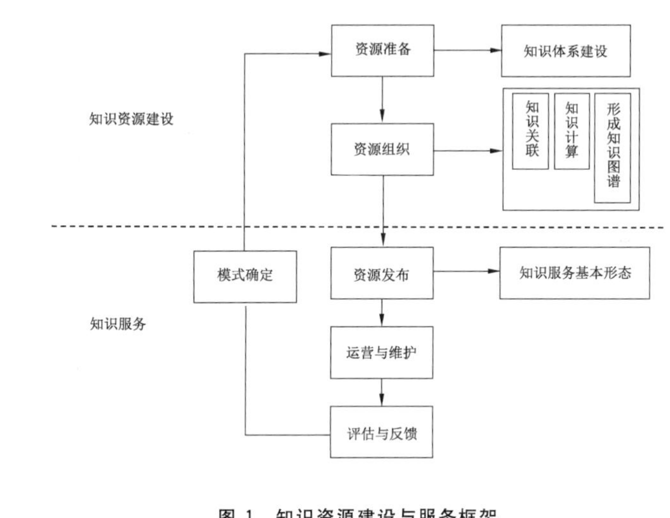

图 1　知识资源建设与服务框架

（二）条款解读

知识资源建设与服务框架，也就是知识资源建设与服务的顶层设计，是包含领导小组、战略规划、人财物条件、产业链环节、预期社会效益和经济效益在内的完备、系统、标准化的路线图和架构图。

1.知识服务的概念和特征

新闻出版机构所开展的知识服务，是指围绕目标用户的知识需求，在各种显性和隐性知识资源中有针对性地提炼知识，通过提供信息、知识产品和解决方案，来解决用户问题的高级阶段的信息服务过程。

新闻出版机构所开展的知识服务分为三层：第一层为信息服务，是指新闻出版机构为目标用户提供的资讯、书讯、图书基本信息、数字产品信息等服务；第二层为知识产品，是指新闻出版机构根据目标用户的需求所提供的数字报刊库、数字图书馆、条目数据库和以知识体系为核心的知识库等产品；第三层为知识解决方案，是指新闻出版机构根据用户个性化、定制化的知识需求，为目标用户提供点对点、直供直连直销的知识化的问题解决方案。

新闻出版机构的知识服务，其主要特征有以下几点。

其一，知识服务注重社会效益，同时也注重经济效益。该点与图书馆所提供的图书情报信息服务有着显著性的差别，图书馆的图情信息服务公益性色彩较重，基本不涉及依靠图情信息服务来提高经济效益的目标，所提供的图情服务以无偿服务为主；而就新闻出版机构而言，从长远来看，新闻出版机构未来的业务发展，新闻出版机构将来生产和发展的主体业务，应该是提供知识服务，并且多数情况下提供的是有偿的知识服务。

其二，能够提供多层次、跨媒体、全方位的知识服务。相对于图书馆知识服务而言，新闻出版机构所提供的知识服务更加全面、立体和丰富。首先，新闻出版机构所提供的知识服务可以包括信息资讯服务、数字产品和知识解决方案，信息服务、数字产品、解决方案的层次性差别明显，既能够满足一般用户的大众化的、扩展知识的需求，也能够满足特定用户个性化的、解决特定知识问题的需求。其次，新闻出版机构能够提供包括纸质介质、网络介质、智能终端介质等在内的多介质、跨媒体的知识服务。最后，新闻出版机构所提供的知识服务既能满足特定专业、特定领域的用户需求，也能满足普通社会大众的知识需求，服务范围囊括整个社会，属于全方位的知识服务，而图书馆知识服务往往只能面向特定专业群体或者特定社区，具有服务范围特定性的特点。

其三，知识服务是新闻出版机构转型升级的最终目标。我国的数字出版转型升级工作推行了数年，部分新闻出版机构已经实现了一定程度的业态转型，但是国内出版单位目前的经营主业仍然是提供纸质的图书产品。从转型升级的最终目标来看，包括但不限于纸质图书的知识服务应当是新闻出版机构经营发展的最终走向。主管部门关于转型升级、融合发展的部署，无论是数字化软件、硬件的配置，还是数字资源库项目的启动、行业级数字内容运营平台的搭建，抑或是传统媒体和新兴媒体深度融合的战略，其初衷和归宿都在于让新闻出版机构具备提供数字化、信息化的数字产品与服务的能力，推动新闻出版机构具备开展互联网、移动互联网知识服务的能力，最终实现新闻出版机构由提供单一的纸质图书产品向提供全方位、多媒体的知识服务的角色转型。

2.知识服务模式

以动力机制为标准，知识服务模式分为政策驱动型知识服务、产品驱动型知识服务、信息驱动型知识服务、技术驱动型知识服务和智慧驱动型知识服务。推动五种知识服务模式发展的动力分别是政策引擎、产品引擎、信息引擎、技术引擎和智慧引擎。“政府引导、企业主体、市场主导、创新驱动、质效并重”的知识服务发展格局是出版融合发展的必然选择和题中之义。

政策驱动型知识服务模式是政府配置出版资源的体现，主要是以各行业的政策为支撑、为契机，以行业知识需求为导向，旨在以机构知识服务为主体的知识服务模式。

产品驱动型知识服务模式是新闻出版机构以知识资源为基础，研发和锻造优质知识服务产品，以优质资源为动力，以产品质量为抓手，提高知识服务市场占有率，抢占知识服务市场高地。

信息驱动型知识服务模式，是指通过提供特定行业系统、特定地域区域、特定专题领域的资讯信息，为用户提供服务的知识服务模式。信息驱动型知识服务隶属于知识服务的第一层次——信息服务范畴，往往在新闻领域应用较多，其发展的典型性业态是融媒体。

技术驱动型知识服务模式，是以高新技术作为驱动，研发前瞻性产品，为用户提供新型服务的知识服务模式。高新技术的应用、前瞻性产品的研发、科技与新闻出版的融合，是技术驱动型知识服务模式的典型特征。

智慧驱动型知识服务模式，是指以国家级重点实验室为龙头，以智库建设为核心，以产学研用一体化为整体格局，通过提供智慧型产品服务、智库咨询、智库报告、举办高端会议论坛、开展标准研制和宣贯，提供知识服务的模式。

“从要素驱动、投资驱动转向创新驱动”，“由高速增长转向中高速增长”，已经成为中国经济发展的新常态。该结论对数字出版的发展、对知识服务模式的演进同样是适用的。持续了一段时间的以项目供给支撑数字出版、以平台开发维持知识服务的局面即将步入历史。让市场在配置知识服务资源中发挥决定性作用，同时更好发挥政府配置资源的作用，将成为新时代知识服务发展的主流方向和正确路径。

今后，政策驱动型知识服务需要更好发挥政府配置资源的作用，同时面向广大的机构市场进行大力推广和应用；产品驱动型知识服务、信息驱动型知识服务、技术驱动型知识服务，须以市场为导向，以用户知识需求为目标，以科技与新闻出版融合为抓手，形成“政府引导、企业主体、市场主导、创新驱动、质效并重”的发展格局；智慧驱动型知识服务将成为国有知识服务的主流模式，成为数字出版产业化、新兴出版提质增效、出版与科技融合的主力军，成为数字出版国家队提高发展质量和效益、落实媒体融合重任的必然选择。

3.知识服务战略规划

在开展知识服务以前，新闻出版机构应该组建知识服务领导小组，由社领导层担任领导小组组长，定期制定、修改知识服务总体战略规划、阶段性发展规划，检查、督促知识服务工作整体进度，建立、健全知识服务评估体系，确保知识服务长期、稳定地开展和进行。

出版机构应该制定并落实前瞻、务实的知识服务战略规划，在充分调研目标用户市场的基础上，形成自身的知识服务产品研发策略、技术应用策略和市场运营策略。战略规划需要立足行业发展现状和新闻出版机构实际情况，要有配套的体制机制，要有知识服务团队加以实施，要推行绩效考核制度，责任到人，只有这样，才能够切实有效地将战略规划落实到日常的经营管理实践中去。

4.知识服务人财物条件

开展知识服务，需要准备好各种条件，其中不外乎人、财、物三个角度。

首先，关于“人”的条件，也就是人力资源条件。前述知识服务领导小组，就是知识服务人才条件的最重要的组织架构。以分工来看，可分为知识服务的内容人才、技术人才、运维人才、管理人才、资本人才等；以人才价值来看，可分为领军人才、骨干人才和一线人才；以人才素质来看，可分为专业型人才、综合型人才和复合型人才。

其次，关于“财”的条件，也就是资金条件。知识服务的开展，离不开资金的投入，尤其是前期的资源采集、标引、加工等资源建设阶段。知识服务所需用的资金，一方面，可包括自有资金，从新闻出版机构本身的资产中调取加以使用；另一方面，也包括财政资金，从中央或地方的文化产业发展资金、扶持项目申请、获批和使用。

最后，关于“物”的条件，也就是设备设施条件。包括知识服务开展所需要的办公场所、计算机设备、网络环境、软件系统、技术条件等。开展知识服务，不可或缺的前提是拥有基础软硬件，包括计算机设备、移动办公设备、网络安全设备、网络机房、网络云服务等，所谓“工欲善其事，必先利其器”。

5.知识服务产业链环节

知识服务产业链的基本环节包括内容、技术、运维三个基本环节。就内容环节来看，新闻出版机构拥有开展知识服务的规模化、专业化的知识资源。这是新闻出版机构开展知识服务的最大优势，也即内容优势。只不过，这些知识资源需要从纸质形态向数字形态转变。就技术环节来看，新闻出版机构需要将现代信息技术应用于新闻出版产业，充分发挥大数据、人工智能、区块链、5G 技术等高新技术的赋能作用，实现先进内容与先进技术紧密结合、传统媒体和新兴媒体有机融合。就运维环节来看，配齐配强市场营销团队，将所研发的信息服务、知识产品和知识解决方案，向个人用户和机构用户进行推广营销，这是知识服务实现社会效益和经济效益的关键所在。

6.知识服务效益指标

新闻出版机构所开展的知识服务，要将社会效益放在首位，努力实现社会效益和经济效益相统一。依据中宣部《图书出版单位社会效益评价考核试行办法》的规定，知识服务所追求的社会效益是指“通过以图书为主的出版物和与出版相关的活动，对社会产生的价值和影响”，主要包括“出版质量、文化和社会影响、产品结构和专业特色、内部制度和队伍建设”等。[①]

知识服务的供给，首要效益指标是对社会所起到的积极促进和推动作用，包括促进社会经济发展、推动社会进步、提高人民的精神文化生活水平等。新闻出版机构的知识服务社会效益，体现在坚持正确的政治方向、出版导向和价值取向，确保出版物的科学性、知识性和编校质量等方面；体现在传承文明，传播知识，践行弘扬中华优秀传统文化、革命文化和社会主义先进文化的使命等方面；体现在知识服务模式清晰、产品结构合理、专业特色突出等方面；体现在内部体制机制健全、全面从严治党责任和党风廉政责任压紧压实、复合型人才队伍体系完整等方面。

与此同时，知识服务的开展要实现良好的经济效益，投入产出合理，催生出新的经济增长点，能够形成对新闻出版机构经营发展的有力支撑，实现传统新闻出版业务和新兴新闻出版业务良性互动、有机融合的发展格局。

（三）建议

从国内外新闻出版业的发展趋势来看，知识服务是转型升级的必然趋势和最终目标。当传统报刊由主要提供纸质资讯、期刊服务转型为提供全媒体报刊知识服务，传统出版社由主要提供纸质图书产品转型为提供全方位、立体化、多层次、多介质的知识服务时，新闻出版机构的数字化转型升级才步入深化阶段，传统媒体和新兴媒体的深度融合发展方可达成。

1. 新闻出版机构，尤其是图书出版机构，尽快制定知识服务战略规划，并使其在企业整体战略规划中占据重要的地位。

2. 成立知识服务领导小组，逐步准备知识服务开展的人、财、物等基本条件，推进知识服务转型事宜。

3. 推动传统新闻出版队伍的转型和升级，引进知识服务领域的内容、技术、运维人才，逐步过渡成为融合型的人才队伍体系。

---

① 《图书出版单位社会效益评价考核试行办法》，第六条。

二　知识资源建设基本流程

（一）条款原文

6.2　知识资源建设基本流程

6.2.1　知识资源准备

以资源数字化加工、资源交换、资源购买、用户生产内容提取、知识体系建设、知识重组等方式，获得所需的内容资源，并通过知识化加工得到知识资源。

6.2.2　知识资源组织

知识资源组织方式主要包括以下3种类型：

a）基于知识分类或学科的知识资源组织，根据学科体系，构建知识元，遵循 GB/T 38381—2019 的相关规定对知识元进行规范性描述；编制主题分类词表，遵循 GB/T 38376—2019 的相关规定；在此基础上构建知识体系，围绕知识体系对知识资源进行组织。

b）基于行业应用的知识资源组织，围绕特定行业或领域用户的业务流程和应用需求组织各种类型的知识资源。

c）基于用户定制的知识资源组织，根据用户特定的知识应用场景，对相关知识资源进行重组、聚类和关联。

6.2.3　知识关联

知识关联的构建、表达、规则及发布遵循 GB/T 38378—2019的相关规定。

6.2.4　知识计算

针对知识资源建设过程中的知识获取、知识关联、知识学习开展实例计算、属性计算、关系计算，使知识服务大数据环境下海量碎片化的数据进行自动的、实时的结构化与体系化组织，对知识进行深度语义关联，进而支撑智能决策。

6.2.5　形成知识图谱

构建基于特定领域的用于展示学科知识核心结构、发展历史、前沿领域及整体知识架构的知识领域映射图。知识图谱逻辑分为模式层与数据层两个层次，构建方式可采用自顶向下与自底向上两种。

（二）条款解读

知识资源建设流程包含知识资源准备、知识资源组织、知识关联、知识计算和形成知识图谱五个阶段。知识资源建设流程是知识服务开展的前提和基础，知识服务开展是知识资源建设的结果和归宿。

1.知识资源准备

在经过充分的市场调研、制定知识服务模式之后，出版社应该尽最大可能去采集和获取相应的知识资源。知识资源获取的过程就是把用于问题求解的专门知识从某些知识源中提炼出来的过程。[①] 新闻出版机构无论开展何种知识服务，首先要准备好知识资源。知识资源准备，或曰知识资源获取的方式包括数字化加工、资源交换、资源购买、用户生产内容提取、知识体系建设、知识重组等方式。

以知识资源存在的时间为依据，可将知识资源获取分为存量资源获取、在制资源获取以及增量资源获取三种类型。

第一，存量资源获取。存量资源的获取，主要采取纸质产品形态转化的手段，对书报刊机构既存的知识资源进行数字化、碎片化处理，进而获得所需的各种类型的知识资源。各出版机构的历史有长短，所积累的存量图书少则千余种，多则数万种，这些存量资源的数字化、碎片化是很重要的知识资源积累。

第二，在制资源获取。在制资源的获取，是指针对书报刊机构日常编辑出版过程中的知识，通过流程同步化的手段，进行数据的标引、加工，以获得所需的知识资源。通过 2013 年第一批数字化转型升级项目的有效实施，出版机构基本具备了在制资源的获取能力。

第三，增量资源获取。增量资源的获取，是指在书报刊机构主营业务之外，通过资源交换、资源购买、内容提取、网络抓取、知识重组等方式和手段，获得所需的知识资源。增量资源获取能力的高低，是出版机构开展知识服务，与民营企业、海外出版机构竞争的关键所在，也是目前各出版机构正在着力解决的难题。知识重组，既是增量资源获取的方式，也是知识资源组织的一种重要方式。知识重组，是指对相关知识客体中的知识因子和知识关联进行结构上的重新组合，形成另一种形式的知识产品的过程[②]，包括知识因子的重组和知识关联的重组[③]。

2.知识资源组织

在实现知识资源获取之后，出版社需要根据目标用户的知识需求或者知识服务的类型开展知识资源的组织工作。知识资源组织的路径主要有三种：基于知识分类或学科、基于行业应用和基于用户定制。

---

① 董金祥主编《基于语义面向服务的知识管理与处理》，浙江大学出版社，2009。

② 李后卿:《图书情报学领域中的知识问题研究》，湖南科学技术出版社，2008。

③ 邱均平主编《知识管理学概论》，高等教育出版社，2011。

（1）基于知识分类或学科的资源组织

基于知识分类的资源组织，更多的是体现于基于学科知识体系进行资源组织。基于学科知识体系的资源组织，是指根据各学科领域的细分不同，在抽取和建立知识元的基础上，形成各个学科领域的知识体系，根据知识体系的逻辑层次对文字、图片、声音、视频、影像等各种类型的知识资源进行聚类和重组。[①] 基于知识分类或学科组织资源，主要可面向高校、科研机构和科研工作者，提供满足扩展知识面、查阅参考相关资源的知识服务类型。

基于学科知识体系组织资源，出版机构需要做好知识元的建构和知识体系研发两项准备性工作。关于知识元的建构，根据用途不同，出版机构可分别建构概念型、事实型和解决方案型的知识元，为知识服务的有效展开奠定逻辑基础。关于学科知识体系的研发，在知识元建构的基础上，厘清知识元相互之间的知识逻辑层次，包括包含型、相同型、相似型、相反型等逻辑关系，分别就学科、领域而制定知识体系，将知识体系作为知识标引的依据和参照。

（2）基于行业应用的资源组织

基于行业应用的资源组织，是指根据目标用户的行业应用需求不同，围绕特定行业、特定领域用户的业务流程、工作环节组织文字、图片、声音、视频、影像等各种类型的知识资源。基于行业应用的资源组织，主要是面向国民经济各行业、各领域提供垂直知识服务所运用的资源组织方式。随着知识服务向专业化、行业纵深角度开展，越来越多的出版机构根据所服务的国民经济行业的业务流程、工作环节来组织相应的资源，提供相关的知识服务，例如社会科学文献出版社的皮书数据库、法律出版社的中国法官数字图书馆等产品，均取得了较好的社会效益和经济效益。

（3）基于用户定制的资源组织

基于用户定制的资源组织，是指根据特定用户的具体知识需求不同，围绕特定知识问题，对相关知识资源进行重组、聚类和关联，向特定用户进行推送或者交付。基于用户定制的资源组织往往适用于较高端的知识服务，为了满足特定用户的个性化、

---

① 张新新:《数字出版产业化道路前瞻——以专业出版为视角》,《出版广角》2014 年第 18 期。

高品位需求，而提供定制化的知识解决方案，例如，励德爱思唯尔的数字决策工具产品、围绕特定作者的用户画像等。

3.知识关联

知识关联，是指知识与知识之间通过一定规则所建立的关系。① 根据《新闻出版·知识服务·知识关联通用规则》的规定，知识关联可划分为不同的类型：其一，按照相关度，可划分为同一性关联、隶属性关联和相关性关联；其二，按照关联方法，可划分为直接关联关系和间接关联关系；其三，按照领域范围，可划分为本领域知识关联关系和跨领域知识关联关系。

出版机构的知识关联，是指各种知识单元之间的联系总和，包括但不限于图书、期刊、报纸、文章、篇章、段落、句子、词语等；也包括文字、图片、音频、视频、3D 模型等不同素材之间的关联。

4.知识计算

知识计算，是对知识进行推理和演化的计算过程。新闻出版机构在知识关联的基础上，可以针对知识资源建设过程中的知识获取、知识关联、知识学习开展实例计算、属性计算、关系计算，使知识服务大数据环境下海量碎片化的数据进行自动的、实时的结构化与体系化组织，对知识进行深度语义关联，进而支撑智能决策。

在完成知识标引、知识关联之后，便可以进行数据计算。就新闻出版业大数据构建而言，需要用到数据计算，更准确地说是用到知识计算。计算机研究领域的知识计算包括属性计算、关系计算和实例计算②，各种显性知识通过知识计算可以得出许多隐性知识。

知识计算是专业出版大数据构建的重中之重，是最关键的一步，关乎二次数据是否能够产生，关乎知识图谱能否生成，关乎预测、预警的目标能否顺利达成。专业出版大数据的知识计算，是指在对知识资源进行多重标引的基础上，通过相同或者相似维度的统计分析，进而获得新的知识的一种方式。也就是说，知识计算是知识发现的

① 《新闻出版 知识服务 知识资源建设与服务基础术语》(GB/T 38377—2019)，第 3.9 条“知识关联”。

② 王元卓、贾岩涛、赵泽亚、程学旗:《OpenKN——网络大数据时代的知识计算引擎》,《中国计算机学会通讯》2014 年第 10 期。

一种重要途径。

以大数据的视角来看，只有通过知识计算的途径，才能够发现、获取新的知识数据，新产生的数据即“大数据”。所以，知识元、知识体系、知识计算是构建专业出版大数据所绕不过去的一座大山。由此看来，新闻出版大数据无论是政府层面的大数据，还是行业级大数据、企业级大数据，都还有很漫长的道路要走，需要做好充分的理论准备、数据准备和实践准备。

2017 年 7 月国务院发布的《新一代人工智能发展规划》提到，知识服务和知识计算：“知识计算引擎与知识服务技术。重点突破知识加工、深度搜索和可视交互核心技术，实现对知识持续增量的自动获取，具备概念识别、实体发现、属性预测、知识演化建模和关系挖掘能力，形成涵盖数十亿实体规模的多源、多学科和多数据类型的跨媒体知识图谱。”①

5.形成知识图谱

知识图谱，是揭示实体间关系并可进行形式化表示的一种语义网络。知识图谱是在经过知识标引、知识计算的基础上所形成的二次数据、可视化数据。新闻出版机构知识资源建设的最后一个环节便是形成知识图谱，也就是产生新的知识、二次数据。二次数据的产生方式包括数据的再利用、数据的重组、数据的扩展、数据的折旧、数据的开放等。这种二次数据可能以知识图谱的形式出现，可能是一个全新的结论，可能是石破天惊的数据真相，但是一定是在经过严格的数据采集、加工、标引、计算和建模应用之后才会出现的数据，也就是数据背后的数据。

（三）建议

1. 新闻出版机构开展知识资源建设的完整流程包括：知识资源准备（获取）、知识资源组织、知识关联、知识计算和形成知识图谱。

2. 基础性知识服务，重点是在知识资源准备和知识资源组织环节发力，如电子书、数字图书馆、专题数据库等。

3. 知识服务走向纵深阶段，如构建特定领域的知识服务大数据，则需要运用知识关联技术、知识计算技术和知识图谱技术。

---

① 参见 2017 年 7 月 8 日国务院发布的《新一代人工智能发展规划》的“三、重点任务”部分。

三　知识服务基本环节

（一）条款原文

7.2　**知识服务基本环节**

7.2.1　**知识服务模式策划**

7.2.1.1　**用户需求分析**

7.2.1.1.1　**目标用户类型分析**

对目标市场进行细分，确定目标用户的类型和规模。

7.2.1.1.2　**竞品分析**

对现有的或潜在的竞争产品和服务的优势和劣势进行分析、比较和评价，将获得的相关竞品分析结果整合到有效的服务战略制定、实施、监控和调整的框架中，为制定服务战略提供依据。

7.2.1.1.3　**情景分析**

对用户接受知识服务的重要场景和流程进行分析，形成知识服务的需求列表，并根据前期的目标用户分析和竞品分析结果，划分知识服务的需求优先级。

7.2.1.1.4　**用户购买力分析**

通过充分调研，分析和了解用户的购买能力、消费决策能力，为制定科学合理的定价体系、展开有效的营销奠定基础。

7.2.1.2　**资源可行性分析**

7.2.1.2.1　**内容资源分析**

明确知识服务中内容资源的范围和类型，将知识服务所需的书、报、刊文件（排版文件、PDF、XML等）、音频、视频、图片等内容资源的来源、版权信息进行分析，为内容资源加工做好准备。对于内容资源的分析包括内容资源可利用量、内容资源品质情况、内容资源赋存条件、内容资源开发价值等方面。

7.2.1.2.2　**人力资源分析**

对开展知识服务所需的编辑人员、内容资源管理和维护人员、技术开发和维护人员等进行分析，确定内容、技术、运营、管理人才的数量和配置。

7.2.1.3　**技术可行性分析**

7.2.1.3.1　**现有软件基础及软件需求分析**

从知识服务产品开发、使用、传播等角度分析信息化建设情况、知识服务业务软件使用情况，提出在软件系统方面的需求。列出所需软件系统目录，明确所需软件系统的功能点和运行环境等要求。

7.2.1.3.2　**现有硬件基础及硬件需求分析**

从知识服务产品开发、使用、传播等角度对现有硬件基础及硬件需求进行技术分析。

所必备的硬件设备主要包括通用硬件设备及专用硬件设备。

通用硬件设备包括个人计算机、服务器、存储设备、网络设备、安全设备等，用以满足知识资源建设和知识服务的需要。

专用硬件设备是以特定出版资源、面向特定市场的数字出版产品的生产所需配置的专用硬件设备，用以满足特定知识服务的需求。

7.2.1.4 市场可行性分析

7.2.1.4.1 知识服务背景分析

包括知识服务市场概况、知识服务相关政策、知识服务技术等背景分析。

7.2.1.4.2 知识服务的市场供需分析

包括知识服务市场供需现状分析、知识服务市场供需预测。

7.2.1.4.3 知识服务目标市场分析

包括知识服务目标市场界定、市场占有份额分析。

7.2.1.4.4 知识服务市场价格现状与定价体系分析

包括知识服务国内市场销售价格、国际市场销售价格分析等。

7.2.1.4.5 市场竞争力分析

包括知识服务市场的主要竞争对手情况、竞争力优劣势、营销策略分析等。

7.2.1.4.6 盈利模式分析

针对企业用户、事业单位用户、政府机关用户和个人用户的不同特点，有针对性地分析并确定B2C、B2B、B2G、B2F、O2O、B2B2C等不同营销模式，以取得社会效益和经济效益最大化的预期目标。

7.2.1.5 撰写知识服务计划书

在对知识服务模式策划进行前述详细分析后，明确知识服务定位、知识服务类型、知识服务表现形式、内容资源、盈利模式、营销策略、效益估算、知识服务产品开发进度、知识服务产品标准、知识服务产品人员及职责等内容，编写知识服务计划书。

7.2.2 知识服务模式确定

7.2.2.1 明确知识服务形态

根据用户需求，明确知识产品或知识服务形态，向用户提供电子书、专业内容数据库、知识库等知识产品。

7.2.2.2 提供解决方案

根据用户特定领域、特定行业、特定应用场景的知识需求，提供知识服务解决方案，以切实解决用户的实际问题。

7.2.3 知识资源发布

7.2.3.1 多平台发布

包括自主运营平台、第三方运营平台等发布。发布到第三方运营平台的产品，宜签订授权合同，可通过自动化的投送系统实现自动投送。

7.2.3.2　多终端发布

包括通过 PC 端、智能移动终端、可穿戴设备等发布。

7.2.3.3　多介质发布

包括以纸质、网络、移动存储介质等形式发布。

7.2.4　知识服务的运营与维护

7.2.4.1　产品运营和维护

可选择自主运营平台或第三方平台，采用合适的运营方式和商业模式，对知识产品进行推广和销售，并采用数据统计工具，对实现销售的知识产品进行统计分析。

7.2.4.2　内容维护和更新

应对处于销售状态或已销售的知识产品进行维护和更新，保证内容资源的合法合规以及完整性、有效性和时效性，防止出现内容瑕疵和缺陷，避免内容资源过时陈旧，保障用户可安全使用。

7.2.5　评估与反馈

运营过程中所获取的用户评价、反馈意见，及时进行分析，用于内容、技术的维护更新过程，并对知识服务模式方案进行扬弃和优化。

（二）条款解读

新闻出版知识服务的基本流程或曰完整流程，包含知识服务模式策划、知识服务模式确定、知识资源发布、知识服务的运营与维护、评估与反馈等环节。

1.知识服务模式策划与确定

知识服务模式的策划，是指根据目标用户的知识需求的不同，而确定采取信息服务、知识产品抑或知识解决方案，以及采取具体哪一种信息服务、知识产品或解决方案。知识服务模式策划是策划人员根据用户需求及调研结果明确其市场定位、确定知识资源，并据此确定服务模式。知识服务模式策划由用户需求分析、资源可行性分析、技术可行性分析、市场可行性分析、撰写产品计划书等基本步骤构成。在上述可行性分析之中，目标用户类型分析、同类竞争性产品分析和目标用户购买力分析显得至关重要。用户目标是个人用户还是机构用户，决定了知识出版机构是采取在线提供还是镜像安装，决定了出版机构是提供单一性数字产品还是提供综合性数字产品。同类竞争性产品是否存在、数量多寡，引导着出版机构是采取蓝海战略还是红海战略，是填补市场空白还是提供更优质、更便捷的知识产品。值得一提的是，目前，我国知识产品市场的竞争不充分，存在许多市场空白，尤其是在专业性数字产品和解决方案领域，这便为出版机构开展知识服务提供了有利的市场先机。目标用户的购买力分析，直接决定出版机构的知识服务价格策略体系，仅以政府机关用户为例，出版机构所提供的数字图书馆、数据库产品的价格要符合目标用户的年度预算和决策机制，否则将会严重干扰价格策略的稳定性和有效性，出现要么销售打不开局面、要么销售周期人为延长的不利后果。

知识服务模式策划体现在知识服务计划书之中，知识服务计划书要求：对知识服务模式策划进行详细分析，明确知识服务定位、知识服务类型、知识服务表现形式、内容资源、盈利模式、营销策略、效益估算、知识服务产品开发进度、知识服务产品标准、知识服务产品人员及职责等内容，以书面的形式进行呈现。

知识服务模式策划书撰写完成以后，要经过全面、客观、反复的论证，论证的主要目的是确定知识服务形态。其一，信息服务，新闻出版机构采取哪种信息服务方式为目标用户提供资讯服务，如 App、资讯库、融媒体知识库等；其二，知识产品，向用户提供电子书、专业内容数据库、知识库、MOOC、SPOC 等知识产品；其三，知识解决方案，根据用户特定领域、特定行业、特定应用场景的知识需求，提供知识服务解决方案，以切实解决用户的实际问题。

2.知识资源应用

确定了知识服务形态，采集获取知识资源、建设知识资源（详见“知识资源建设基本流程”一节）后，便步入知识资源应用的环节。知识资源的应用，分为内部应用和外部应用，内部应用包括知识的共享和交流，外部应用就是出版机构用以开展知识服务了。

知识资源的外部应用，主要是为个人用户和机构用户提供知识服务，包括信息服务、知识产品和知识解决方案。知识资源的内部应用以知识共享为主要体现，是指员工相互交流知识，使知识由个人的经验扩散到组织的层面。[①] 这样在组织内部，员工可以通过查询组织知识获得解决问题的方法和工具。反过来，员工好的方法和工具通过

① 岳高峰等:《知识管理良好实践指南——GB/T 23703 知识管理国家标准解读》，电子工业出版社，2014，第 5 页。

反馈系统可以扩散到组织知识里，让更多的员工来使用，从而提高组织的效率。出版机构进行知识资源的共享管理，一方面可以通过人与人之间的交流，将技能、经验等隐性知识进行传递和共享；另一方面可以通过文档、邮件、数据库录入等方式对开展知识服务的显性知识进行上传和分享。有条件的新闻出版机构，可以探索将报社、期刊社、出版社自成立以来的所有书报刊产品进行数字化，建立一个“数字博物馆”，既可以对新员工进行企业文化历史教育，也可以随时随地调取所需要的知识资源。实践中，法律出版社社领导就提出了“再造一个数字法律出版社”的发展目标。

3.知识资源发布

知识资源一经发布，便步入了向社会公众或专业用户提供知识服务的阶段。知识资源可以进行多平台、多终端、多介质的发布。

其一，多平台发布，包括自主运营平台、第三方运营平台等发布。新闻出版机构发布知识资源，大多经历了“第三方发布”到“自主发布”的转型过程。新闻出版数字化转型升级早期阶段，许多出版机构将电子书授权中国移动手机阅读基地、亚马逊、当当网等第三方平台，就是经由第三方运营平台发布知识资源的主要体现。后来，随着数字化转型升级工程的深入推进，随着数字版权保护意识的增强，大部分新闻出版机构建立了独立的数字图书馆、知识库等自主运营平台，于是纷纷将自身的知识资源在自主平台上进行发布和运营。

其二，多终端发布，包括通过 PC 端、智能移动终端、可穿戴设备等发布。一般而言，基于互联网终端的知识产品，大多通过 PC 端进行发布，如电子书、数字图书馆、数据库产品等；基于移动互联网终端的知识产品，往往经由移动手机、ipad 等智能移动终端发布；还有一些创新性的知识产品，如 AR 出版物、VR 出版物，则通过 AR 眼镜、VR 眼镜等可穿戴设备进行发布和提供服务。

其三，多介质发布，包括以纸质、网络、移动存储介质等形式发布。图书、报纸、期刊，是知识资源通过纸张介质进行发布的最主要产品形态；数字图书馆、专题知识库、在线教育产品则大部分通过网络介质进行资源发布；较早期出现的音像出版物、电子出版物、U 盘数字图书馆等，则是通过移动存储介质进行知识发布与共享。

4.知识服务的运营与维护

知识服务的运营与维护，主要包括内容更新、技术迭代和提供增值服务等。关于运营，新闻出版机构可选择自主运营平台或第三方平台，采用合适的运营方式和商业模式，对知识产品进行推广和销售，并采用数据统计工具，对实现销售的知识产品进行统计分析。关于内容维护，新闻出版机构应对处于销售状态或已销售的知识产品进行维护和更新，保证内容资源的合法合规以及完整性、有效性和时效性，防止出现内容瑕疵和缺陷，避免内容资源过时陈旧，保障用户安全使用。关于技术更新，新闻出版机构还要确保知识服务所运用的技术处于稳定、畅通状态，及时进行技术的更新和迭代，确保网络信息安全，确保知识资源和知识服务处于安全可控的状态之下。实践中曾出现过出版机构的知识服务产品被勒索病毒攻击导致无法正常提供服务的案例，这一点，尤其值得警醒。

5.评估与反馈

知识服务团队应对运营过程中所获取的用户评价、反馈意见，及时进行分析，用于内容、技术的维护更新过程，并对知识服务模式方案进行扬弃和优化。

知识服务评估的主要内容包括评估知识资源规模是否足够庞大、知识资源质量是否合格、知识资源用户体验感是否友好、知识服务是否处于安全状态之中、数字版权是否有被盗版的风险、该项知识服务是否有足够的盈利空间等。

知识服务反馈意见的收集主要是被用来优化和完善知识产品，以继续进行内容更新、技术迭代和服务升级，确保特定信息服务、知识产品或解决方案能够具有较高的用户忠诚度、经得起市场检验、具备可持续发展的潜力。

（三）建议

1. 知识服务模式的确定，可采取“先易后难”“由初级到高级”的顺序，对于拟开展知识服务或刚开展知识服务的机构而言，不妨先从数字报刊、数字图书、数字图书馆、专题资讯库等基础性知识服务开始尝试；对于知识服务开展步入较高阶段的主体而言，可以考虑研发 AR 出版物、VR 出版物、大数据平台、MOOC、SPOC 等创新性知识产品与服务。

2. 同时注重知识资源的内部应用和外部应用，对内进行纸质资源的数字化、碎片化、数据化加工，进而形成数字资料库；对外提供信息服务、知识产品和知识解决方案。

3. 知识资源发布要格外注意数字版权保护问题，信息网络传播权的维护和运用，是现代新闻出版机构所面临的时代之问。

4. 知识服务的运营维护，要高度重视安全问题，确保意识形态安全、版权资产安全和技术运用安全。

5. 知识服务的评估和反馈，既是前一阶段知识服务的终点，也是新阶段知识服务的起点。

四 知识服务基本形态

（一）条款原文

7.3 知识服务基本形态

7.3.1 基础性知识服务

基于当前新闻出版领域主流的知识服务模式，开展电子书、数字图书馆、数字报纸、数字期刊等基础性知识服务。

7.3.2 知识库服务

知识库是针对特定需求，采用特定的组织方式，具有存储、检索、管理和应用的相互联系的知识集合，一般围绕特定领域、特定行业或特定需求，综合采用文字、图片、音视频等多种形态的数字内容资源，提供知识服务。

7.3.3 大数据平台知识服务

以大数据平台为知识服务的外在展示，以语义分析和云计算为技术支撑，按照知识体系，在社会科学领域主要以预警、辅助决策为目标，在自然科学领域主要以预测、知识发现为目标，提供的在线知识服务。

7.3.4 在线课程服务

按照学科领域的不同，集中录制各个领域权威专家的网络课程，通过互联网传播的手段，向规模巨大的受众群体提供在线教育服务。

根据某企业的特定需求，创建小规模限制性在线课程，提供培训服务，并对课程活动的在线时间、作业完成情况和考核等要求做出明确规定。

7.3.5 知识服务解决方案

根据用户个性化知识需求，提供有针对性的知识服务解决方案。

7.3.6 智能知识服务

以人工智能技术为依托，借助大数据开展知识体系构建、知识计算、知识图谱构建，开展机器撰稿、新闻推荐、智能选题策划、智能审校、智能印刷、智能发行、智能机器人等服务方式。

（二）条款解读

本标准对知识服务采取了“基础性知识服务”和“创新性知识服务”的分类法，其分类依据一是时间先后顺序，二是新技术的采纳和应用情况。以有无待解决的具体知识问题为依据，新闻出版机构开展知识服务，大致包括两种形态：扩展性知识服务和定制化知识服务。这里，就学界通用的扩展性知识服务、定制化知识服务做出另一个维度的解读，供读者参考和阅读。

1.扩展性知识服务

扩展性知识服务，针对无具体问题，以学习知识、拓展知识面为目的的用户，针对意欲拓展的知识领域提供较为科学的研究方向和相关数据资料。扩展性知识服务的主要形态有以下几种。

（1）数字图书馆

数字图书馆，是指出版机构按照学科体系或者行业应用为分类标准，提供综合性、全面性或者特定行业、特定领域的数字图书、期刊、报纸，及其检索、复制、粘贴、关联等多项服务，如中国法学院数字图书馆、中国少年儿童数字图书馆等。

数字图书馆的主要特征如下。

第一，依托特定的数字资源平台。该平台往往具有注册登记、资源管理、收藏阅读、资源分类、查询检索、复制粘贴等功能。

第二，按照特定专业或者特定领域建立。服务于专业群体、职业群体往往是数字图书馆的建立初衷，有的按照学科体系进行建设，有的按照职业体系进行研发。总之，数字图书馆的名称就最直接地体现了其服务的对象，如人民军医数字图书馆、中国法官电子图书馆、中国少儿数字图书馆等。

第三，汇聚海量电子图书。数字图书馆的数字图书保有量至少在数百种、数千种的规模，否则难以体现其专业性、权威性和综合性。例如，方正阿帕比的中华数字书苑，其数字图书保有量是几万种。

第四，数字图书馆属于综合性数字出版物。数字出版物按照种类数量、经营模式的不同，分为单一性数字出版物和综合性数字出版物。单一性数字出版物往往是以单本数字图书、单条信息数据作为产品形态，往往采用 B2C 的盈利模式，面向广大个人用户市场进行销售；综合性数字出版物往往是汇聚海量数字资源，以整批数字图书、整批信息数据作为产品形态，往往采用 B2B 或者 B2G 的盈利模式，面向政府用户、企业用户、事业单位用户等机构用户进行销售。数字图书馆属于综合性数字出版产品中的典型产品。

（2）专业数据库

专业数据库，是指出版机构按照特定行业或者特定专业，以海量条目数据作为基本知识素材，提供检索、查询、复制、粘贴、推荐、关联等各种服务。如北大法宝数据库、皮书数据库等。

专业数据库产品的主要特征如下。

第一，以条目数据为产品构成基本单元。专业数据库产品的基本单元是条目数据，这些条目数据的信息量大小不一、性质不一，有的属于新闻资讯性质，有的属于概念定义性质，有的属于解决方案性质，有的属于理论研讨性质。正是这些不同属性的条目数据，按照专业学科或者职业领域的不同，围绕着知识提供和知识服务的开展，以服务特定用户群体为宗旨，形成了内容丰富、体系健全、逻辑严密、规模庞大的知识数据库。

第二，以海量资源聚集为主要表现形态。目前，无论是国内的专业数据库信息内容提供商，还是国外的专业数据库供应商，均将海量资源优势作为市场竞争的制胜方略。无论是医学、法律，还是税务、金融领域的专业数据库，其数据量动辄数百万条，所包含的信息节点往往多达数十亿汉字的规模。

第三，以强大的查询检索功能为技术支撑。以海量资源作为内容支撑的专业数据库，为用户提供便捷知识服务的主要技术便是检索查询技术。目前业态主要是提供关键词的查询检索，也有部分专业数据库厂商在推广知识导航查询。

第四，数据来源途径多样化，市场准入门槛相对较低。相对于数字图书馆产品，专业数据库产品的数据来源较为广泛，不再局限于以标准书号为属性限制的图书，而是可以通过互联网资源抓取、行业资源置换、政府资源合作等多种方式来实现条目数据的扩充和增值；同时，专业数据库领域的市场准入门槛也相对较低，不再局限于拥有图书专有出版权的出版机构，拥有一定的平台技术和专业优势的网络公司均可以进军专业数据库服务市场，甚至在许多领域，比如法律、医药，民营企业、境外企业的专业数据库产品远远早于传统出版机构的规划和布局。

（3）知识库产品

知识库产品，是指以知识体系为内核，综合采用文字、图片、音视频等多种知识素材，围绕特定领域、特定行业甚至是特定问题，提供一站式知识服务。知识库产品是新兴、先进的知识服务类型，融入了知识体系的内核，能够满足特定领域的知识需求，目前正处于探索和建设阶段。

知识库产品是专业数据库产品的升级，是对专业数据库产品的优化和迭代。知识库产品相对于传统的专业数据库产品而言，最大的不同点在于，通过知识元的研发、知识体系的构建，再运用知识体系对海量知识条目进行标引，继而经过知识关联和知识计算，形成可视化的知识图谱，形成未曾发现的二次数据。

（4）大型开放式网络课程（Massive Open Online Course，MOOC）

MOOC，是指出版机构按照学科领域的不同，集中拍摄、制作各个领域权威教授的网络课程，通过互联网传播的手段，面向规模巨大的学生受众群体开放和提供服务，如人民卫生出版社的人卫 MOOC 联盟产品。

MOOCs（Massive Open Online Courses）曾一度被誉为继火的发现之后最重要的创新，然而，2013 年美国斯坦福大学的教授塞巴斯蒂安・特龙却公开宣称 MOOCs 是一个失败的新生事物，其主要原因是只有 5% 左右的课程完成率。 MOOCs 备受欢迎的原因在于汇聚了海量的权威课程资源，解决了教育的形式公平公正问题，弥补了课堂教学资源的不足。

2.定制化知识服务

定制化知识服务，是根据用户需求，以用于欲解决的问题为目标，不仅为用户检索并提供数据，更要根据相关知识对提供的数据进行筛选、清洗、拆分、重组，提供解决问题的产品或者方案。定制化知识服务的主要形态有以下几种。

（1）个性化知识解决方案

通过用户特定类别、特定领域的个性化知识问题需求，提供点对点的直联、直供、直销的知识解决方案，以满足用户的个性化知识需求，如励德爱思唯尔的数字化决策工具。

移动型知识服务平台，也是个性化知识解决方案的一种，是指遵循移动互联网传播规律，以知识元数据为资源基础，以通信技术为支撑，针对用户个性化、定制化的知识需求，采取模糊匹配、语音回复等方式，提供个性化的知识解决方案。法律出版社正在研发的手机律师产品便属于这种类型。

（2）小规模限制性在线课程（Small Private Online Course, SPOC）

SPOC，是指根据企业需求，创建小规模限制性在线课程，为特定用户提供服务。①

继MOOCs之后，美国又兴起了SPOCs（Small Private Online Courses）热。SPOCs是基于解决小规模学生群体的特定学习问题而开设的网络课程，应该说SPOCs属于知识服务的定制化服务范畴，它解决了小部分学生的学习难点和问题，同时将线上和线下的课程、答疑相结合。

同样作为在线课程,SPOCs相对于MOOCs而言，有以下几个方面的不同：其一，小规模，将课堂人数控制在一定数量规模，一般不超过50人，并对课程活动做出明确规定，如在线时间、作业完成情况和考试及格线等；其二，大数据技术的应用，可实时捕捉用户的学习行为、学习数据，并对其学习行为、数据做统计分析，制作用户画像；其三，个性化，服务于特定的群体，致力于解决具体的知识疑难问题，具有个性化辅导、专门性辅导的特点，可做到因人施教、因材施教。SPOCs课程产品是对MOOCs产品的改进和扬弃，它能够有效提高出版机构和目标用户的互动性，并且能够提高课程的完成率和通过率。

无论是MOOCs，还是SPOCs，要想取得较高的通过率，需要借助大数据技术，实现数据回传、捕获学生的个性化学习问题，进而才能采取有效的针对性措施，以实现预期的理想课程效果。

（3）智能知识服务

智能知识服务，是指以人工智能技术为依托，借助大数据开展知识体系构建、知识计算、知识图谱构建，开展机器撰稿、新闻推荐、智能选题策划、智能审校、智能印刷、智能发行、智能机器人阅读等服务。

人工智能，是指根据对环境的感知，做出合理的行动，并获得最大收益的计算机

---

① 〔英〕维克托·迈尔－舍恩伯格、肯尼思·库克耶:《与大数据同行——大数据与未来教育》，赵中建、张燕南译，华东师范大学出版社，2015，第1页。

程序。[①] 人工智能包含的范畴特别广泛，包括但不限于智能推理、新闻推荐和新闻撰稿、机器视觉、AI 艺术、智能搜索、机器翻译、语音识别、自动驾驶、机器人、深度学习、数据挖掘、知识图谱等方面；覆盖了经济、政治、社会、生态等各个领域，具体包括智能家居、智能教育、智能交通、智能金融、智能医疗、智能制造、智能超市等。

就新闻资讯行业而言，智能知识服务的形式，如机器撰稿、新闻推荐早已不是新鲜事物：2017 年 8 月 11 日，一则标题为《四川九寨沟地震，中国地震网机器人写稿，用时 25 秒》的新闻引起了国内民众的广泛关注，人工智能离新闻出版业如此之近，是好多人所始料不及的。而更冲击媒体人的是美国“作家”人工智能技术平台 Wordsmith，2013 年机器自动撰写的新闻稿件数量达到 3 亿篇，超过了所有主要新闻机构的稿件产出数量；2014 年，已撰写出超过 10 亿篇的新闻稿。[②] 至于新闻推荐、自动推荐则每天都在“今日头条”等各资讯类平台中无数次被应用，无怪乎大家感觉看了一篇报道之后马上会有类似资讯的出现。会写新闻的计算机人工智能程序大规模、持久性应用，将会导致的最终结果便是大量的传统新闻记者的失业，尤其是不涉及深度报道、评论类的新闻记者群体。

就图书出版业而言，将会因为加上智能化的翅膀，而呈现出智能化发展的方向：知识服务领域，以知识计算引擎为核心的前瞻技术将得到大范围应用，进而推动知识服务向着纵深方向发展；增强现实和虚拟仿真领域，在原有 3D 实景建模、虚拟建模的基础上，智能建模将会被快速推广和迭代；而在原有的 MOOC、SPOC 的基础上，大数据技术运用于在线教育，将催生出以学习者为中心、以交互式为主要特点的智能教育新形态；人工智能作用于新闻出版业，还将带来一系列标准的立、改、废和法律法规的及时调整。

结合目前国内出版业的现状来看，部分出版机构已经在扩展性知识服务方面研发了相应的知识产品，并且取得了一定的社会效益和经济效益，尽管这种效益比例占出版机构整体收入还相对较低，但是，仍然有大部分出版机构在知识服务方面还没有形成清晰的知识服务战略规划，没有完成相应的知识积累、知识资源的转化与应用，还

① 李开复、王咏刚：《人工智能》，文化发展出版社，2017，第 35 页。

② 李开复、王咏刚：《人工智能》，文化发展出版社，2017，第 9 页。

缺乏一支了解知识服务原理、通晓知识产品研发、洞察知识服务规律的复合型出版人才队伍。

同时，还应该看到，尽管我们的出版机构已经在知识服务方面进行了探索和试点工作，但是我们目前所取得的成果仍然局限于扩展性知识服务范畴，对于如何针对特定群体、特定个人的目标用户提供定制化的知识服务，出版单位还没有产生示范性、引领性的服务模式和服务案例。一言以蔽之，出版单位推进知识服务转型还有很长的路要走。

（三）建议

1. 新闻出版业应该高度重视知识服务形态，在科学合理制定战略规划的基础上，根据行业发展态势，立足企业实际状况，针对性地开展定制化知识服务和扩展性知识服务。

2. 数字图书馆、专业数据库、专题知识库等基础性知识服务形态，是技术相对稳定、研发相对容易、用户接受度较高的形态，处于知识服务早期阶段的企业可广泛采用这种形态。

3.MOOCs、SPOCs、个性化知识解决方案、智能知识服务形态，往往需要采用具有前瞻性的大数据、人工智能、深度学习等高新技术，技术前瞻、研发周期长、用户接受时间长，是知识服务走向纵深的新闻出版机构可尝试探索的形态。

第三节　应用示例

一　自然资源大数据平台

（一）遵循标准条款

自然资源大数据平台遵循了《新闻出版 知识服务 知识资源建设与服务工作指南》中的以下条款。

5.　知识资源建设与服务框架

6.2.1　知识资源准备

6.2.2　知识资源组织

6.2.3　知识关联

6.2.4　知识计算

6.2.5　形成知识图谱

7.2.2 .1　明确知识服务形态

7.3.2　知识库服务

7.3.3　大数据平台知识服务

7.3.5　知识解决方案

（二）示例描述

专业出版机构开展大数据建设有较好的数据规模、数据质量、数据类型等前提和基础；同时，也是数字出版由数字化、碎片化的发展阶段步入数据化、智能化发展阶段的必经之路，对内有助于辅助选题策划，提升出版社的经营管理水平，对外有助于辅助精准营销，提高社会效益和经济效益。专业出版大数据建设可以遵循数据采集、数据加工、数据标引、数据计算、数据建模、二次数据和数据服务的“七步法”路径。

随着大数据携手机器学习所推动的第三次 AI 浪潮的到来，大数据成为第三次人工智能高潮的重要基石；而新闻出版业的深度转型，必然伴随着由数字化、碎片化向数据化、智能化方向进行的升级和演进。作为新闻出版大数据建设的重要组成部分，专业出版大数据的构建在国内已经初现成效：审计、公安、法律、地质、海关等领域的大数据平台已在建或建成。

1. 专业出版大数据建设的必要性

我国独特的出版体制注定了专业出版社在出版方阵中占有重要地位，在已经来临的人工智能时代中，细分领域、特定行业的专业出版大数据建设具有天然的优势和较大的可能。专业出版大数据的构建具有以下几个方面的必要性。

其一，就出版企业自身而言，专业出版大数据的建设，有助于辅助选题策划、辅助精准营销，有助于推进出版社自身业务的优化和完善。长期以来，传统出版企业一直处于粗犷式经营阶段，单体出版社自身究竟有多少作者、有多少销售客户？建社以来共计出版了多少图书？这些问题，很少有出版社可以回答，也就是说，对用户数据、内容数据的建设没有足够重视和关注。相反，如果出版企业对于上游的作者数据、下游的销售客户数据、内容资产数据、交互数据等建立起相对完善的数据中心或者数据资源池，那么，这些问题的回答将会易如反掌；同时，调取用户数据系统的数据来指导选择更加优质的作者，来了解同类型选题的销售规律，调取内容数据系统的数据来分析热门选题的周期顾虑，来预判同质 / 差异化选题的销售趋势，将会极大地改进选题策划和市场营销工作。

其二，就出版行业趋势而言，专业出版大数据的建设，是数据化出版的必然要求，是深入推进新闻出版业数字化转型升级的时代呼唤。随着十年转型升级的深入推进，经历了以数字图书、数字期刊、数字报纸为代表的数字化发展阶段；经历了以数据库产品、网络原创文学为代表的碎片化阶段①；正在经历以知识体系为逻辑内核、以知识标引为技术基础、以知识计算为技术关键和以大数据知识服务为外在表现形态的数据化发展阶段，数据化发展有可能催生出数据出版这一新的出版业态。

其三，就未来时代发展而言，人工智能以大数据为基础，专业出版大数据的建设是新闻出版业步入智能化发展阶段的题中之义。智能出版对内的表现是出版流程的智能再造，形成从智能策划、智能审校、智能印刷、智能发行到智能决策等全流程的智能化解决方案；对外表现是形成 AR 智能出版、智能阅读机器人等系列智能产品服务。无论是对内的智能流程再造还是对外的智能产品服务，都离不开大数据的建设与应用，大数据是智能出版的基础和前提。

2. 专业出版大数据建设的可行性

专业出版机构建设大数据，具备较大的现实可能性。

（1）数据类型完整

就数据类型而言，专业出版机构所保存和产生的数据，涵盖了较为完整的数据类型——用户数据、内容数据、交互数据。从用户数据的角度来看，专业出版机构拥有上游的作者数据，中游的编校、设计、印刷机构 / 个人数据，下游的营销、发行机构 / 个人数据，还包括数字化技术服务提供商的数据。从内容数据的角度来看，专业出版社汇聚和集中了特定行业、特定专业、特定领域的知识资源，时间跨度可以持续

① 廖文峰、张新新:《数字出版发展三阶段论》,《科技与出版》2015 年第 7 期。

60 ~ 70 年，整体专业出版机构几乎囊括了国民经济各行业的最主要知识资源。专业出版社的交互数据相对而言较为薄弱，但是仍然有重点图书、重点产品的交互数据，随着数字出版的开展，各种专业知识库、数字图书馆对个人用户的评论、点赞等交互数据的采集和分析，使得专业出版社的交互数据建设进一步强化。

图 2-1 为“自然资源大数据平台”的用户数据构成。

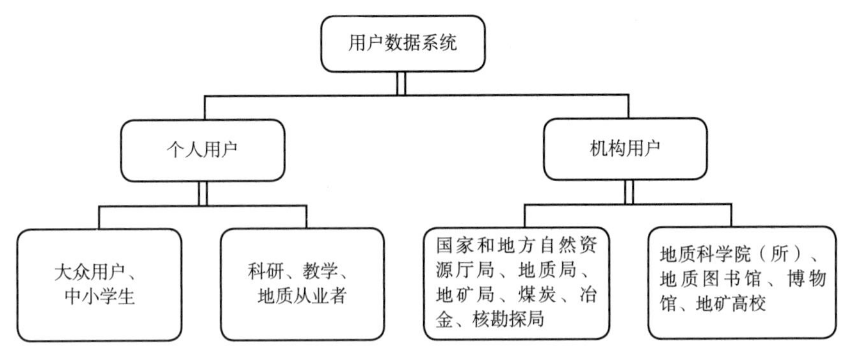

图 2-1 “自然资源大数据平台”的用户数据构成

中国大地出版社、地质出版社已经建设完成“自然资源大数据平台”，其中，用户数据系统包括个人用户和机构用户两类数据，涵盖了地质、国土、林业、海洋等自然资源领域的各种类型从业者和大众用户。

平台的个人用户主要包括大众用户及中小学生，个人用户数据系统收集了用户的各种有效信息，包括地址、通讯方式、年龄、职业、性别、喜好、兴趣等数据。

平台的机构用户，主要包括：①政府机构客户：自然资源部以及全国 30 多个省（区、市）的自然资源厅局、3 万多个乡镇国土所以及相关政府部门；②企业客户：全国 30 余个省（区、市）的地勘单位，2600 余个，数万矿山企业以及 4 万多个地质调查队；③研究机构：中国地质调查局及其所属 28 个研究机构、全国 150 余个相关的地质院校及上百个地质博物馆及矿山公园。

用户数据的构成，包括通信方式、通信地址、年龄与性别结构、阅读偏好、消费能力、工作性质、消费能力、趋势分析等 8 个维度，其部分数据如图 2-2 所示。不同维度的数据信息均服务于大数据平台的销售和盈利。

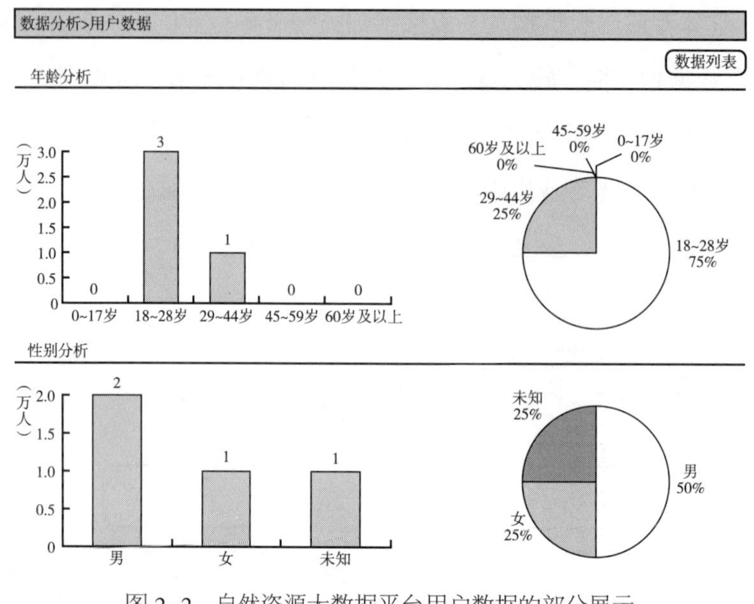

图 2-2　自然资源大数据平台用户数据的部分展示

（2）数据规模较大

专业出版社的数据规模较大，往往是两三家，甚至是一家出版社就几乎掌握了全行业的知识资源。从宏观角度分析，专业出版社可以构建特定行业的全数据资源池，形成数据闭环，如政法类出版社可以将立法、执法、司法、守法等各环节的数据进行采集、加工、标引、计算和应用。从微观角度看，专业出版社能够做到全方位的数据建设，仍以政法类出版社为例，法信大数据平台所拥有的数据包含了法律（基本法和非基本法）、法规（行政法规和地方性法规）、规章（部委规章和地方性规章）以及非规范性法律文件，同时拥有庞大的判决书、案例、合同、课程、音视频等数据类型。

（3）数据价值较高

专业出版社的数据质量较高、真实性较强、应用价值较大。从数据、信息和知识的层级关系分析，数据是指经实验、调查而来但未经组织或处理的事实，是能进行计算或分析的静态资料；信息来自对数据的萃取、过滤或格式化后且赋予数据一定的意义，或来自根据特定主题而收集的事实及数据；知识则是经过学习或实践而得到的对于资讯、事实、想法、原则的理解或认知，是经过特殊处理、验证或强化过的信息。① 专业出版社所拥有的数据主要集中于以图书形态存在的专

① 董金祥主编《基于语义面向服务的知识管理与处理》，浙江大学出版社，2009，第 11~12 页。

业知识的层面，同时，越来越多的专业社开始构建所在行业的资讯、政策、论文、期刊等类型的数据，试图形成该行业的数据、信息和知识的集聚中心、加工中心和应用中心。

3. 专业出版大数据建设的路径分析——大数据建设“七步法”

专业出版大数据的建设，可以表述为“七步法”——数据采集、数据加工、数据标引、数据计算、数据建模、二次数据形成以及提供数据服务。

（1）数据采集

大数据技术要求我们把所有的文字、图片、游戏动漫甚至是单本图书，都当作数据来加以对待，把数据作为生产要素加以看待。这一点，国外的出版集团一直在关注和布局，亚马逊集团的董事会主席杰夫·贝索斯认为:（亚马逊）真正的价值并不在于存货，而在于数据；亚马逊真正的本质是积累书评和顾客的购买记录。他花了将近 20 年的时间史无前例地积累了大量关于个人和集体购买习惯的统计数据，其中包括两亿活跃买家的详细个人信息。①

大数据技术应用的资源起点在于数据采集。数据采集的类型包括用户数据、交互数据和内容数据，其中内容数据是重中之重。数据采集的路径大致有两种：存量数据的获取，主要采取纸质产品形态转化的手段，对出版社既存的知识资源进行数字化、碎片化，进而获得所需的各种类型的知识资源；增量数据的采集，是指在出版社主营业务之外，通过日常生产经营、资源置换、资源购置、网络抓取等方式和手段，获得所需的数据资源。②

专业出版社越来越重视数据采集工作，一方面注重纵向数据收集，对所属部委所发布的政策文件、行业资讯进行实时采集；另一方面，开始加强横向数据交换，对相同或者相近领域的出版数据、知识资源进行资源置换或者交易。

自然资源大数据平台将自建社以来的地质、国土专业图书转化为电子书，并借助新兴的数字化拆分、知识化标引和知识关联等数字出版技术，建成了包含 5000 余本电子书、142 万余张图片、493 万余条条目数据的特色资源池，同时保持每年 200

---

① 〔美〕杰瑞·卡普兰:《人工智能时代》，李盼译，浙江人民出版社，2016，第 93~95 页。

② 以前的观点是采集数据的路径有存量数据采集、在制数据采集和增量数据采集。经过专家讨论，认为在制数据也属于增量数据建设的组成部分，此次进行了修正，更改为存量数据采集和增量数据采集。

余种图书及关联图片、条目的更新速度。自然资源大数据服务平台系统如图 2-3 所示。

图 2-3　自然资源大数据平台系统

（2）数据加工

完成数据采集后，步入数据加工环节。专业出版社尽管拥有的数据规模较为庞大，但是大多数据质量不高，并不符合大数据建设的要求。对出版业而言，数据加工主要包括纸质图书的加工和电子文件的加工。2014 年启动的中央文化企业“特色资源库”建设项目，主要就是为了解决专业出版社资源数字化、碎片化加工事宜。数据加工的成果是产生符合要求、可供标引的条目数据。

（3）数据标引

经过加工后的数据，要进行数据标引，给条目、图片、3D 模型、音视频等数据要素进行知识化的标引。数据标引是整个大数据应用的基础，也是大数据发挥预测、预警价值，实现知识发现和数据创新的成败所在。具体而言，专业出版的数据标引，是指对海量的知识资源数据进行属性、特征等方面的标签化加工，这种标签化加工或曰标引的依据就是知识体系，包括学科知识体系和行业应用知识体系。

数据标引的前提是专业出版社已经成功研发出知识元和建立起了专业、完整的知识体系。知识体系，承接着大数据与知识服务，是知识标引的依据，是知识库建立的主线，是知识计算的前提和基础，是知识服务大数据应用的核心和关键之一。目前在整个专业出版领域，建筑、海关、农业、法律、地质、卫生等出版领域均已建立起了相对权威和专业的知识体系；其中地质专业知识体系已涵盖 23 个学科，深度达 4~7 层，知识元数量达到 38042 条，知识关联关系达到 3000 多万条，如图 2-4 所示。

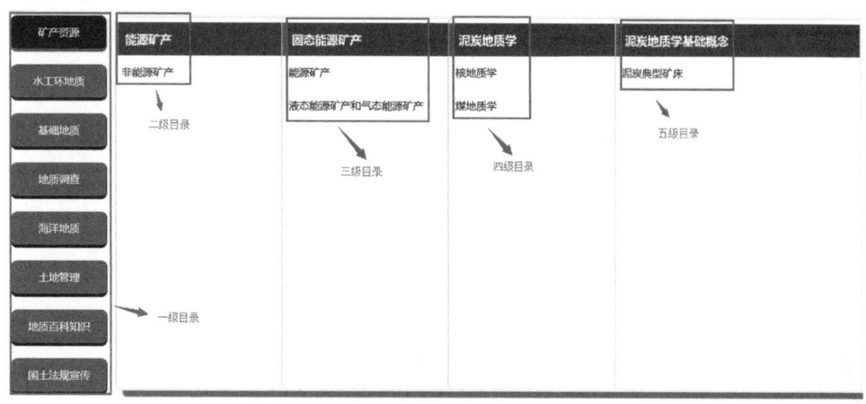

图 2-4 自然资源大数据知识体系

（4）数据计算

在完成数据标引之后，便可以进行数据计算。就新闻出版业大数据构建而言，需要用到数据计算，更准确地说是用到知识计算。计算机研究领域的知识计算包括属性计算、关系计算和实例计算[①]，各种显性知识通过知识计算可以得出许多隐性知识。

知识计算是专业出版大数据构建的重中之重，是最关键的一步，关乎二次数据能否产生，关乎知识图谱能否生成，关乎预测、预警的目标能否顺利达成。专业出版大数据的知识计算，则是指在对知识资源进行多重标引的基础上，通过相同或者相似维度的统计分析，进而获得新的知识的一种方式。也就是说，知识计算是知识发现的一种重要途径。

从大数据的视角来看，只有通过知识计算的途径，才能够发现、获取新的知识数据，新产生的数据，即“大数据”。所以，知识元、知识体系、知识计算是构建专业出版大数据所绕不过去的大山。由此看来，新闻出版大数据无论是政府层面的大数据，还是行业级大数据、企业级大数据，都还有很漫长的道路要走，需要做好充分的

① 王元卓、贾岩涛、赵泽亚、程学旗：《OpenKN——网络大数据时代的知识计算引擎》，《中国计算机学会通讯》2014 年第 10 期。

理论准备、数据准备和实践准备。

（5）数据建模

大数据思维的最重要体现便是如何构建大数据模型，这对任何行业的大数据建设而言，都是头等重要的大事。专业出版的数据建模要遵循建模的通用流程是：模型研发、模型训练、模型评估、模型应用和模型的再优化。

专业出版基本涵盖国民经济的各个行业，是国民经济行业的文化体现和担当。因此，大数据建模将会呈现各种各样的差异性和特殊性，其复杂程度也将有所不同。但是，无论差异多大，大数据建模的两个方向——学科体系建模和行业应用建模都是恒定的。学科体系建模有着相对成熟的理论基础和知识体系，其可操作性更强一些；而行业应用建模，则需要深入国民经济的各行各业，深入把握各个行业和职业的工作环节、业务流程的特点规律，并在此基础上，熟悉用户需求，围绕用户需求建构相应的大数据模型。

举例来讲，法信大数据平台所主推的“同案智推”功能，就是一种基于三段论的建模方法。法律学科“大前提、小前提、结论”的基本逻辑模型为法信大数据建模提供了逻辑遵循。而自然资源知识服务大数据平台则分别针对古生物学、区域地质、矿物与岩石三个学科，分别按照年代、地区、要素等维度，研发和生成了知识图谱，同样实现了用户所需要的二次数据——大数据的精华所在。

（6）二次数据形成

专业出版大数据建设的最后一步，便是产生二次数据。二次数据的产生方式包括数据的再利用、数据的重组、数据的扩展、数据的折旧、数据的开放等。这种二次数据可能以知识图谱的形式出现，可能是一个全新的结论，可能是石破天惊的数据真相，但一定是在经过严格的数据采集、加工、标引、计算和建模应用之后才会出现的数据，也就是数据背后的数据。

（7）提供数据服务

专业出版社进行大数据建设的最终目标是提供数据服务，一方面服务于出版社内部的生产管理，有效降低成本，提升生产经营效益；另一方面，服务出版社外部，提供个性化、多样性、高品质的数据服务。数据服务的类型包括提供数据复制粘贴、数据共享、数据下载、个性化数据定制、数据交换、数据购置和数据交易等。

对内而言，专业出版大数据可以为策划编辑改进选题策划、启发策划灵感而提供数据支撑，为编辑、校对、印制人员控制生产成本、提高生产效率提供数据辅助，为营销人员进行精准营销、定点推送提供数据参考。对外而言，专业出版社可以为用户的个性化、定制化的知识问题提供权威而精准的知识解决方案，为满足一般读者的知识需要提供海量、精准、足够丰富的数据服务。

二 国家土地督察移动知识服务平台

（一）遵循标准条款

国家土地督察移动知识服务平台遵循了《新闻出版 知识服务 知识资源建设与服务工作指南》中的以下条款。

6.1.4 版权管理条件

6.2.1 知识资源准备

6.2.2 知识资源组织

7.2.1.1.1 目标用户类型分析

7.2.1.1.2 竞品分析

7.2.1.4.4 知识服务市场价格现状与定价体系分析

7.2.1.4.6 盈利模式分析

7.3.1 基础性知识服务

7.3.2 知识库服务

7.3.5 知识服务解决方案

（二）示例描述

在出版新旧动能转化的进程中，专业出版机构要着力打造特色鲜明、业态多样、具有竞争力的专业出版垂直知识服务模式。地质出版社依托知识服务标准研发和应用基地的优势，充分运用国土资源行业数字内容资源，以移动互联技术为支撑，积极实施国资预算项目——“国土地质专业领域行业级数字内容运用平台”，意在将土地督察工作与移动互联技术、知识服务精准推送相衔接，将土地督察业务与图书信息相结合，力争做到土地督察工作人员使用手机便可实时、方便、快捷地实现法律法规、政策文件和相关图书的查询和阅读，进行相关资源的共享和资讯交流。

作为移动知识服务产品，该平台的设计方案经过多轮论证，历经多次修改，开展了全系统、全样本调研以及全领域测试。平台在顶层设计阶段，历经多次调研、论证和修改；在研发过程中，优化栏目设置、完善知识资源类型、兼顾定制知识服务与扩展知识服务，旨在打造出符合国土资源行业和国家土地督察工作实际的数字产品，旨在利用大数据、云计算技术，精准地、全方位地为用户提供服务，较好地体现了服务用户思维、优化供给思维和数字出版工匠精神。

1. 顶层设计科学合理

关于数字出版的“工匠精神”，原国家新闻出版广电总局副局长张宏森在出席“数字出版千人培养计划”试点培训启动会时，指出工匠精神可以大致概括为：“对出版物精神内涵、文化价值、审美品格的精准把握；对核心技术、关键形态、审美方式的完美体现；对前沿信息、最新成果和未来应用的敏锐捕捉；对创造性转换和创新性发展、突破性发展的有效尝试；对内容和形式、效果与传播、普及与提高的高度统一；对艺术和技术、全景和局部、流程和细节的一丝不苟与全神贯注。”

以工匠精神来衡量知识服务开展，“国家土地督察移动知识服务平台”在栏目设置、技术呈现、用户体验等多方面都渗透和体现着“工匠精神”。在进入开发实施环节后，项目组对每个栏目的设置、每种资源的展现方式、每个用户的体验都进行精雕细琢，力争实现既有栏目主题特色，又使用户得到尽善尽美应用体验的目标。

“国家土地督察移动知识服务平台”在规划设计阶段，鲜明地体现了数字出版人的工匠精神：首先，土地督察移动知识服务平台所发布的内容，分别经过出版社、国家土地总督察办公室多级筛选和审查，确保导向正确、内容优质；其次，所应用的移动互联技术，在内容展现方面层层迭代，具有较好的用户体验感；再次，内容的发布和审核，按照政府机构用户的内部管理规定，签署了保密管理规定；最后，在经过起草、请示、反馈、论证、上报、回复之后才进入实质性开发阶段，整个流程把控精准、一丝不苟，体现了出版人全神贯注和精益求精的工匠精神。

“国家土地督察移动知识服务平台”所面向的用户群体是国家土地总督察办公室以及各派驻地方的国家土地督察局，属于机构用户，主要的盈利模式是 B2G 模式。数字出版面向机构用户提供的知识服务有其特殊性，严格的程序审批、严谨的需求论证、严肃的保密程序也恰恰是机构客户知识服务平台研发的工匠精神要求。

在平台整体方案规划设计阶段，地质出版社首先在与机构客户充分沟通、了解需求和应用功能的基础上，完成了“国家土地督察移动知识服务平台”的设计方案草稿，之后经过社内专家论证、行业专家反复论证，然后报送国家土地总督察办公室审批；国家土地总督察办公室相关人员认真审阅后，面向国家土地督察系统——“一办九局”进行了全系统调研；在汇总了各个局的意见后，反馈到地质出版社；最后，地质出版社针对收集的意见和建议，进行查重、优化和论证，最终形成《国家土地督察移动知识服务平台设计方案》的定稿。

最终形成的设计方案，在栏目设置上，包括土地督察“通知公告、业务动态、党风廉政、督察文化、法律法规、微论坛”六个模块；在资源总量上，包括土地督察数字图书 1000 多种，条目数据 3 万条，百科知识 5 万条；在技术应用上，运用了移动互联技术，为机构用户提供数据上传接口，支持互动性的知识服务模式；在知识服务专业化方面，涵盖了土地督察业务的日常督察、例行督察、专项督察、信息化建设、不动产登记等内容。

“国家土地督察移动知识服务平台”的整体方案中最大的亮点之一还在于保密环节的设置，作为项目研发主要承担单位的地质出版社中地数媒公司，在充分酝酿和多次论证的基础上，制定了《国家土地督察移动知识服务平台信息发布审查制度》，与相关管理员签署了保密协议。研发过程中保密环节的设置，一方面可确保内部业务数据的安全性；另一方面也对平台的运营维护提出了更高的要求。保密措施的采取，也是该平台研发过程中工匠精神的典型体现。

2. 注重细节精益求精

（1）图片新闻

为使整个国家土地督察系统（“一办九局”）能够及时相互交流信息和互相启发业务开展，项目组的运维人员以高度的热情和认真的态度每天搜索最及时的全国范围内的土地督察业务开展情况，更新和完善“国家土地督察移动知识服务平台”的图片新闻栏目。

（2）党务业务协同

“国家土地督察移动知识服务平台”的“党风廉政”专栏的设置，一方面，确保了数字化知识服务的导向正确性，能够与党和国家最新的政策方针相结合；另一方面，以全面、便捷的方式展示了国家土地督察系统的“两学一做”学习教育和党风廉政等党建工作开展情况，确保党务与业务相结合、两个“责任”的落实，也体现了为国土资源系统“责任落实年”活动提供知识支撑和技术支持。

（3）法律法规专栏

土地督察“法律法规”专栏，采用了双层知识分类法：第一，按照法律层级进行设计，即按照法律知识体系的宪法、法律、行政法规、地方性法规、部委规章、地方政府规章、部委文件的层级进行设计；第二，按照土地督察的业务知识体系进行设计，主要是根据土地督察的日常督察、例行督察、专项督察等所使用的法律法规政策进行划分，这样机构用户使用起来更加便捷，节省查询的时间。

（4）微论坛

通过“微论坛”栏目，广大的机构用户从业者可以拍照、上传所在的土地督察局的业务开展情况、督察文化建设工作、党风廉政责任落实情况，并且可以互相借鉴、互相启发，大大地增强了土地督察移动知识服务平台的互动性、交互性，提高了用户忠诚度。

3. 机构用户全领域覆盖

“国家土地督察移动知识服务平台”首次实现了专业知识服务领域的全覆盖，能够为全国每一个土地督察工作者提供点对点的知识直通、直联、直供服务，让每个土地督察工作者都能接收最新的土地督察资讯、信息、书籍和条目知识。

首先，“国家土地督察移动知识服务平台”面向国家土地总督察办公室和九个派驻地方的国家土地督察局提供专业化、定制化知识服务。平台一方面成为国家土地总督察办公室发布最新业务资讯、工作动态的一个重要窗口；另一方面也成为国家土地总督察及其办公室了解、知悉北京、沈阳等九个派驻地方的国家土地督察局最新党务、业务开展的重要途径，成为国家土地督察业务信息“上传下达”的重要桥梁。

其次，“国家土地督察移动知识服务平台”面向土地督察局的工作者提供点对点的知识服务。每位督察人员可通过平台进行注册、登记，然后获取各自所需的督察政策法规、业务知识，同时可在“微论坛”中进行充分的信息交流共享，进而使得“国家土地督察移动知识服务平台”成为土地督察内部人员的“微信”交流平台。

最后，依托“国家土地督察移动知识服务平台”所开展的线下交流活动，将“线上＋线下”知识服务进行了融合，实现线上获取知识、线下交流心得，线上线下互动的良性循环。

4. 知识服务精准推送

“国家土地督察移动知识服务平台”是专业出版社试水移动知识服务、提供专业化信息的重要举措，同时将在线知识服务的传递与实体图书的营销进行了有机结合，是专业化知识服务精准推送的重要尝试。具体而言，平台所推送的知识服务类型主要包括以下几个方面。

其一，数字图书。平台共包括土地督察类数字图书 1000 多种，能够较好地满足土地督察工作者的使用需求，同时支撑下载、阅读、查询、复制、粘贴等各项功能，为督察工作者的研究和阅读提供了便利性。

其二，督察数据库。督察数据库包括日常督察子库、例行督察子库、专项督察子库、信息化建设数据库、不动产登记数据库等，累计包括条目数量 3 万多条，能够为督察工作者提供专业知识解决方案。

其三，国土资源统计年鉴。国土资源统计年鉴的数字化知识服务也是土地督察移动知识服务平台的亮点之一。年鉴汇总了年度最新的国土资源统计、调查、行政管理、测绘等方面的业务动态和经验总结，是最权威的专业知识集成。

其四，完整的售后服务。项目组在用户测试完毕后，为土地督察系统提供了用户使用手册和管理员使用手册，确保土地督察从业者能够在最短的时间内掌握、使用土地督察移动知识服务平台，并且在符合规定的前提下提供业务数据，实现土地督察知识服务数据的回流和循环利用。

从知识服务开展所要满足的用户特征和需求特点来看，知识服务包括扩展性知识服务和定制化知识服务两种类型。其中，扩展性知识服务，是指针对无具体问题，以学习知识、拓展知识面为目的的用户，针对意欲拓展的知识领域提供较为科学的研究方向和相关数据资料。定制化知识服务，是根据用户需求，以欲解决的问题为目标，不只为用户检索并提供数据，更要根据相关知识对提供的数据进行筛选、清晰、拆分、重组，提供解决问题的产品或者方案。

“国家土地督察移动知识服务平台”首先是定制化知识服务的典型产品之一，全领域覆盖、全样本调研、特定机构用户目标等特点，注定了该平台是以满足国家土地督察工作者的知识需求为目标的知识服务平台；与此同时，其提供的大量的数字图书馆、条目数据库、知识库、国土资源统计年鉴等数字化服务，也属于扩展性知识服务的重要范畴。

综上所述，以科研、技术、标准、服务等新生产要素为支撑的数字出版新动能正在形成。知识服务是新兴出版动能培育壮大的重要推动因素之一，也是专业出版机构在传统出版动能的基础上另辟蹊径，找寻发展新动能，打破发展瓶颈的重要抓手。"国家土地督察移动知识服务平台"便是专业出版机构立足传统纸质图书出版，面向行业垂直用户，提供全方位知识服务，推动数字出版由高速增长向高质量发展过程中的一次重要尝试和有益探索。

第三章
新闻出版 知识服务 知识资源建设与服务基础术语

第一节 概述

一 编制意义

术语标准是整个标准体系的基础，可以说是标准的标准。科学的术语标准不仅可以对不同标准用语的定义进行统一，而且有利于优化标准和标准体系的结构，缩减标准篇幅，提高标准的可读性，提高标准体系管理的方便性和有效性，同时还可以“提纯”使用者的知识，强化使用者知识的系统性和内在联系，从而避免信息交流过程中的歧义和误解，最终达到术语标准化的目的。

二 适用范围

本标准界定了知识资源建设与服务的一般基础术语、组织基本术语、服务基本术语。本标准适用于新闻出版及相关领域开展知识服务工作。

三 主要内容

本标准收录一般基础术语 45 条、组织基本术语 32 条、服务基本术语 14 条，共计 91 条。本章摘取其中的 24 条核心术语进行专门解读。

第二节　核心术语解读

一　知识

（一）条款原文

> 2.1
> **知识　knowledge**
> 通过学习、实践或探索所获得的认知、判断或技能。
> [GB/T 23703.2—2010，定义 2.1]

（二）条款解读

概念、事实、原理、技能、规则、观点、观念、判断和方法等均可以视作知识。

二　知识资源

（一）条款原文

> 2.2
> **知识资源　knowledge resource**
> 经过**知识**(2.1)化组织后，可重复利用的内容资源的总称。

（二）条款解读

企业创造和拥有的无形资产，如企业文化、品牌、信誉、渠道等市场方面的无形资产，专利、版权、技术诀窍、商业秘密等知识产权，技术流程、管理流程、管理模式与方法、信息网络等组织管理资产均属于知识资源的范畴。

三　知识元

（一）条款原文

> 2.3
> **知识元　knowledge element**
> 在应用需求下，表达一个完整事物或概念的不必再分的独立的**知识**(2.1)单位。

（二）条款解读

知识元是“不必再分”的独立的知识单位，说明知识元不是不可再分，而是在当前使用环境下没有必要再细分。例如，“人”在“读者统计”的场景下，不需要再分成“细胞”。知识元的定义和颗粒度的切分需要遵循应用要求。

四 知识单元（知识区块）

（一）条款原文

2.4

知识单元 knowledge unit

知识区块 block of knowledge

按照一定关系组织的一组**知识元**(2.3)相关**信息**(2.34)的集合。

（二）条款解读

知识单元是为满足应用需求，由若干知识元根据序列和关系组成的集合。知识单元和应用需求相关，是为了解决某个实际问题而构建的。知识单元 ={ 知识元 1，知识元 2,……, 知识元 n}，可以理解为文献片段，是文献中的任何一种相对独立的单元内容和形式，而不是指最小的不能再分解的知识单元内容和形式。理论上可以把一本图书的某一段或某一节，一篇论文中的某一部分看作知识单元。

五 知识体系

（一）条款原文

2.12

知识体系 body of knowledge

根据应用需求，按照一定规则形成的、具有相互关系的**知识**(2.1)的集合。

（二）条款解读

天文学家等科学家必须掌握“宇宙”这个知识体系，包括牛顿定律、天体力学、大爆炸理论、相对论理论、数学等知识，而这每一个知识，可以说它是知识；也可以说它是一个知识体系，比如天体力学也包括摄动理论、数值方法、定性理论、天文动力学、天体形状与自转理论、多体问题（其内有二体问题）等，至今有300多年历史，也有其定义、代表人物的变化。

六 叙词

（一）条款原文

2.18

叙词 descriptor

从大量文献中优选出来并经过多方面严格控制的、用以表达文献主题或检索需求的单义词或代码，是叙词法中使用的**主题词**(2.20)。

注：叙词法(method of descriptor)，又称“主题词法”“叙词语言”。以自然语言词汇为基础、以规范化的叙词(主题词)作为检索标识的文献标引与检索方法。

（二）条款解读

叙词是从自然语言中精选出来的、经过严格处理的语词，用以标识文献主题。它通过组配方式表达文献的主题法类型，经过规范化处理，以基本概念为基础表达文献主题。叙词是对单元词语言的直接继承，但克服了单元词语言的不足，吸收并综合了多种标引语言的原理和方法，是能结合计算机使用的后组式语言，是目前主要的受控语言。

七 主题词

（一）条款原文

2.20

主题词 subject term

各种主题法中用来表达文献主题内容的索引词的总称。

（二）条款解读

主题词是标题法、元词法、叙词法和关键词法等多种方法表达的词语。主题法直接以语词作为检索标识；以字顺作为主要检索途径；以主题为中心集中信息资源，直接从主体对象的角度揭示图书资料这一特性是由语词标识和字顺排列的特点决定的；通过参照系统等方式揭示主题词之间的关系，在主题词下设置用、代、属、分、参等多种参照项，建立起“隐蔽的分类体系”。

八　本体

（一）条款原文

2.30

本体　ontology

计算机科学领域的一种模型，用于描述用一套对象类型（概念或者说类）、**属性**（2.14）以及关系类型所构成的世界。

（二）条款解读

都柏林核心是一部关于文档和出版方面的简单本体，其制定了包含15项广义的元数据（Metadata）。

1. *名称*

标识：Title

定义：分配给资源的名称。

解释：使资源被众所周知的有代表性的正规名称。

2. *创作、制作者*

标识：Creator

定义：制作资源内容的主要责任实体。

解释：创作、制作者包括个人、组织或机构。

应该是用于标识创作、制作者实体的具有代表性的名称。

3. *主题及关键词*

标识：Subject and Keywords

定义：资源内容的主题。

解释：用以描述资源主要内容的关键词语或分类号码表示的有代表性的主题词。

4. 说明

标识：Description

定义：有关资源内容的说明。

解释：该说明可以包括但并不限于摘要、内容目次、内容图示或内容的文字说明。

5. 出版者

标识：Publisher

定义：对资源内容负有发行责任的实体。

解释：如包括个人、组织或机构的出版者。

应是用于标识出版者实体的有代表性的名称。

6. 发行者

标识：Contributor

定义：对制作资源有重要作用的责任实体。

解释：发行者包括个人、组织或机构。

应是用于标识发行者实体的有代表性的名称。

7. 时间

标识：Date

定义：与资源使用期限相关的日期、时间。

解释：资源产生或有效使用的日期、时间。推荐使用 ISO 8601[W3CDFT] 定义的编码形式，遵循 YYYY-MM-DD 形式。

8. 类型

标识：Type

定义：资源内容方面的特征或体裁。

解释：类型包括种类、功能、体裁或作品集成级别等描述性术语。推荐从可控词表（如 Dublin Core Types[DCT1]）中选用有关术语。对于资源物理或数字化方面表示，采用“格式”项描述。

9. 格式

标识：Format

定义：资源物理或数字化的特有表示。

解释：格式可包括媒体类型或资源容量。也可用于限定资源显示或操作所需的软件、硬件或其他设备，如容量包括数据所占空间和存在期间。

10. 标识

标识：Identifier

定义：依据有关规定分配给资源的标识性信息。

解释：推荐使用依据格式化标识系统规定的字符或号码标识资源。如正规标识系统包括统一资源标识（URI）、统一资源地址（URL）、数字对象标识（DOI）以及国际标准书号（ISBN）、国际标准刊号（ISSN）等。

11. 来源

标识：Source

定义：可获取现有资源的有关渠道。

解释：可从原资源整体或部分获得现有资源。建议使用正规标识系统确定的字符或号码标引资源来源信息。

12. 语言

标识：Language

定义：资源知识内容使用的语种。

解释：推荐使用由 RFC 1766 定义的语种代码，它由两位字符（源自 ISO 639）组成。随后可选用两字符的国家代码（源自 ISO 3166）。如“en”表示英语，“fr”表示法语。

13. 相关资源

标识：Relation

定义：对相关资源的参照。

解释：推荐用依据正规标识系统确定的字符或号码标引资源参照信息。

14. 范围

标识：Coverage

定义：资源内容的领域或范围。

解释：范围包括空间定位（地名或地理坐标）、时代（年代、日期或日期范围）或权限范围。

15. 版权

标识：Rights

定义：持有或拥有该资源权利的信息。

解释：版权项包括资源版权管理的说明等。

九　知识组织

（一）条款原文

3.1

知识组织　knowledge organization

为开展**知识服务**(4.1)，对内容资源进行整理、加工、**聚类**(3.22)、重组等，使其有序化和结构化，形成**知识资源**(2.2)的活动。

（二）条款解读

知识组织的具体方法表现在如下方面。

1.知识表示

所谓知识表示，是指把知识客体中的知识因子和知识关联表示出来，以便人们识别和理解知识。知识表示是知识组织的基础与前提，因为任何知识组织方法都要建立在知识表示的基础上。知识表示有主观知识的表示和客观知识的表示之分。

2.知识重组

知识重组是对相关知识客体中的知识因子和知识关联进行结构上的重新组合，形成另一种形式的知识产品的过程。知识重组的目的是通过对知识客体结构的重新组合，为用户克服因知识分散而造成的检索困难提供索引指南，为人们提供经过加工整序后的精练性知识情报，为便于用户理解和吸收知识，提供评价性或解释性知识。它又包括知识因子的重组和知识关联的重组。

3.知识聚类

它也可称为知识分类组织法。聚类和分类是一个过程的两个方面，分类的结果产生了聚类，聚类的结果产生了分类。知识聚类组织法，是指将知识按一定的聚类标准分门别类地加以类集和序化的过程。它的基本原理是“事以类聚”，即根据事物的不同属性，将属性相同或相近的事物集中在一起，将属性不同的事物区别开来。

4.知识存检

知识存检是由“存储”和“检索”两方面构成的系统或过程。这里所说的检索，是指检索系统的建立过程，而不是用户的实际检索过程，因为用户的实际检索过程处于知识的查找和利用环节，而不处于知识组织的环节。知识因能够存储而得以积累和延传，因能够检索而得以吸收和利用。建立科学有序的知识存检系统是知识组织活动的重要任务。

5.知识编辑

它是指对知识客体进行的收集、整理、加工制作等编辑活动。知识编辑的过程一般表现为先“辑”后“编”，即先收集相关资料，然后加工制作成特定形式的知识产品。从知识编辑的功能上看，它是知识产品能够汇入知识流海洋的一道关闸，在这里，知识编辑起到了“编辑筛”的作用，即符合编辑标准（包括内容标准和形式标准）的知识产品得到生产和流通，而不符合编辑标准的知识产品则被筛掉。某一知识产品在未经编辑时被称为初级产品（或称编前产品），经编辑加工后则被称为成样产品（或称编后产品）。在这里不能称为终极产品，因为该产品以后可能继续被编辑。某一知识产品，经过“编辑筛”的筛选，成为成样产品，这就是所有编辑活动的微观过程。从宏观上看，知识编辑的筛选功能可以实现知识生产的“优生”，从而保证知识生态的优化组合。可见，知识编辑是关系到知识生态环境优劣的知识组织方法。网上的知识信息之所以庞杂混乱，主要是由于许多知识信息未经组织编辑而直接上网。

6.知识布局

知识布局是一种宏观的知识组织方式，它是指对社会上的知识资源进行调配和布局，以实现知识资源的合理配置，满足社会、经济、文化发展的需要。根据知识载体的不同，知识布局可分为主观知识的布局和客观知识的布局。

7.知识监控

这里所说的知识监控，主要是指政策性监控，它是指政策主体按照自己的意愿和利益，制定相关的政策法规，对知识主体（包括生产主体、管理主体和利用主体）的行为活动加以限定和监督。知识监控是一种知识的外在组织方法，其目的是完善知识系统的内在秩序。

十 知识管理

（一）条款原文

3.2

知识管理　knowledge management

对**知识**(2.1)、知识创造过程和**知识**(2.1)的应用进行规划和管理的活动。

[GB/T 23703.2—2010，定义 2.9]

（二）条款解读

知识管理是对知识的管理，是对如何运用知识、创新知识进行的管理，是对管理对象和管理过程进行创新的管理，是使管理对象和管理过程增加知识量的管理，是以知识为中心的管理。但它又不是孤立的，它与人力资源管理、营销管理、生产管理等相互融合，密切协同。

十一 知识链

（一）条款原文

3.8

知识链　knowledge chain

以实现**知识共享**(4.6)和**知识**(2.1)创造为目的，通过**知识**(2.1)的获取、储存、共享、重用而形成的链式结构。

（二）条款解读

具体来讲，知识链就是这样一种知识链条（网络）：在这个链条形的网络中，组织对内外知识选择、吸收、整理、转化、创新，形成一个无限循环的流动过程。在这个过程中，组织与外部环境之间、组织内各部门之间、人与人之间、人与组织之间被一个无形的链条所联结，这个无形的链条就是知识链。

十二 知识挖掘

（一）条款原文

3.11

知识挖掘 knowledge mining

按照某种既定目标，对大量**数据**(2.35)进行分析和探索，利用相关技术自动地从现有的**信息**(2.34)中发现和抽取**知识**(2.1)，从概念及相关因素的延伸比较上找出用户需要的深层次**知识**(2.1)的过程。

（二）条款解读

知识挖掘的主要技术包含实体链接与消歧、知识规则挖掘、知识图谱表示学习等。其中，实体链接与消歧为知识的内容挖掘，知识规则挖掘属于结构挖掘，表示学习则是将知识图谱映射到向量空间后进行挖掘。

十三 标引

（一）条款原文

3.18

标引 marking up

根据标引语言的规则，用词、短语或标记对文献内容或形式的表示。

注：改写 GB/T 4894—2009，定义 4.4.2.2.7.1。

（二）条款解读

标引的实质，是按文献的内容特征对其进行主题类属的划分与区分。标引可按使用检索语言的类型区分，使用分类检索语言时，称为分类标引；使用主题检索语言时，称为主题标引。主题标引又分为受控标引与非控标引。受控标引指从事先指定的叙词表（主题词表）中选用相应规范词，对文献进行标引。非控标引又称自由词标引，指不设规范词表而由标引人员直接选用文献内的自然语言词对文献进行标引。

十四 消歧

（一）条款原文

> 3.21
> **消歧 disambiguation**
> 根据一定的规则，消除内容资源中有歧义内容的过程。

（二）条款解读

相同的文字在不同的场合、不同的时间，以及在不同的人看来有不同的理解。以一本图书为例，作者的语言表达应该是清晰准确的，计算机要理解内容，就需要利用各种分析方法将语言中歧义现象的不同理解区分开来，而这个过程就是消歧。

首先明确歧义，即同样的一句话，可能有两种或者更多的切分方法。这些切分结果，在不同的语境下意思各异，或者有正确与否之别。

消歧就是从切分结果中挑选切分正确的、符合语境的一种结果。

假设我们要切分句子“研究生命的起源”，可以有两种切分结果。

结果 1：[研究生，命，的，起源]

结果 2：[研究，生命，的，起源]

这里就出现了歧义现象。

十五 聚类

（一）条款原文

> 3.22
> **聚类 cluster**
> 把相关对象聚成集合体，用相似性尺度来衡量对象之间的亲疏程度，并以此来给对象分类的过程。

（二）条款解读

分步聚类的人名消歧：首先，以知识库中人名实体定义的人物属性特征为查询特征，利用文本检索的方式实现基于知识库的初次聚类，弥补知识库中单条实体定义中特征稀疏的不足；然后，利用初次聚类的结果，采用基于自适应阈值的凝聚层次聚类算法实现知识库人名消歧；最后，采用条件随机场进行 Other 类识别，利用基于自适应阈值的凝聚层次聚类完成 S 类聚类，从而实现非知识库人名消歧。

十六　自然语言处理

（一）条款原文

3.24

自然语言处理　natural language processing;NLP

运用计算机对人类自然语言进行分析的过程。

（二）条款解读

自然语言处理可以依据大数据和用户行为来对用户的词句进行分析，实现对客户意图的精准理解，同时对语言进行匹配计算，实现精准匹配。自然语言处理的搜索不同于传统的倒排索引结构，直接从语义相关性角度召回结果，对词汇进行词向量计算，满足顾客追求的个性化需求，实现个性化推荐。

对于企业自身来说，自然语言处理的相似关键词结果汇总功能可以在很大程度上降低企业在收集客户喜好和调查市场时的成本，收集顾客使用后的意见和评价也会方便很多，减少了人力、物力、财力的消耗，自动分析评论关注点和评论观点，并输出评论观点标签及评论观点极性，可帮助商家进行产品分析，也可以辅助客户进行消费决策。

不仅如此，自然语言处理还具有情感分析和舆情分析能力，可以自动分析文本中的语气、情感和可信度，以及做出舆情好坏的判断，帮助企业分析客户消费倾向、理解政策、分析热点话题以及及时进行危机舆情的监控。

十七　语义网络

（一）条款原文

3.25

语义网络　semantic network

一种用可以被计算机理解的方式描述事物的网络。

（二）条款解读

语义网络是用于表示知识和建立认知模型的一种有向图。图中的节点表示知识元，如具体事物、抽象概念、状态和局势等，有向边表示这些知识元间的语义关系。以图 3-1 为例。

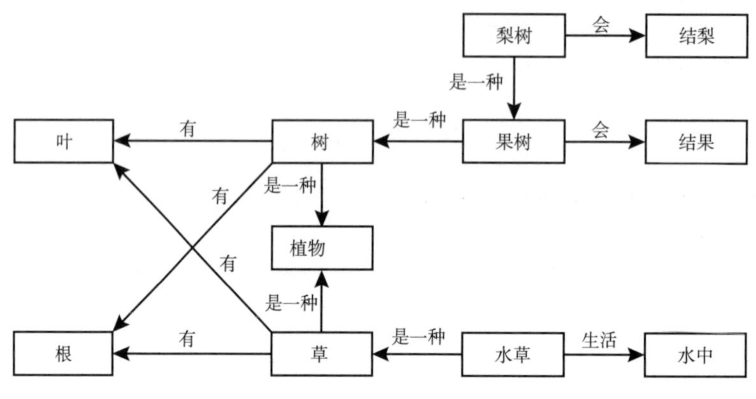

图 3-1　语义网络的有向图示例

树是一种植物，有根，有叶。

果树是树的一种，果树会结果。

梨树是果树的一种，梨树会结梨。

草是一种植物，有根，有叶。

水草是草的一种，水草生活在水中。

十八　资源描述框架

（一）条款原文

> 3.27
>
> **资源描述框架　resource description framework；RDF**
>
> 由万维网联盟制定的一种用来表示 Web 资源的特性以及资源之间关系的表示规范。

（二）条款解读

RDF（Resource Description Framework），即资源描述框架，其本质是一个数据

模型（Data Model）。它提供了一个统一的标准，用于描述实体 / 资源。简单来说，就是表示事物的一种方法和手段。

RDF 由节点和边组成，节点表示实体 / 资源、属性，边则表示实体和实体之间的关系以及实体和属性的关系。

十九　知识组织系统

（一）条款原文

> 3.29
>
> **知识组织系统　knowledge organization system；KOS**
>
> 一种可以被计算机系统所识别、读取和理解的系统。

（二）条款解读

知识组织系统是对人类知识结构进行表达和有组织的阐述的各种语义工具（Semantic Tools）的统称，包括分类法、叙词表、语义网络、概念本体以及其他情报检索语言与标引语言。知识组织系统可以分为三大类型：词单（Term Lists），包括词汇 / 字典、地名表、权威文档、可选单词等；分类与大致归类（Classification & Categorization），包括（图书）分类法、知识分类表、大致归类类表、标题表等；关联组织（Relationship Groups），包括语义网络、概念地图、叙词表等（见图 3–2）。

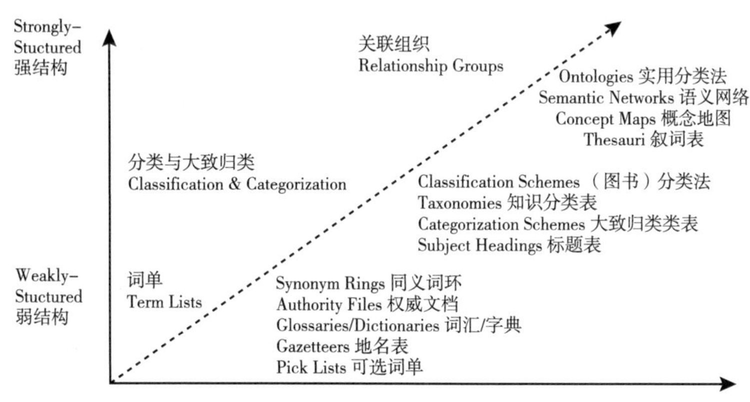

图 3–2　知识组织系统的三大类型

二十　知识服务

（一）条款原文

> 4.1
>
> **知识服务　knowledge service**
>
> 基于**知识资源**(2.2)或**知识**(2.1)产品，根据用户的需求和使用场景，融入用户解决问题的过程中，提供能够有效支持**知识应用**(3.15)和创新的行为。

（二）条款解读

从广义上讲，知识服务是指一切为用户提供所需知识的服务，包括提供普遍知识的服务和提供专业知识的服务等。从狭义上讲，知识服务应是指针对用户专业需求，以问题解决为目标，对相关知识进行收集、筛选、研究分析并支持应用的一种较深层次的智力服务。

二十一　知识库

（一）条款原文

> 4.2
>
> **知识库　knowledge base**
>
> 针对特定需求，依据一定规则，采用特定组织方式描述**知识**(2.1)及其关联关系，并具有存储和应用等功能的数据库。

（二）条款解读

企业知识库（Corporate Knowledge Base）是知识库的一种形态，是企业中形成的结构化、易操作、易利用、易储存、可传承的知识集群。这些知识不仅包括企业的宏观发展规划、企业文化等，还包括微观的各个部门的一切知识内容，如培训资料、学习资料、客户资料、市场资料等。同时，与领域相关的理论知识、事实数据、市场动态新闻等知识也在其内容之内。

二十二 知识图谱

（一）条款原文

4.3

知识图谱 knowledge graph

揭示实体间关系并可进行形式化表示的一种语义网络。

（二）条款解读

知识图谱是显示知识发展进程与结构关系的一系列各种不同的图形，是用可视化技术描述知识资源及其载体，挖掘、分析、构建、绘制和显示知识及它们之间的相互联系的图。其通俗的含义可理解为在知识地图的基础上，对知识点及知识点间关系的动态演化过程进行数据挖掘，并将挖掘结果以符合业务组织的方式提供知识可视化服务。

如图 3-3 所示，中国是一个实体，北京是一个实体，“中国—首都—北京”是一个“实体—关系—实体”的三元组样例。北京是一个实体，人口是一种属性，2089.3 万是属性值。“北京—人口—2089.3 万”构成一个“实体—属性—属性值”的三元组样例，再加上时间维度的动态推演，比如新中国成立后北京人口的变化数据，就形成了典型的知识图谱。

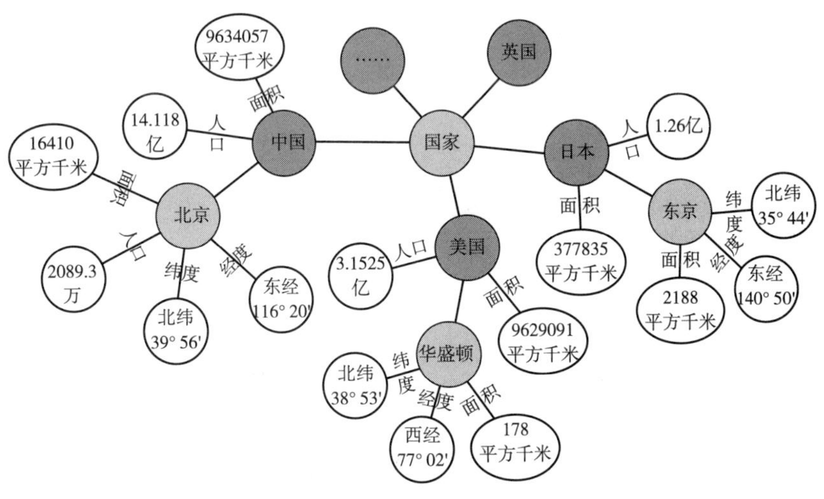

图 3-3 知识图谱示例

二十三　知识地图

（一）条款原文

> 4.4
>
> **知识地图　knowledge map**
>
> 一种**知识导航**(4.9)系统，并显示不同的知识存储之间重要的动态联系，协助用户快速找到所需**知识**(2.1)。
>
> [GB/T 23703.2—2010，定义 4.7]

（二）条款解读

知识地图是对知识及其存在方位的图形化表示，是一种面向知识搜索和导航的建模方法，也被用在自适应学习系统中组织和表征学科知识及其关联的资源，并作为学习者认知加工的支架。

如图 3-4 所示，首先，从中文医学主题词表、教材、辞典、相关标准、相关专科书籍及期刊文献中筛选出重要专业术语，根据该研究目的和范围收集所有专家认可

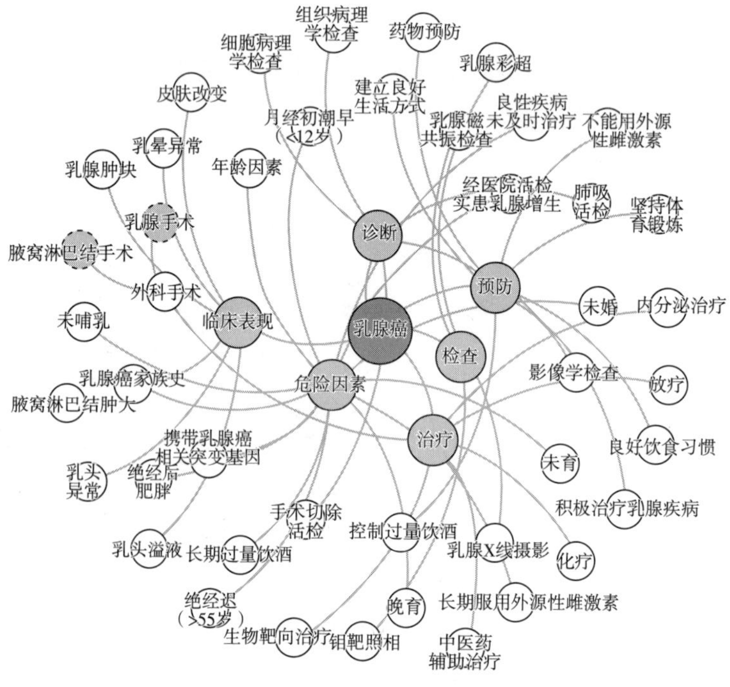

图 3-4　乳腺癌的知识地图

的概念、语义、属性、实例等，经过梳理建立乳腺癌重要术语表，包括危险因素、预防、临床表现、检查、诊断、治疗等，之后确定各相关概念，进行分类，建立类的概念层次结构，最后形成知识地图。

二十四　用户画像

（一）条款原文

4.14

用户画像　user profiling

通过收集、汇聚、分析个人**信息**(2.34)，对某特定自然人个人特征，如其职业、经济、健康、教育、个人喜好、信用、行为等方面做出分析或预测，形成其个人特征模型的过程。

[GB/T 35273—2017，定义 3.7]

（二）条款解读

一般来说，根据具体的业务内容，会有不同的数据、不同的业务目标，也会使用不同的数据。在互联网领域，用户画像数据可以包括以下内容：(1) 人口属性，包括性别、年龄等人的基本信息；(2) 兴趣特征，包括浏览内容、收藏内容、阅读咨询、购买物品偏好等；(3) 消费特征，与消费相关的特征；(4) 位置特征，包括用户所处城市、居住区域、行动轨迹等；(5) 设备属性，用户使用的终端特征等；(6) 行为数据，包括访问时间、浏览路径等用户在网站的行为日志数据；(7) 社交数据，用户的朋友圈子等数据。

第四章
新闻出版　知识服务　知识资源通用类型

第一节　概述

一　编制意义

知识是通过学习、实践或探索所获得的认知、判断或技能。内容资源是可供人们直接或间接开发与利用的信息集合的总称。而知识资源是经过知识化组织后，可重复利用的内容资源的总称。我们通过将资源进行数字化加工、资源交换、资源购买、用户生产内容提取、知识体系建设、知识重组等处理，获得所需的内容资源，并通过知识化加工实现知识服务。

“知识资源”的概念由自然资源延伸而来，类比阳光雨露、山川河流等可以通过技术方法获得、利用的自然物质基础，凡是对人类生存和发展有直接或间接影响的有利因素也被称作“资源”，即知识资源。知识资源是知识服务的内容基础。为了更好地推动知识服务，必须有专业规范的知识资源，也必须有明确的、通用的、科学的知识资源划分原则和描述。

知识是多维度的。关于知识的分类，学术界有多种不同的分类方法和结果，但是实用性和通用性较差，不能很好地满足新闻出版及相关领域开展知识服务的需求。因此，本标准从新闻出版及相关领域知识服务工作的角度出发，本着科学性、实用性、通用性、兼容性、可扩展性的原则，对现有分类方法进行了梳理和调整，并根据知识服务的需求确定了相关分类结果。

知识资源通用类型标准属于知识服务标准体系中的基础标准，主要目的是划分能有效为知识服务提供可用信息来源的知识资源，规定知识资源的通用类型划分原则，定义和描述各类型资源，解决知识资源科学分类和规范描述问题，为新闻出版及相关领域人员进行知识资源的分类、聚合、重组，推动知识服务建设提供参考借鉴。

二 适用范围

本标准对新闻出版及相关领域（如图书馆学、情报学领域等）知识服务中所用知识资源的通用类型进行了梳理和划分，罗列了知识资源的通用类型，并对划分原则进行了阐述。

需要强调的是，为了保证国家标准的普适性，本标准范围限定于“新闻出版及相关领域知识服务工作”，不区分传统出版与新兴出版、图书出版与影视出版等。

三 主要内容

本标准规定了用于新闻出版及相关领域开展知识服务的知识资源的通用类型及划分原则，可为新闻出版及相关领域开展知识服务工作提供参考。根据知识资源通用类型的四个划分原则——科学性、实用性、通用性、可扩展性，知识资源可划分为事实型、数值型、概念型、原理型、技能型、规则型和可拓展的自定义型七大通用类型。本标准的正文部分给出了各类型知识资源及其子类的定义。为了更好地推动标准落地实施和指导知识服务工作，在广泛调研当前已经完成或使用中的知识资源或知识服务产品的基础上，本书筛选了部分实践工作或产品作为知识资源通用类型的应用实例供相关研究人员和企业参考。通用类型的相关应用实例列于本标准附录 A。

第二节　核心条款解读

一　知识资源类型划分原则

（一）条款原文

4　知识资源类型划分原则

4.1　科学性

选取相对稳定并得到广泛认可的本质属性或特征作为划分的基础和依据，按一定排列顺序予以系统化，并形成完整、独立和合理的类型体系。

4.2　实用性

适用于不同领域知识资源的标引、聚合和重组等。

4.3　通用性

满足不同专业领域知识服务业务的一般需求。

4.4　可扩展性

根据领域的特点和专业需求，对知识资源的类型进行扩展。

（二）条款解读

这一节明确了知识资源通用类型划分的四大基础原则。

知识资源通用类型的分类方法是指在分类原则的指导下对知识资源按一定规律和方法进行分类。知识资源的通用类型是一个结果，是对知识资源分类的结果，因此必须对知识资源的分类原则进行简明阐述。

知识资源通用类型的划分原则有多个维度。从知识特性的角度划分，应根据科学性，以稳定的本质属性作为分类基础和依据，并兼顾实用性和通用性。从内容和形式的角度划分，应注重描述知识资源的内容维度，兼顾形式维度。需要强调的是，在标准编制过程中，经编写组和专家组反复讨论后确定：知识资源的刻画具有多维特性，其核心维度是知识的本质内容，应从知识的本质属性进行刻画和分类。所以，本标准的编制内容应该从知识属性维度进行划分，即着眼于知识的属性来定义知识资源的属性，而不论资源的来源、格式、载体、出版形态和加工状态等。

结合标准制定的范围要求，本标准中知识属性的定义，一是要遵循对于“知识”分类的一般方法，二是要符合知识服务的应用场景。

因此，知识资源通用类型的划分原则为：①从知识特性来看，首先应确保科学性，这是一切知识资源存在和应用的前提，应以知识稳定的本质属性作为分类基础和依据，以完整、独立、合理的类型体系作为分类原则；②从知识服务标准的应用来说，应确保实用性，本标准针对的是“通用类型”的“知识资源”，是能为出版企业做专业内容知识服务提供底层基础内容支撑的“知识资源”，其分类原则应能支撑实际知识资源的标引、聚合和重组等；③最后强调分类原则的“通用性”和“可扩展性”，既要适用于新闻出版及相关领域的知识服务，又要考虑各领域特性和持续发展的需要，当出现当前类型难以覆盖的知识资源时，分类方法和划分类型又可按需扩展。

二 知识资源通用类型框架

（一）条款原文

5.1 知识资源通用类型框架

用于新闻出版及相关领域开展知识服务的知识资源通用类型框架如图 1 所示。知识资源通用类型应用实例参见附录 A。

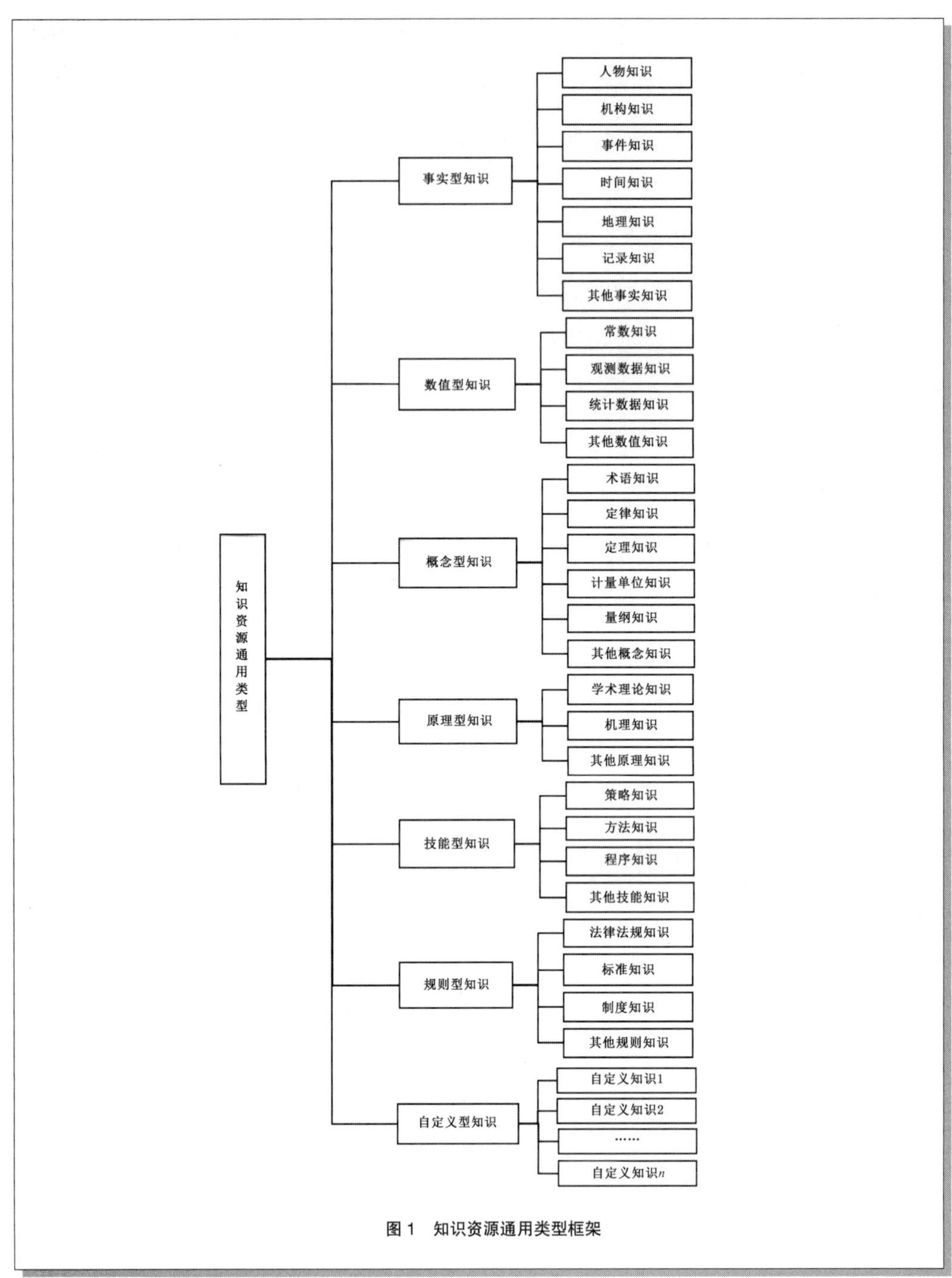

图 1　知识资源通用类型框架

（二）条款解读

本节给出了事实型、数值型、概念型、原理型、技能型、规则型和可拓展的自定义型等七大知识资源通用类型及其相应子类的框架关系图和细分机制。

本标准针对知识资源通用类型的划分主要借鉴了经济合作与发展组织（OECD）关于知识的四种分类方式——事实、原理、技能、人际，并在此基础上调整和扩充得到新闻出版及相关领域开展知识服务的知识资源的七大类型。

按照经济合作与发展组织的定义，知识可分为四大类：知道是什么即知事（know-what，事实知识），知道为什么即知因（know-why，原理知识），知道怎样做即知窍（know-how，技能知识），知道谁有知识即知人（know-who，人员知识）。

而本标准根据科学性、实用性、通用性、可扩展性四项划分原则，考虑目前新闻出版及相关领域知识服务工作中常见的知识资源普遍具有内容聚焦专业领域、紧密联系传统出版、围绕新型数字出版的特性，将知识资源划分修改为事实型、数值型、概念型、原理型、技能型、规则型等六大基础类型，并考虑可能出现本标准所述六种知识资源通用类型以外的知识资源，为了保证知识资源通用类型的通用性和可拓展性，增加自定义类型知识资源作为一类扩展类型。这一分类方式有效增强了实际工作的可操作性。整体结构通过框架图展示。

三 人物知识

（一）条款原文

> **5.2.1 人物知识**
>
> 用于描述人物名称、身份、职业、出生地、背景等属性及其沿革变化的知识。
>
> 示例：诸葛亮［琅邪阳都（今山东临沂市沂南县）人，三国时期蜀国丞相，杰出的政治家、外交家。］

（二）条款解读

在某一事实或事件中，“人物”通常是事实展开的核心。描述人物名称、身份、职业、出生地、背景等属性及其沿革变化的知识都属于人物知识。以《三国志》部分内容提要为例：诸葛亮，字孔明，号卧龙；诸葛先生隐居隆中时，时人称其为“卧龙先生”；后主刘禅继位，诸葛先生被封为武乡侯，领益州牧，诸葛先生逝世后，刘禅追封其为忠武侯，后人尊称其为“诸葛武侯”。该段文字围绕诸葛亮的生平进行描述，诸葛先生在不同历史时期有不同称谓，在不同记述方式中也有不同称谓，但都是描述“诸葛亮”这一人物的知识，均属事实型知识资源。

四 机构知识

（一）条款原文

> **5.2.2 机构知识**
>
> 用于描述机关、团体、企业和事业单位等名称及其属性及相互之间关系的知识。
>
> **示例：**化学工业出版社（组建于1953年1月，是新中国出版界历史较为悠久的中央级出版社，出版领域涉及科技图书、教材、大众图书、电子出版物及科技期刊等五大类。）

（二）条款解读

机构知识既包括用于描述机关、团体、企业和事业单位等名称及其属性的知识，也包括描述机构相互之间关系的知识。如“中国农业出版社有限公司是农业部直属的以出版农业科技图书为主的大型综合性出版社”，即提供了中国农业出版社有限公司与农业部两个机构之间是直接隶属关系的信息。

五 事件知识

（一）条款原文

> **5.2.3 事件知识**
>
> 用于描述有重要影响事件的名称、时间、地点、人物等属性的知识，如社会事件、历史事件、地理事件等。
>
> **示例：**“九一八”事变（1931年9月18日夜，日本关东军炸毁沈阳柳条湖附近日本修筑的南满铁路路轨，并栽赃嫁祸于中国军队。日军以此为借口，炮轰沈阳北大营。）

（二）条款解读

事件知识通常用于描述包含事件的名称、时间、地点、人物等属性的知识，如社会事件、历史事件、地理事件等。可以理解为在“事件”知识中，可能与时间知识、机构知识、地理知识、人物知识、记录知识等中的某类型或多个类型产生交叉，也可能是多个知识的合集。如《辞海·历史分册（中国近代史）》中关于“中国第一颗原子弹研制成功”事件的描述为：“在中共中央统一领导下，经过一大批科技人员、干部和职工的共同努力，中国自行制造的第一颗原子弹于1964年10月16日在新疆罗布泊爆炸成功。1955年，中央指定陈云、聂荣臻等负责筹建核工业。1959年苏联撤走专家后，中国决心依靠自己的力量完成这一任务。1962年，成立了以周恩来为首的专门领导机构。原子弹的爆炸成功，代表了中国科学技术的新水平，有力地打破了超级大国的核垄断和核讹诈，提高了中国的国际地位。”这样一段话就围绕“中国第一颗原子弹研制成功”这一事件的背景、发展过程、爆炸时间、主要参与人员、事件影响及意义等展开描述，完整再现了该事件的相关知识。

六　时间知识

（一）条款原文

> **5.2.4　时间知识**
>
> 用于描述人物、机构、事件等的时间范围和时间点（含年代、朝代）的知识。
>
> **示例：**唐朝（时间范围是公元618年—907年。）

（二）条款解读

时间知识可为某一时间段，也可为某一时间点。如，“白垩纪是中生代的第三个（最后一个）纪。始于1.35亿年前，延续约7000万年”描述的是一段时间。再如，“本次投稿截止时间为2019年12月28日17:00”描述的是一个时间点。包含这两种知识的资源都可归为时间知识。

七　地理知识

（一）条款原文

> **5.2.5　地理知识**
>
> 用于描述人物、机构、事件所在的地理位置，以及随时间变化的地理位置名称的知识。
>
> **示例：**北京（位于东经115.7°—117.4°，北纬39.4°—41.6°，中心位于北纬39°54′20″，东经116°25′29″，总面积16 410.54 km²。北京位于华北平原北部，背靠燕山，毗邻天津市和河北省。）

（二）条款解读

地理知识是用于描述人物、机构、事件所在的地理位置，以及随时间变化的地理位置名称的知识，且不拘空间大小，可以是小到某家企业某个办公室的地点位置信息，也可以是大到某个宇宙空间某个星球的地理位置信息。

八 记录知识

（一）条款原文

> **5.2.6 记录知识**
>
> 用于描述伴随时间、空间、技术等获取的相关原始资料的知识。
>
> **示例：**卫星照片

（二）条款解读

记录知识是指记录相关原始资料的知识，强调对资料的客观记录。如“甲醇（Methanol）结构式为 CH_3-OH，分子量为 32.04，常温下是无色有酒精气味易挥发的液体”就是对甲醇基本信息的记录。

九 其他事实知识

（一）条款原文

> **5.2.7 其他事实知识**
>
> 其他用于描述事物客观属性的，具有基础性和独立性的知识。

（二）条款解读

为确保知识资源类型及子类的通用性和可扩展性，事实型知识类型下设“其他”子类，可方便扩充事实型知识资源的细分类型。

十 常数知识

（一）条款原文

> **5.3.1 常数知识**
>
> 用于描述有特定意义且固定不变数值的知识。
>
> **示例：** 3.141 592 653 589 793 238 462 643 383 279 502 88（圆周率 π 的值。）

（二）条款解读

参考《现代汉语词典》（第七版），“常数”意即“固定不变的数值、恒量”，“常数知识”则强调了包含该类知识的资源不仅应该具备“是一个固定不变的数值”这一条件，同时还应该具备“有特定意义”这一条件，这两个条件是必须同时具备的。否则，该数字就仅为一串数字字符，不能称为数值型知识资源。例如，“3.1415926535897932384626433832795029”这个数值确实是一个数字，但一个数字本身没有任何意义，当它被描述为“3.1415926535897932384626433832795029 是圆周率 π 的值”时，才被赋予特定含义，才是一个完整信息，才可以归属于数值型知识资源。

十一 观测数据知识

（一）条款原文

> **5.3.2 观测数据知识**
>
> 用于描述通过观察或测量直接得到的数据的知识。
>
> **示例：** 9 ℃（2015 年 11 月 11 日北京市最高温度。）

（二）条款解读

通过观察或测量直接得到的数据称为观测数据。此处请注意，本标准所述观测数据强调直接获得的、未经运算或分析的原始数据，不仅包括通过观察、观测、测量和调查等手段获得的直接记录数据，还包括通过试验手段获得的原始试验数据。如在常压情况下（1atm=101325Pa），水的相对分子质量为18.015，熔点为0.00℃，沸点为99.974℃，密度为0.997025g/cm^3。此处常压下水的各项物性数据即观测数据。

十二　统计数据知识

（一）条款原文

> **5.3.3　统计数据知识**
>
> 用于描述统计工作活动过程中所取得的各种数据的知识。
>
> **示例：**1370536875人(2010年第六次全国人口普查数据。)

（二）条款解读

统计数据是统计工作活动过程中所取得的各种数字资料以及与之相联系的其他资料的总称。统计数据是需要对原始数据进行统计和分析后才能得到的处理后的数据。

十三　其他数值知识

（一）条款原文

> **5.3.4　其他数值知识**
>
> 其他以数值的形式存在，包含着完整数值信息的知识。

（二）条款解读

为确保知识资源类型及子类的通用性和可扩展性，数值型知识类型下设“其他”子类，其他以数值的形式存在，包含完整数值信息的知识可扩充为数值型知识资源的其他细分类型。

十四 术语知识

（一）条款原文

> **5.4.1 术语知识**
>
> 用于描述专业用语及其相关解释的知识。
>
> **示例：**催化剂（catalyst，又称触媒。一种因其存在能改变化学反应速率而本身消耗可忽略的物质。）

（二）条款解读

术语是各门学科中的专门用语，术语知识是围绕专业用语及其解释的知识。“术语”一词出自胡适的《国语文法概论》，属于特定概念的专业表达，具有规范性和准确性。同一术语名词在不同的专业领域可能有不同的含义和解释，但同一领域同一含义的术语应统一。新闻出版业中的科技术语、名词及名称一般采用全国科学技术名词审定委员会公布的名词或国家级名词术语标准，该委员会未公布的名词或没有国家级名词术语标准的名词采用各有关专业规定的标准名词。物理量的名称及其相应符号可参照中华人民共和国标准《量和单位》（GB 3100 ～ 3102—93）。

十五 定律知识

（一）条款原文

> **5.4.2 定律知识**
>
> 用于描述客观规律和科学概括的表述等方面的知识。
>
> **示例：**牛顿第一定律（任何物体都要保持匀速直线运动或静止状态，直到外力迫使它改变运动状态为止。）

（二）条款解读

定律指科学上对某种客观规律的概括，反映事物在一定条件下发生一定变化过程的必然关系。用于描述客观规律和科学概括的表述等方面的知识可归于定律知识。

十六　定理知识

（一）条款原文

> **5.4.3　定理知识**
>
> 用于描述经过逻辑论证的具有真实性质并被确定了的命题或公式等方面的知识。
>
> **示例：**余弦定理(指三角形中，任意一边的平方等于另外两边的平方和减去另两边及其夹角的余弦的积的两倍。)

（二）条款解读

定理指已经证明具有正确性、可以作为原则或规律的命题或公式，如几何定理。用于描述经过逻辑论证的、真实的并被确定了的命题或公式等方面的知识可归于定理知识，多见于数学和逻辑学领域。

定律知识和定理知识的区别在于，定律知识是通过大量具体的客观事实经验累积归纳而成的结论，是一种理论模型，如牛顿运动定律、能量守恒定律、欧姆定律等；而定理知识是建立在公理和假设的基础上，经过受逻辑限制的证明为真的知识，一般为公式或命题形式，如勾股定理、几何定理等。

十七　计量单位知识

（一）条款原文

> **5.4.4　计量单位知识**
>
> 用于描述人为规定的量度标准知识。
>
> **示例：**米(经过巴黎地球子午线长的 4 000 万分之一。)

（二）条款解读

计量单位知识指描述度量标准的知识。计量单位是测定各种量所规定的标准量，分为基本单位、辅助单位和导出单位三类。法定计量单位是由国际单位制单位（SI 单位）及根据我国情况适当增加的一些其他单位构成的。新闻出版业一般要求出版物应全面贯彻执行《国务院关于在我国统一实行法定计量单位的命令》(国发〔1984〕28号)和国家标准《量和单位》(GB 3100 ~ 3102—93)中的原则与规定。《量和单位》(GB 3100 ~ 3102—93)列出了国际单位(SI)的构成体系，规定了可以与国际单位制并用的单位以及计量单位的使用规则。该标准即可归属于计量单位知识资源。

十八　量纲知识

(一)条款原文

> **5.4.5　量纲知识**
>
> 用于描述特定物理量或物理现象度量的知识。
>
> **示例**：时间、长度、质量等。

(二)条款解读

量纲知识是用于描述特定物理量或物理现象度量的知识。量纲定义为给定量对量制中各基本量的一种依从关系，用于基本量相应的因子的幂的乘积去掉所有数字因子后的部分表示。物理量可分为基本量和导出量。基本量是具有独立量纲的物理量，导出量是指其量纲可以表示为基本量量纲组合的物理量；一切导出量均可从基本量中导出，由此建立了整个物理量之间的函数关系。国际上普遍采用的7个基本量的量纲分别为长度L、质量M、时间T、电流强度I、温度t、物质的量n和光强度J。

十九　其他概念知识

(一)条款原文

> **5.4.6　其他概念知识**
>
> 其他描述人们根据客体的共有特征抽象并得到认可的定义或约定称谓的知识。

(二)条款解读

同样，为确保知识资源类型及子类的通用性和可扩展性，概念型知识类型下设“其他”子类，其他符合概念型知识资源定义的知识可酌情定义并新增子类。

二十　学术理论知识

（一）条款原文

> 5.5.1　**学术理论知识**
>
> 用于描述学术研究中提出并得到认可的评价、看法、提法或程式等方面的知识。

（二）条款解读

此处“学术”指有系统的、专门的学问，“学术理论”指描述学术研究中提出并得到认可的评价、看法、提法或程式等。因其系统性和专业性，此类知识最初一般诞生于科研院所和机构，并随着科研人员的传授和知识的分享而得以传播。

二十一　机理知识

（一）条款原文

> 5.5.2　**机理知识**
>
> 用于描述为实现某一特定功能，一定的系统结构中各要素的内在工作方式以及诸要素在一定环境下相互联系、相互作用的运行规则和原理等方面的知识。
>
> **示例：**哮喘的发病机理（一般为变态反应、气道炎症、气道高反应性、神经机制等因素的相互作用。）

（二）条款解读

机理又称为机制，泛指一个工作系统的组织或部分之间相互作用的过程和方式，而描述这种相互联系、相互作用的运行规则和原理等方面的知识即称为机理知识。机理知识强调系统及各部分的相互作用方式，强调过程的前后关系和因果。机理分析有助于理解或建立事物发展变化规律。

二十二　其他原理知识

（一）条款原文

> 5.5.3　**其他原理知识**
>
> 其他描述关于自然界（含人类社会）的原理和法则的科学知识。

（二）条款解读

同样地，为确保知识资源类型及子类的通用性和可扩展性，原理型知识类型下设“其他”子类，其他关于自然界（含人类社会）的原理和法则的科学知识可酌情定义并新增子类。

二十三　策略知识

（一）条款原文

> **5.6.1　策略知识**
>
> 用于描述根据事态和环境变化而制定的行动方针和工作方法等方面的知识。
>
> **示例**：美国“先欧后亚”策略（第二次世界大战中，美国首要的战略目标应当是在军事上彻底打败法西斯德国，并规定美国应当以积极参战作为对抗纳粹德国的手段，同时把“日本约束住”。）

（二）条款解读

“策略”是为了实现某一目标制定的行动方针和工作方法，它强调的是在实现目标的过程中，当出现事态和条件的变化时，前期制定的行动方针和工作方法会根据不同环节和环境变化灵活调整。策略知识是一种围绕某一目标展开的机动灵活的谋略方法。

二十四　方法知识

（一）条款原文

> **5.6.2　方法知识**
>
> 用于描述为达到某种目的而采取的途径、步骤、手段等方面的知识。
>
> **示例**：SWOT 分析法（用来确定企业自身的竞争优势、竞争劣势、机会和威胁，从而将公司的战略与公司内部资源、外部环境有机地结合起来的一种科学的分析方法。）

（二）条款解读

“方法”在《现代汉语词典》（第七版）中被解释为“关于解决思想、说话、行动等问题的门路、程序等”。所以方法知识在哲学、科学等不同领域有不同的解释，但归根结底还是指基于一定目的提出的解决手段方面的知识，强调的是在达到目的的过程中遵循的内在规律性和逻辑性。

二十五　程序知识

（一）条款原文

> **5.6.3　程序知识**
>
> 用于描述为进行某项活动或过程所规定的途径等方面的知识。
>
> **示例：**数据分析步骤（决定目标、确定业务手段、数据收集、数据清洗、数据建模、优化和重复。）

（二）条款解读

“程序”意指事情进行的先后次序，程序知识为进行某项活动或过程所规定的途径和步骤，是强调先后次序和前后逻辑的知识。典型代表是管理学中规范的办事程序和计算机科学中具有逻辑性的程序指令。

二十六　其他技能知识

（一）条款原文

> **5.6.4　其他技能知识**
>
> 其他描述基于实践和认知经验等获得的处理技术的知识。

（二）条款解读

同样地，为确保知识资源类型及子类的通用性和可扩展性，技能型知识类型下设“其他”子类，其他基于实践和认知经验等获得的处理技术知识可酌情定义并新增子类。

二十七　法律法规知识

（一）条款原文

> **5.7.1　法律法规知识**
>
> 用于描述有关法律规范和法律现象等方面的知识。

（二）条款解读

法律法规是特定机关制定的，国家政权保证执行的行为规则的总和，包括宪法、基本法律、普通法律、行政法规、地方性法规等规范性文件。各级法律文件的法律效力不同，但都具有强制性。与此相关的文件、条文、现象描述等都属于法律法规知识。

二十八 标准知识

（一）条款原文

> **5.7.2 标准知识**
>
> 用于描述通过标准化活动，按照规定的程序经协商一致制定，为各种活动或其结果提供规则、指南或特性，供共同使用和重复使用的知识。

（二）条款解读

“标准”一词本用于形容某事物是合于准则的，是可供同类事物比较核对的。GB/T 20000.1—2014《标准化工作指南 第1部分：标准化和相关活动的通用术语》对“标准”的定义为：通过标准化活动，按照规定的程序经协商一致制定，为各种活动或其结果提供规则、指南或特性，供共同使用和重复使用的一种文件。标准宜以科学、技术或经验的综合成果为基础。标准按使用范围可分为国际标准、国家标准、行业标准、企业标准、地方标准等，其中国际标准、国家标准等可以公开获得，一般修订及时，以确保与最新研究成果同步，是公认的技术准则；其他标准一般仅对本行业或本企业适用，具有行业或企业特性。标准文档及相关规则化指南等均可归属于标准知识。

二十九 制度知识

（一）条款原文

> **5.7.3 制度知识**
>
> 用于描述制度，约束相关人员的行为和事务处理方法等方面的知识。

（二）条款解读

制度不具有法律效力，只是要求大家共同遵守的办事规程和行为准则。不同行业、不同单位、不同岗位都有其自主指导的制度要求，作用都是实现工作规范，保证流程顺畅，使各项工作达到预计目标，如工作制度、财政制度等。与此相关的约束性文档、制度、流程要求等都属于制度知识。

三十　其他规则知识

（一）条款原文

> **5.7.4　其他规则知识**
>
> 其他描述具有约束性(或强制性)的事物运行和运作的法则性知识。

（二）条款解读

同样地，为确保知识资源类型及子类的通用性和可扩展性，规则型知识类型下设“其他”子类，其他描述具有约束性（或强制性）的事物运行和运作的法则性知识可酌情定义并新增子类。

三十一　自定义型知识

（一）条款原文

> **5.8　自定义型知识**
>
> 当出现超出以上类型范围的知识资源时，可自定义一种或多种新的知识资源类型，并定义子类，提供相应示例。

（二）条款解读

由于新闻出版领域相关知识服务涉及的资源多样，学科类型丰富，在实际工作过程中，当出现超出以上六大类型范围的知识资源时，可按需进行知识资源通用类型的自定义。自定义过程应明确类型定义，给出特有子类和相应示例，并写入知识类型表。

本标准扩充自定义型知识资源时，实施者可兼顾自身知识资源的个性化特点和业务流程，增加对知识资源通用类型的审查、修正机制与流程。

此外，为了便于使用，标准中还应规范各分类方法对应的标识方法，使各个类型的知识资源都有一个特征词作为标识符号。这种标识方法构成了知识资源的分类体系和符号体系，使计算机能够通过这个体系自动识别不同类型的知识资源。本标准所述各类型知识资源的特征词用以标引词汇表中词条的属性特征，其编码方式由 1 位大写英文字母和 1 位阿拉伯数字组成，并可根据需求扩展。特征词代码表由特征词类型、特征词代码、特征词和特征词注释构成，详见 GB/T 38376—2019《新闻出版 知识服务 主题分类词表编制》的附录 B（规范性附录）“特征词编码方法与代码”。

第三节 应用示例

为了更好地推动标准落地实施和指导知识服务工作，我们调研了部分当前已经完成或使用中的知识资源或知识服务产品，作为知识资源通用类型的应用实例供相关研究人员和企业参考。

一 事实型知识资源

事实型知识资源在新闻出版业知识资源中是非常普遍的内容资源，无论专业出版社还是综合性出版社，无论理工类出版社还是社科类出版社，绝大部分内容都会围绕事实型知识展开。因此，应明确事实型知识是知识资源的基础。

当前新闻出版领域有很多事实型知识资源的应用实例。例如，化工知识服务平台作为化工领域知识资源专业平台，包含多种知识资源，如各种化工产品的结构、物理化学性质参数、用途等为事实型知识，用户可以查询化工物质基本性质等知识。因此，该知识资源可归为事实型知识资源。《中国经济统计年鉴》收录了全国各类工业行业和各省（自治区、直辖市）工业经济各方面的统计数据，以及部分重要历史数据，读者可从中获取当年或历史的经济事实记录。因此，该知识资源可归为事实型知识资源。

二 数值型知识资源

数值型知识资源在科技类出版领域的应用非常广泛。例如，国家地理信息公共服务平台向公众开放了地理信息公共服务资源，其中地图查询相关服务提供国内各地区测绘结果的在线服务。因此，在用户查询某地区测绘结果数据时，该知识资源可归为数值型资源。再如，《石油化工设计手册 · 石油化工基础数据》一书中，石油化工基础数据包括石油馏分物性数据，空气、水及其他 82 种常见物质的热物理和热化学性质与数据，物质特性数据及其估算方法，物质的热力学性质数据及其估算方法，物质的热化学性质及其估算方法，相平衡数据与化学平衡等。该资源除相关数据外，还包括有关的名词解释和估算方法，但主要篇幅还是在罗列数据以供查询，读者可以获取的主要是数值类知识。因此，该知识资源可归为数值型知识资源。

三　概念型知识资源

新闻出版领域有很多概念型知识资源的应用实例。以术语在线平台为例。术语在线定位为术语知识服务平台，聚合了全国名词委发布的审定公布名词数据库、海峡两岸名词数据库等累计 45 万余条规范术语，并提供了相关名词术语的定义或解释。名词数据库内也包含一些关于特定事件的事实型数据和观测得到的数据等数值型知识，但就整体而言，该数据库主要是对相关名词术语的解释，用户可查询相关术语及其概念知识。因此，该知识资源可归为概念型知识资源。

再以《材料大辞典》一书为例。《材料大辞典》作为材料领域内容丰富的工具性图典籍，罗列并解析了包括材料科学基础、金属材料、新能源材料及含能材料、生物医用材料、天然材料、信息材料等 10000 余条材料类术语，并对每种材料进行了介绍。《材料大辞典》在介绍材料性质、用途等过程中，也介绍关于材料物化数据等数值型知识和化学反应机理等原理型知识，但就整体而言，该书主要是对每个材料名词进行定义和解释。因此，当读者查阅的主要目的是获取材料术语的概念知识时，该知识资源仍可归为概念型知识资源。

四　原理型知识资源

当前新闻出版领域有很多原理型知识资源的应用实例。例如，有机反应数据库作为有机化学反应的集合，主要列举各类有机物质在一定条件下发生的化学变化，反映的是自然界运动的规律，即原理型知识。有机反应数据库里面，包含一些关于有机化学反应的事实型知识，如发现该反应的学者和时间等；也包含一些关于有机化工的技能型知识，如实验方法等。但就整体而言，该数据库主要是原理型知识的聚合。因此，该知识资源可归为原理型知识资源。

此外，很多已经经过验证的哲学辩证规律也可归为原理型知识，如广为人知的“量变质变规律”。量变质变规律是唯物辩证法的基本规律之一，它揭示了事物发展变化形式上具有的特点，从量变开始引起质变，质变是量变的终结。因此，该知识资源归为原理型知识资源。

五 技能型知识资源

在新闻出版领域，早期的技能型知识受限于传统有形载体的形式单一，所涉范围相对较小，但随着科学技术的发展和新型数字媒体的融合，如交互互动技术、增强现实技术（AR）与虚拟现实技术（VR）等，越来越多的技能型知识出现在知识服务平台中，并日趋丰富多样。

以专门组织和聚合专利知识的专利检索及分析系统为例。专利检索及分析系统共收集了国家知识产权局版权所有的，总计 103 个国家、地区和组织的专利数据，同时还收录了引文、同族、法律状态等数据信息。相关专利内容描述了相关从业人员从事研发、生产、产品使用等工作，主要反映工作方法和能力。在专利检索及分析系统里面，可能同时阐述了方法的原理，包含了原理型知识；或者同时列举了一些实验数据，包含了事实型知识。但就特定场景而言，该内容是对工作方法、工作能力的描述，用户可从中获取技能型知识。因此，该知识资源可归为技能型知识资源。

纸质图书作为知识内容的传统载体，在知识传播和技能传承中有举足轻重的作用。随着我国近年基础建设的大力发展，专业技能型人才的培养也日益贯穿到各行各业，专业技能类知识资源也越来越多地出现在图书中。例如，《家用电器产品维修工》一书是国家职业资格培训教程系列教材，介绍了家用电器产品维修岗位工作中要求掌握的实用知识和技能，适用于对各级别家用电器产品维修工的职业资格培训，读者可从中获取电器产品维修的实用技能。因此，该知识资源可归为技能型知识资源。

六 规则型知识资源

规则型知识资源中，法律法规和标准等原文文档一般有较强的规则性，便于知识标引和内容抽取，在新闻出版领域应用广泛。例如，在“智慧法院”政策推动下建设成功的“中国法律应用数字网络服务平台”（简称“法信”），是国内首家法律知识和案例大数据融合服务平台。平台在人民法院出版社自有法律法规资源的基础上，结合相关案例扩展，形成了面向法律人士的法律知识服务平台。再如，中国国家标准化管理委员会组织开发建设的“全国标准信息公共服务平台”“全国团体标准信息平台”“企业标准信息公共服务平台”等平台，持续收录各类标准，提供各类型标准的聚面聚类检索，也是典型的规则型知识资源。

此外，法律法规类知识普遍具有严肃性和权威性，包含此类知识的资源平台和法律法规一般可归为规则型知识资源。例如，由国家信息中心提供，中华人民共和国司法部版权所有的中国法律法规数据库内容涵盖国家法律法规、行政法规、地方法规及国际条约和惯例、司法解释、合同范本、案例分析等。因此，用户主要查询获取的是法律法规知识，该知识资源可归为规则型知识资源。再如，《互联网药品信息服务管理办法》是我国有关药品的行政规章之一，针对中华人民共和国境内提供互联网药品信息服务的活动，提出了一系列的管理规章，用以约束相关人员的行为和事物处理方法等。因此，读者可从中获取管理互联网药品信息服务的规章知识，该知识资源也可归为规则型知识资源。

需要注意的是，由于知识资源的多维特征，每种知识资源可能包含多种知识，可以对应多种资源类型，但在特定的需求场景下，是可以归于某一类知识资源的。对于一些有多种知识资源类型属性的知识可以分别说明，以便于实际应用。如“总经理”，既可能体现人物知识属性，也可能体现机构知识属性。一种知识资源确实可能有多种知识属性，实际应该归属到哪一类型应视实际情况侧重分析。

因此，在本书的示例中，我们不直接肯定该资源定义为哪类知识资源类型，如有些辞典类的知识资源中，概念型知识、事实型知识可能各占一部分，无法完全确定是什么类型的知识聚合，此时我们不做确定性的要求，用户可结合知识应用需要和知识服务对象去分类和定义。

第五章
新闻出版　知识服务　知识关联通用规则

第一节　概述

一　编制意义

知识有着广泛的空间属性，如知识的类型、知识的发布人、知识所针对的业务、知识所针对的使用对象、知识的部门属性等。基于这些属性的存在，知识与知识之间就有着千丝万缕的联系。知识关联就是知识之间通过一定规则所建立起来的具备参考价值的关联关系。

在整个知识服务体系建设当中，知识关联是重要的组成部分。为了在整个知识服务体系建设工作中建立起完备的知识关联通用性规范，同时为各单位开展知识关联研究和应用工作提供统一的应用模式和规范，特制定《新闻出版 知识服务 知识关联通用规则》作为知识服务工作的通用标准之一。

二　适用范围

知识服务以专业知识内容和互联网信息进行搜索查询为基础，为用户提供有用的信息和知识。知识关联是知识服务的基础。当前新闻出版及相关领域对外主要通过新闻摘要、问答式检索、论坛服务、博客搜索、网站排名、倾向性分析、热点发现、聚类搜索、信息分类等方式提供知识服务。因此，本标准适用于新闻出版及相关领域的内容提供者开展知识资源与知识服务资源加工、工具开发和应用系统建设。

三　主要内容

知识关联通用规则规定了知识关联的原则、类型、构建、表达和发布，适用于新闻出版及相关领域知识服务产品的开发与应用。知识关联应当基于目的性、多样性、规范性、适应性和可管理性的原则。其类型按照相关度可划分为同一性关联、隶属性关联和相关性关联；按照关联方法可划分为直接关联关系、间接关联关系；按照领域范围可划分为本领域知识关联关系和跨领域知识关联关系。构建知识关联的过程包括知识获取、知识描述、关联建立以及知识存储和应用。

知识关联的表达是知识关联通用规则的核心内容，该部分提出了知识关联的表达原则和表达规则，提出宜采用资源描述框架（RDF）来表达知识关联，采用统一资源标识符（URI）和实体名词作为知识关联中的三要素进行标识，同时，利用HTTP URI以方便资源对象的可定位查找。在具体表达方案上，也提出主要技术要求，包括词汇表的定义、知识关联对象的URI的具体要求，以及语义化属性词汇的选择和定义。主体资源和属性值之间的关联关系需通过标识属性的谓语URI来描述，该谓语可来自公认词汇，也可来自自定义词汇。本标准中给出了自定义的知识关联词汇（KLSV）对关联关系进行描述。最后，标准中对于跨域知识关联的表达也给出了具体要求和关联方式。

关联数据的发布可以采取静态发布、批量存储、调用时生成或事后转换等多种方式。

第二节　核心条款解读

一　知识关联的原则

（一）条款原文

5　**知识关联的原则**

5.1　**目的性原则**

构建知识关联应与知识获取的特定需求目的相结合。

5.2 多样性原则

建立各种知识之间的多种关联关系，包括知识组织体系中各知识概念之间的关联关系、知识元之间的关联关系和跨域知识之间的关联关系等。

5.3 规范性原则

所构建的知识关联信息应能够进行访问和整合，以支持跨机构、跨行业的知识共享。

5.4 适应性原则

满足知识及构建环境的动态变化，具备一定的灵活性、扩展性和适应性。

5.5 可管理性原则

所构建的知识关联信息应对其知识产权等建立必要的管理机制。

（二）条款解读

知识关联通用规则在整个知识服务体系建设中具有承上启下的作用和意义，一方面，知识关联通用规则揭示了知识服务体系建设的内部逻辑关系；另一方面，通过知识关联通用规则实现了面向知识服务的应用。因此在标准制定过程中，重点遵循以下几点原则。

1.目的性原则

构建知识关联应与知识获取的特定需求目的相结合。

通过知识关联，我们可以从一个知识延伸至获取另一个知识，继而延展开来形成庞大的知识网络，有效地支撑知识服务体系的建立。知识关联是我们从事知识获取活动的基础，同时也是科学组织和有效利用知识的基本出发点和理论依据。因此，知识关联长期以来受到人们的普遍关注，在实践中得到普遍应用，如知识分类、知识组织、知识检索、知识发现、知识挖掘、知识网络、知识地图和知识图谱等知识获取活动及其研究，无一不是从知识关联这一起点出发而展开。

2.多样性原则

建立各种知识之间的多种关联关系，包括知识组织体系中各知识概念之间的关联关系、知识元之间的关联关系和跨域知识之间的关联关系等。

知识通过交流、引用等方式形成了复杂的知识网络，其中隐含丰富多样的知识关联关系，这其中不仅包含知识之间的关联关系、知识元之间的关联关系，还包含跨域知识之间的关联关系。知识关联就是研究知识及其载体之间的相互关系，发现潜在有用的知识及关联。一切知识活动的起点就是要厘清知识及其载体间存在的各种复杂关系。因此，知识关联是多样化的，是知识创造和知识获取活动的基础。

3.规范性原则

所构建的知识关联信息应能够进行访问和整合，以支持跨机构、跨行业的知识共享。

目前，知识关联已经被广泛应用于图书馆学、情报学、信息管理、科研管理、科学教育、企业知识管理、知识工程与本体构建、科技文献知识发现等许多领域。方便知识的访问和整合，以支持跨机构、跨行业的知识共享。对具有独立意义的知识元进行的组织，运用规范的方法、按照规范的标准揭示知识元中的知识因子和知识关联，可以支持跨机构、跨行业的知识共享，便于知识被认识、学习、理解和接受，促进知识运用和知识创新。

4.适应性原则

满足知识及构建环境的动态变化，具备一定的灵活性、扩展性和适应性。

知识关联不是静止和固定不变的，而是随着新知识的产生不断递增和累加，处于动态变化之中。新知识的引入，会改变原有的知识结构和知识关联，并可以从中不断发现和产生新的知识关联，这些新的知识关联又可产生新的知识。知识关联就是在这种动态循环变化中不断累积的，新知识也被源源不断地创造出来。因此，知识关联必须具备灵活性、扩展性和适应性，便于对知识因子和知识关联进行重新组织，形成新的更有意义的知识。

5.可管理性原则

所构建的知识关联信息应对其知识产权等建立必要的管理机制。

知识关联是若干个知识因子（知识元）间建立起来的特定联系，因为知识是有机联系的网状结构，而不是各个知识因子（知识元）的散乱分布。揭示知识因子（知识元）之间的关联能够使知识网络化、有序化，能够有效地组织知识。因此，知识关联信息的可管理性就尤为重要，例如，通过知识产权、版本等信息的管理，可以保证已经建立和发布的知识关联关系受到保护，使知识的科学组织和有效利用成为可能。因此，可以说，知识关联的本质是知识关联关系信息的管理，通过对知识关联关系信息的管理来达到科学组织和有效利用知识的目的。

二 知识关联的类型

（一）条款原文

6 知识关联的类型

6.1 知识关联类型的划分维度

可按照相关度、关联方法和领域范围对知识关联的类型进行划分。

6.2 按相关度划分

按相关度可划分为：

a） 同一性关联，对知识之间所具有的某种程度的相同（或相似）之处所形成的关联关系；

b） 隶属性关联，构成某知识或知识集合，隶属于某一概念、范畴和类别的逻辑关系，是由知识本身的性质决定的，常见的隶属关系包括属分、包含等关系；

c） 相关性关联，在同一性、隶属性关联关系之外，知识之间所具有的相互依存、相互渗透、相互制约、相互作用的关系，一般是指相反、相对、因果、引用、应用、影响等各种关系，其关联关系可以是不严格固定的，其数量关系也可以是不完全确定的。

6.3 按关联方法划分

按关联方法可划分为：

a） 直接关联关系，通过知识的表达可以直接识别和发现的关联关系，可以从知识表达的对象中直接识别和发现，也可以通过引用规范的词汇表识别和发现。常见的直接知识关联包括：学科关联、主题关联、文献外部特征关联（如分类、作者、引文、标题、机构、期刊等）；

b） 间接关联关系，通过知识的表达无法直接识别和发现，通过词汇表也无法建立识别，需要通过数据挖掘或语义网络才能够发现的知识关联关系。常见的间接知识关联包括：共引关联、共词关联、组配关联、同概念关联等。

6.4 按领域范围划分

按领域范围可划分为：

a） 本领域知识关联关系，本领域范围的知识之间所建立的关联关系；

b） 跨领域知识关联关系，不同领域范围的知识之间所建立的关联关系。

（二）条款解读

本条款定义了知识关联的类型划分，分别从相关度、关联方法和领域范围对知识关联的类型进行划分。

按相关度划分的知识关联类型包括同一性关联、隶属性关联和相关性关联。知识之间如果具有某种程度的相同（或相似）之处，那么这种知识关联即同一性关联。构成某知识或知识集合，隶属于某一概念、范畴和类别的逻辑关系，此类关系是由知识本身的性质决定的，这种知识关联即隶属性关联。我们经常见到的隶属关系包括属分、包含等关系。除了上述两种关联关系，还有一些知识之间具有相互依存、相互渗透、相互制约、相互作用的关系，即相关性关联，包含相反、相对、因果、引用、应用、影响等关系，这种关联关系可以是不严格固定的，其数量关系也可以是不完全确定的。

按关联方法划分的知识关联类型包括直接关联关系和间接关联关系。直接关联关系指通过知识的表达可以直接识别和发现的关联关系。具备直接关联关系的知识可以通过知识表达的对象直接识别和发现，也可以通过应用规范的词汇表识别和发现。日常我们使用的学科关联、主题关联、文献外部特征关联（分类、作者、引文、标题、机构、期刊等）均属于直接关联关系。间接关联关系指通过知识的表达无法直接识别和发现，通过词汇表也无法建立识别，而是需要通过数据挖掘或语义网络才能够发现和识别的知识关联关系。常见的间接知识关联关系包括共引关联、共词关联、组配关联、同概念关联等。

按领域范围划分的知识关联类型包括本领域知识关联关系和跨领域知识关联关系。本领域知识关联关系，顾名思义，指本领域范围内的知识之间以一定的规则建立起的关联关系。跨领域知识关联关系，则是指不同领域范围内的知识之间建立起来的某些关联关系。

三　知识关联的构建

（一）条款原文

> 7　**知识关联的构建**
>
> 7.1　**知识获取**
>
> 利用知识发现和数据挖掘等技术，对数字内容资源进行加工处理，经提炼、整合、完善和分解，形成知识。
>
> 7.2　**知识描述**
>
> 宜采用 RDF、OWL、主题词表等方法对获取的知识进行描述。

7.3 关联建立

对知识之间的关联关系进行描述，所建立的知识关联关系包括关联属性和/或其链接。

7.4 知识存储和应用

对知识及其关联关系进行存储，形成知识库，在此基础上建立相关的应用，实现知识关联信息的发布。

（二）条款解读

本章节规范了知识关联的构建方法，包括知识获取、知识描述、关联建立以及知识存储和应用四个方面。

数据挖掘是指从大量的数据中通过算法搜索隐藏于其中的信息的过程。数据挖掘通常与计算机科学有关，并通过统计、在线分析处理、情报检索、机器学习、专家系统（依靠过去的经验法则）和模式识别等诸多方法来实现上述目标。知识发现（Knowledge Discovery in Database, KDD），是所谓“数据挖掘”的一种更广义的说法，即从各种媒体表示的信息中，根据不同的需求获得知识。知识发现的目的是向使用者屏蔽原始数据的烦琐细节，从原始数据中提炼出有意义的、简洁的知识，直接向使用者报告。

目前，知识获取主要是通过上述技术将数字内容资源进行加工处理，经过提炼、整合、完善和分解，形成知识。

RDF（资源描述框架）是一个使用 XML 语法来表示的资料模型（Data Model），用来描述 Web 资源的特性及资源与资源之间的关系。OWL（网络本体语言），编程语言，全称 Ontology Web Language，是 W3C 开发的一种网络本体语言，用于对本体进行语义描述。主题词表，又称叙词表、检索表或词库，是文献与情报检索中用以标引主题的一种检索工具。

对获取的知识进行描述通常会采用以上描述方法。

链接是指在电子计算机程序的各模块之间传递参数和控制命令，并把它们组成一个可执行的整体的过程。链接也称超级链接，是指从一个网页指向一个目标的连接关系，所指向的目标可以是另一个网页，也可以是相同网页上的不同位置，还可以是图片、电子邮件地址、文件，甚至是应用程序。

通过 RDF、OWL 等描述方法对知识之间的关联关系进行描述，所建立的知识关联关系包括关联属性和 / 或其链接。

本标准所指的知识库包含知识及其关联关系的集合，这些知识及其关联关系通过存储形成知识库。在数据库基础上建立相关的应用，就可以实现知识关联信息的发布。

由于 RDF 在知识关联中起到至关重要的作用，故在此处详细做一介绍：RDF 是 W3C 在 1999 年 2 月 22 日所颁布的一个建议，制定的目的主要是为元数据在 Web 上的各种应用提供一个基础结构，使应用程序之间能够在 Web 上交换元数据，以促进网络资源的自动化处理。RDF 受到元数据标准、框架系统、面向对象语言等多方面的影响，被用来描述各种网络资源，其为人们在 Web 上发布结构化数据提供了一个标准的数据描述框架。

RDF 用于信息需要被应用程序处理而不是仅仅显示给人观看的场合。RDF 提供了一种用于表达这一信息，并使其能在应用程序间交换而不丧失语义的通用框架。

RDF 能够有各种不同的应用，例如在资源检索方面，能够提高搜索引擎的检索准确率；在编目方面，能够描述网站、网页或电子出版物等网络资源的内容及各内容之间的关系；而借着智能代理程序，能够促进知识的分享与交换；应用在数字签名（Digital Signatures）上，则是发展电子商务，建立一个可以信赖的网站的关键。其他的应用还可涉及诸如内容分级、知识产权、隐私权等。

RDF 提出了一个简单的二元关系模型来表示事物之间的语义关系，即使用三元组集合的方式来描述事物和关系。三元组是知识图谱中知识表示的基本单位，简称 SPO。三元组被用来表示实体与实体之间的关系，或者实体的某个属性的属性值是什么。

RDF 形式上表示为 SPO 三元组，有时候也称为一条语句（Statement），在知识图谱中我们也称其为一条知识，如图 5-1 所示。

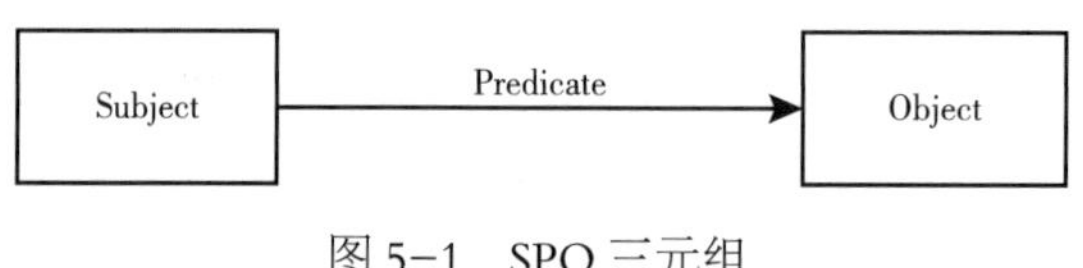

图 5-1　SPO 三元组

RDF 由节点和边组成，节点表示实体 / 资源、属性，边则表示实体和实体之间的关系以及实体和属性的关系。

如果两个 RDF 语法对应的资料模型相同，则代表这两个 RDF 语法具有同样的意义。反过来说，如果两个 RDF 语法具有同样的意义，则它们的资料模型应该相同。

RDF 的最大意义在于，它不仅是字符串构成的符号，还包含语义信息。这里所说的语义通常指的是符号与所指对象之间的关系。人可以根据自己的知识储备理解符号与符号之间的语义关系，比如你在新闻里读到“马云”两个字，或者别人向你说起“马云”，你都会将这些符号和你脑海中的一个对象或者影像相联系，再综合过往收集到的和这个对象相关的信息，从而理解符号背后的含义。

假定计算机可以为世界上的每一个实体定义一个唯一的锚，也就是 URI（统一资源标识符，是一个用于标识某一互联网资源名称的字符串），所有与这个实体相关的信息（文字、图像等），都会被这个锚钩住。

这正是 RDF 可以表达语义信息的一个原因。在三元组模型中，主体、客体可以是通过 URI 引用的资源，这些 URI 是独立于 RDF 文档中的符号而存在的，唯一表示了存在于这个世界的某个资源，也即代表了对象本身而不仅仅是符号，如此 RDF 就表达出了符号和对象之间的关系，这是一种可以被计算机理解的语义。RDF 规定资源的命名必须使用 URI，所以也直接解决了命名空间的问题。

从上面的介绍可以看出，RDF 的基本资料模型包括三个对象类型。

资源：所有以 RDF 表示法来描述的东西都叫作资源，它可能是一个网站，可能是一个网页，可能只是网页中的某个部分，甚至是不存在于网络的东西，如纸本文献、器物、人等。在 RDF 中，资源是以 URI 来命名的，URL（统一资源定位器）、URN（统一资源名称）都是 URI 的子集。

属性：属性是用来描述资源的特定特征或关系的，每一个属性都有特定的意义，用来定义它的属性值和它所描述的资源形态，以及它和其他属性的关系。

属性值：特定的资源以一个被命名的属性与相应的属性值来描述，称为一个 RDF 陈述，其中资源是主词，属性是述词，属性值则是受词。受词可能是一个字符串，也可能是其他的资料形态或是一个资源。

RDF 资料模型只是一个抽象与概念的框架，要真的能够承载或交换元数据，需要通过具体的语法。RDF 以 XML 作为编码与传输的语法，此外，RDF 也需要透过 XML 的名称空间来指定宣告属性词汇的纲要。RDF 规格提供了两种 XML 语法来对 RDF 资料模型进行编码：第一种称为序列语法，是以正规的方式来表达完整的 RDF 资料模型；第二种称为简略语法，是以较精简的方式来表达 RDF 资料模型的一部分。理想的状况是 RDF 解释器能够支持这两种语法，让 Metadata 的作者能自由混合使用。

下面是 RDF 语法的一个实例，用序列语法表示如下。

```
<?xml version="1.0"?>
<RDF xmlns=http://www.w3.org/1999/02/22-rdf-syntax-ns#xmlna:DC=http://purl.org/
metadata/dublin-core#>
<Description about=http://www.dlib.org/dlib/may98/miller>
<DC:title>
An introduction to the Resource Description Framework
</DC:title>
<DC:creator>
Eric Miller
</DC:creator>
<DC:date>
1998-0501
</DC:date>
</Description>
</RDF>
```

上面的写法第一行表示这是一段 XML 文件，第二行声明了 RDF、DC 两个名称空间（Namespace），其中 RDF 是预设的名称空间，在描述（Description）中所有的属性（Properties）都是来自这两个名称空间中的一个；RDF 的主要部分写在 Description 这对标签之中，这里以 title、creator、date 三个属性来描述一个资源，这个资源的URI就是Description的属性about的值（http://www.dlib.org/dlib/may98/miller）。

这个例子如果以RDF简略语法来表示则为：

```
<?xml version="1.0"?>
    <RDF xmlns=http://www.w3.org/1999/02/22-rdf-syntax-ns#xmlna:DC=http://purl.
org/metadata/dublin-core#>
    <Description about=http://www.dlib.org/dlib/may98/miller>
    DC:title = "An introduction to the Resource Description Framework"
    DC:creator = "Eric Miller"
    DC:date = "1998-0501"
    </Description>
</RDF>
```

上面的写法，其中描述是一个空元素，因此在语法上要遵守XML空元素的表示法。比较一下RDF序列语法与简略语法，可以发现在序列语法中，属性（Title、Creator、Date）以Description的子元素（Subelement）来表示；而在简略语法中，属性（Title、Creator、Date）以Description的属性（Attributes）来表示。这两种表示法对应相同的数据模型，所以这两种表示法是相等的，不过这两种表示法在浏览器中的呈现可能会不同。在序列语法中，Properties是以元素（Elements）来表示的，因此Propertyvalue会被显示出来；而在简略语法中，Properties是以属性（Attributes）来表示的，因此Propertyvalue不会被显示出来。

从内容上看，三元组的结构为“资源—属性—属性值”，资源实体由URI表示，属性值可以是另一个资源实体的URI，也可以是某种数据类型的值，也称为“literals”（字面量）。

主语和宾语也可以由第三种结点类型空节点（Blank Nodes）表示。Blank Nodes简单来说就是没有URI和literal的资源，或者说匿名资源。

除了描述单一的资源，有时也需要描述一群资源，比如说，某个新闻组

（Newsgroup）可能包含许多成员，某本书可能有许多个作者，某个软件可能有许多个下载地址。RDF 容器（Container）就是用来包装或装载一群资源的机制，RDF 定义了三种形态的容器。

封装（Bag）：用来包装一群没有顺序性的资源。Bag 通常用在一个属性（Property）有多个值（Value），而这几个值的先后顺序并不重要，例如通讯录可能包含许多姓名。Bag 所包含的值要在 0 个以上，也就是可以不包含值，也可以有多个重复的值。

顺序（Sequence）：用来包装一群有顺序性的资源。顺序通常用在一个 Property 有多个值，而这些值的先后顺序是重要的，例如一本书如果作者在一个以上，可能有必要区分出主要作者、次要作者。顺序所包含的值要在 0 个以上，也就是可以不包含值，也可以有多个重复的值。

选择（Alternative）：通常用在一个 Property 有多个值可以选择，例如某个软件可能提供多个下载网址。它所包含的值要在一个以上，而第一个值是预设值。

RDFS（RDF Schema）的作用就像是一部辞典，宣布一组词汇，也就是在 RDFS 中可以使用的 Properties，并描述每个 Property 的意义、特性，以及 Property Value 的限制。RDFS 可以是为了让人阅读的描述，也可以是机器可以处理的表示法，如果是后者，则应用程序便可以直接透过 RDF Schema 来了解每个 Property 的意义，并做自动化处理。机器可以处理的 RDF Schema 也是以 RDF 资料模型为基础的，仍在发展之中。

从上述对RDF一些基本概念的简要介绍可以看出RDF具有如下两个重要的特点。

1.独立性

RDF 实际上是一种元数据模型，具有很大的独立性，它可以嵌入 DC 这种元数据，也可以嵌入别的类型的元数据。正是由于现实中有多种元数据形式并存，所以各种元数据之间的转换就成为不容回避的问题。RDF 就是为解决这一问题应运而生的一种工具，它所具备的独立性使得各种元数据间的转换成为可能。概括地说，RDF 可以协助跨越不同语言和增加语意互通性，可以增加 DC 与其他元数据的联结能力。

2.使用XML作为其描述语法

XML 是从 SGML 衍生出来的简化格式，也是一种元语言，可以用来定义任何一种标记语言。XML 摒弃了 SGML 过于复杂及不利于在 Web 上传送的选项功能，又弥补了 HTML 过于简单的不足。RDF 采用 XML 作为其描述语法，自然也就成为一种可以携带多种元数据来往于网络上的框架工具。

通过提供一个一致的框架，RDF 将会鼓励提供关于互联网资源的元数据。另外，因为 RDF 将会包含一个描述和查询数据的标准语法，使用元数据的软件可以更容易和快速地制造。使用 RDF，数据搜索方式得以改进，通过基于元数据而不是从正文得来的索引，搜索者将得到更精确的搜索结果。

有关本标准中所提到的 RDF、URI 以及与公认词汇有关的 FOAF 词汇、SKOS 描述分类表、网络本体语言 OWL 和项目描述 DOAP 等相关知识可以通过以下参考文献或网站中获取更为详细的内容。

W3C XML Schema http://www.w3.org/standards/techs/xmlschema#completed

W3C RDF（Resource Description Framework，资源描述框架） http://www.w3.org/standards/semanticweb/data

FOAF http://www.foaf-project.org/

SKOS https://www.w3.org/2001/sw/wiki/SKOS

OWL https://www.w3.org/2001/sw/wiki/OWL

DOAP http://www.chuci.info/view/schema/97ac7e9e37694a238d7e3ca5b84efa38

四 知识关联的表达原则

（一）条款原文

> **8.1 知识关联的表达原则**
>
> 通过计算机可理解的语言规范和技术将知识关联信息进行结构化标识。宜遵循以下原则：
>
> a） 采用资源描述框架（RDF）来表达知识关联；
>
> b） 采用统一资源标识符（URI）和实体名词作为知识关联中的三要素进行标识；
>
> c） 利用 HTTP URI 以方便资源对象的可定位查找。

（二）条款解读

本标准还规范了知识关联的表达方式，这是标准中重要的章节之一。包括知识关联的表达原则、知识关联的表达规则（资源描述框架、知识关联的表达、知识关联的语法规范）、词汇表的定义、知识关联对象的URI、语义化属性词汇的选择和定义（包括关联属性词汇、公认词汇和属性自定义）、跨域知识关联的表达、跨域的知识关联方式（包含等同关联、词汇关联、相关性关联）。

其中，URI是一个用于标识某一互联网资源名称的字符串。该种标识允许用户对任何（包括本地和互联网）的资源通过特定的协议进行交互操作。URI由包括确定语法和相关协议的方案所定义，是一个纯粹的句法结构，用于指定标识Web资源的字符串的各个不同部分。

HTTP是一个简单的请求—响应协议，它通常运行在TCP之上。它指定了客户端可能发送给服务器什么样的消息以及得到什么样的响应。

将知识关联信息进行结构化标识的时候，一般通用的原则是：使用RDF来表达知识关联，利用URI和实体名词进行标识，通过互联网上的统一资源标识符就可以对资源对象定位查找。

需要注意的是，本标准中推荐使用RDF来表达知识关联，进一步推荐采用统一资源标识符（URI）和实体名词作为知识关联中的三要素进行标识，并推荐利用HTTP URI以方便资源对象的可定位查找，以此来建立计算机可理解的语言规范和技术，从而实现知识关联信息的结构化标识。以上是本标准在知识关联表达中所提出的原则，但不是知识关联表达可以采用的唯一方案。

五 知识关联的表达规则

（一）条款原文

8.2 知识关联的表达规则

8.2.1 资源描述框架

在揭示资源之间的语义关系时，宜采用RDFS定义资源的类型、属性。

8.2.2 知识关联的表达

知识关联宜采用RDF表达，通过URI或ISLI等进行标识。

8.2.3 知识关联的语法规范

知识关联的表达形式可采用 XML 语法规范。

（二）条款解读

该部分详细界定了采用 RDF 进行知识关联表达的具体规则。优先推荐采用 RDF 技术来表达知识关联，同时可以根据实际应用情况采用 ISLI 等其他方式来进行知识关联的表达。知识关联通过 URI 或 ISLI 进行标识，采用 RDF 来表达，表达形式采用 XML 规范。

RDFS 即 RDF Schema，是用于定义元数据属性元素（如“创建者”），以描述资源的一种定义语言，这里用来定义资源的类型、属性。

ISLI（国际标准关联标识符）规定了一种用于标识信息与文献领域的实体（或它们的名称）之间关联的标识符。这些实体可以是文档、媒体资源、人或如时间或地点等更抽象的事物。

XML（可扩展标记语言，标准通用标记语言的子集），是一种用于标记电子文件使其具有结构性的标记语言。在电子计算机中，标记指计算机所能理解的信息符号，通过此种标记，计算机之间可以处理包含的各种信息如文章等。它可以用来标记数据、定义数据类型，是一种允许用户对自己的标记语言进行定义的源语言。它非常适合互联网传输，提供统一的方法来描述和交换独立于应用程序或供应商的结构化数据。

六 词汇表的定义

（一）条款原文

8.3 词汇表的定义

应符合下列要求：

a） 通过 RDF 可采用元数据词汇作为描述特定资源的规范化属性，也可根据不同的知识关联类型和领域，自定义元数据词汇规范；

b） 具体定义方法可通过规范元数据词汇表和指定 URI 实现，在具体的 RDF 描述中使用命名空间来表示该词汇表，并在属性的定义中采用该词汇表中的词汇。

（二）条款解读

词汇表是在一个特定的领域表示系统性概念的词汇集合。定义数据词汇的时候，通过 RDF 技术采用元数据词汇作为所描述资源的属性，同时也可以根据不同的知识关联类型和领域，根据情况自行定义数据词汇规范。

命名空间，也称名称空间、名字空间，是用来组织和重用代码的。如同名字一样的意思，因为人类可用的单词数太少，并且不同的人写的程序不可能所有的变量都没有重名现象，对于库来说，这个问题尤其严重，如果两个人写的库文件中出现同名的变量或函数（不可避免），使用起来就有问题了。为了解决这个问题，引入了命名空间这个概念，通过使用“namespace xxx”，用户所使用的库函数或变量就是在该名字空间中定义了，这样一来就不会引起不必要的冲突。

定义数据词汇的具体方法可以通过规范元数据词汇表和指定 URI 来实现，在具体的 RDF 描述中，我们使用命名空间来表示该词汇表，并在属性的定义中采用该词汇表中的词汇，以保证数据词汇定义的准确性。

七　知识关联对象的 URI

（一）条款原文

8.4　知识关联对象的 URI

在知识关联对象的描述中，可使用 URI 作为实体的标识名称。该 URI 应满足如下要求：

a）在指定的命名空间内定义知识对象的 URI；

b）选择知识对象合适的主键，确保每个知识对象 URI 的唯一性；

c）保证 URI 的长期存在和可解释；

d）尽量保证 URI 短小、易记。

（二）条款解读

主键，又称主关键字，是表中的一个或多个字段，它的值用于唯一地标识表中的某一条记录。在两个表的关系中，主键用来在一个表中引用来自另一个表中的特定记录。主键是一种唯一关键字，表定义的一部分。一个表的主键可以由多个关键字共同组成，并且主键的列不能包含空值。

URI 在前文已经做过介绍，这里主要说明在使用 URI 作为实体标识名称的时候，对该 URI 的几项要求：首先，必须在指定的命名空间内定义知识对象的 URI；其次，选择知识对象合适的主键，确保每个知识对象 URI 的唯一性；再次，必须保证所使用的 URI 的长期存在和可解释；最后，应尽量保证所使用的 URI 短小、易记。

八　语义化属性词汇的选择和定义

（一）条款原文

8.5　语义化属性词汇的选择和定义

8.5.1　关联属性词汇

主体资源及其属性值宜采用 URI 标识的知识对象，需通过标识属性的谓语 URI 描述两者之间的关联关系。该谓语来自公认词汇，也可来自自定义词汇。

8.5.2　公认词汇

描述知识关联可使用以下公认的词汇：

a）使用 FOAF 词汇表描述科研人员兴趣、专业、单位以及之间的关系；
b）使用复审词汇描述知识产品和服务的评价；
c）使用简单知识组织系统（SKOS）描述分类表；
d）使用网络本体语言（OWL）描述知识本体；
e）使用项目描述（DOAP）词汇表描述知识项目。

8.5.3　属性自定义

在描述知识关联时，宜采用自定义的知识关联词汇（KLSV）对主体资源和属性值之间关联关系以及跨域知识之间关联关系进行描述。KLSV 对主体资源和属性值之间关联关系见表 1。

表 1　KLSV 对主体资源和属性值之间关联关系

定　义	含　义
Is equivalent to	主体资源和属性值描述相同知识
Standard	属性值是经过规范的知识
Generic	属性值是上位知识信息
Specific	属性值是下位知识信息
Related	属性值是主体资源的相关知识信息
Field	属性值是主体资源所属领域信息
Classification	属性值是主体资源所属分类类目信息
Citation	属性值是主体资源的引用知识或文献信息
Logic	属性值是主体资源的逻辑关联关系信息
Sequence	属性值是主体资源的时间、地点和数列等顺序信息
Multimedia	属性值是主体资源的多媒体信息关联

表1（续）

定　义	含　义
Website	属性值是主体资源的相关网址链接
Source	属性值是主体资源的知识所属来源
Similar	属性值是主体资源的同类别或相似知识信息
Identification	属性值是主体资源的关联标识符
Same as	属性值与主体资源相同或相等
Contain	主体资源包含属性值
Belong to	主体资源隶属于属性值
Opposite	属性值与主体资源是相对或相反关系
Reason is	主体资源是属性值的原因
Result is	主体资源是属性值的结果
Cite	主体资源引用属性值
Cite by	主体资源被属性值引用
Used by	属性值应用于主体资源
Effect	主体资源对属性值产生影响
Coexist with	主体资源和属性值同时出现
Match	主体资源和属性值是相互匹配关系
Near	主体资源和属性值相邻或相近
Similar to	主体资源和属性值相似
Is concept of	属性值是主体资源的概念描述
cluster of	属性值是主体资源的聚类表述
sequence up	主体资源和属性值依顺序升序关联
sequence down	主体资源和属性值依顺序降序关联

（二）条款解读

FOAF（Friend-of-a-Friend），是一种 XML/RDF 词汇表，它以计算机可读的形式描述人们通常可能放在主 Web 页面上的个人信息之类的信息。FOAF 词汇表提供了一种管理社区内信息的有用方法。关于其他人的信息常常是最令人感兴趣的一类数据，而且 FOAF 实现了分散、机器可读和个人描述等需求。

简单知识组织系统（Simple Knowledge Organization System，SKOS）是目前正在发展的简单知识组织描述语言，以 RDF Schema 设计方式来展现与分享控制的词汇，如索引典、分类系统、主题标目表、分类法、术语典、词汇表以及其他形式可以运用在语义网络架构的控制词汇。

OWL（网络本体语言），编程语言，全称 Ontology Web Language，是 W3C 开发

的一种网络本体语言，用于对本体进行语义描述。由于 OWL 是针对各方面的需求在 DAML+OIL 的基础上改进并开发的，一方面要保持对 DAML+OIL/RDFS 的兼容性，另一方面又要保证更加强大的语义表达能力，同时还要保证描述逻辑（Description Logic，DL）的可判定推理。因此，W3C 的设计人员针对各类特征的需求制定了三种相应的 OWL 的子语言，即 OWL Lite、OWL DL 和 OWL Full，而且各子语言的表达能力递增。

DOAP（Description of a Project），一种描述开放源代码项目的 RDF/XML 词汇表。

知识关联词汇 KLSV（Knowledge Linking Service Vocabulary），是用于描述知识关联关系的规范化词汇。

本标准中语义化属性词汇的选择和定义是十分重要的内容。为了使该标准在描述知识关联时具有更好的适用性，对采用的关联属性词汇，我们可以根据实际需要采用前述的公认词汇集合或其他相关的词汇集合，也可以根据需要进行属性词汇的自定义。

同时，结合新闻出版行业的特点，本标准中也自定义了一套知识关联词汇（KLSV）来描述主体资源和属性值之间的关联关系，推荐优先采用。

九 跨域知识关联的表达

（一）条款原文

8.6 跨域知识关联的表达

应符合下列要求：

a） 在表达跨域知识关联的 RDF 表达中，当主语和宾语来自不同的知识，宜通过谓语来构建主语和宾语之间的关联关系；

b） 具有重要影响的跨域知识关联谓词，宜采用基于不同行业领域知识自定义的谓语词汇表来表达跨域知识关联，宜采用 RDFS 等其他词汇表表达跨域知识关联关系。

（二）条款解读

跨域知识关联的表达是重要的应用部分，可以在 RDF 基础上进一步确定知识关联的方式。

跨域知识关联是指来源于不同领域的知识和知识之间通过一定规则所建立的关

系。该种关系的表达同样推荐用RDF来表达，通过谓语来构建主语和宾语之间的关联关系。其不同之处在于主语和宾语来自不同的知识。

谓词，用来描述或判定客体性质、特征或者客体之间关系的词项。谓语是对主语的陈述或说明，指出“做什么”、“是什么”或“怎么样”。

对于不同领域的知识关联RDF表达，谓词的使用较为关键，应该使用本领域知识自定义的谓词来表达跨域知识关联。

十 跨域的知识关联方式

（一）条款原文

8.7 跨域的知识关联方式

8.7.1 等同关联

通过某一关联数据集中知识对象指向其他数据集中相同知识对象的链接来建立等同关联关系。

示例：当同一知识对象在多个关联数据集中被赋予不同的URI时，可在URI标识之间建立等同链接。

8.7.2 词汇关联

应符合下列要求：

a) 对于基于关联数据的知识关联，可通过异构词汇表之间的词汇关联来实现聚合；

b) 通过知识关联词汇表中某一概念术语指向其他与之存在知识关联的名词术语的链接来建立词汇关联关系；

c) 可采用常用的词汇性链接，如RDFS或OWL本体语言所提供的属性关联，也可自定义关联关系属性。

8.7.3 相关性关联

应符合下列要求：

a) 通过某一关联数据集中知识对象指向其他数据集中与之存在相关性的其他知识对象的链接来建立相关性关联关系；

b) 相关性关联的谓语可采用跨域关联关系的自定义属性，也可采用包含相关性链接谓语词汇的权威词汇表。

（二）条款解读

跨域知识关联需要对其关联关系进行定义，本标准中提出跨域的知识关联关系包括等同关联关系、词汇关联关系以及相关性关联关系。

等同关联由关联数据集中某一知识对象标识指向其他数据集中相同知识对象URI别名的RDF链接来建立。同一知识对象被多个关联数据发布者进行URI标识时，可具有多个 URI。对描述同一知识对象的多个 RDF 描述聚合时，应在 URI 标识之间建立等同链接。

跨域知识中通过词汇表来进行知识关联是较为常用的方式，其属性词汇的选择和定义与本领域知识关联建立的方式基本相同，可以通过公认的词汇集、自定义词汇集等方式进行关联。同时，根据跨域知识关联的特点，可以建立当前领域词汇集与其他领域词汇集词汇关系的方式来进行关联。例如，对于图书的出版单位与报纸的发行单位可以根据不同应用场景建立相似关系或等同关系。

相关性关联的最终结果是一个 RDF 的集合。在这个集合中，存在两种 RDF：一种是通过相关性关联的路径所组成的知识关系网络；另一种是采用 RDF 来表述任意两个知识对象之间所具有的关联关系。

十一 关联数据的发布

（一）条款原文

9 关联数据的发布

根据数据量的大小、数据的更新频率、数据的存储方式和访问方式的不同，宜采用以下方式发布关联数据：

a） 静态发布，发布静态的关联关系文件，例如 RDF 文件或 XML 文件，适用于数据量很小的情况；

b） 批量存储，将关联关系文件存储在数据库中，可采用服务器作为关联数据服务的前端，适用于数据量大的情况；

c） 调用时生成，在请求数据时根据原始数据在线生成数据，适用于更新频率大的情况；

d） 事后转换，采用从关系数据库到 RDF 数据转换，适用于将关系数据库存储的数据内容发布成关联数据。

（二）条款解读

本标准最后对知识关联数据的发布方式也进行了规范。

根据数据量的大小不同，可采用静态发布和批量存储两种发布方式。静态发布指发布静态的关联关系文件，此种方式适用于数据量很小的情况，一般发布的数据为 RDF 文件或 XML 文件。批量存储是将关联关系文件都存储在数据库中，以服务器作为关联数据服务的前端，此种方式适用于数据量很大的情况。

如果数据更新的频率很高，则采用调用时生成的发布方式，此方式的具体做法是在请求数据时，根据原始数据在线生成新数据。

还有一种发布方式称为事后转换，适用于将关系数据库存储的数据内容发布成关联数据，实现方式是从关系数据库到 RDF 数据转换。

第三节　应用建议

本标准中对知识关联的构建、表达和发布等给出了具体规范。在实际应用中，知识关联的建立是生成知识图谱应用的重要基础，我们可以借助各种 RDF 生成工具，将结构化数据转换为 RDF 文件，并进一步采用图数据库等方式实现知识图谱服务的搭建。

在新闻出版及相关领域的知识服务过程中，由于大量的知识资源已经实现了数字化，并且已经形成了多种类型、多种内容的结构化数据库，在此基础上，进一步构建行业级主题词表、知识元和知识单元，为建立广泛的知识关联并形成知识图谱创造了良好的条件。通过本标准的实施，我们期望新闻出版及相关领域都能够按照相对规范的方式建立起知识关联资源，并在可能的情况下，实现各新闻出版单位、各行业领域之间知识资源的互联互通，这也是本标准制定的重要目的和意义。

以下仅以知识产权领域的知识关联资源建立知识图谱为例，对其应用进行说明。

知识产权大数据的内容主要包括专利、商标、版权、地理标志、植物新品种、知识产权法律文书等与知识产权密切相关的数据资源。据统计，目前已经形成结构化数据的各类知识产权数据的总体规模超过了 4 亿条，其中涉及的结构化内容标签超过 600 个。

实现以上这些数据资源的知识图谱，对于提升知识产权知识内容的应用水平，为用户提供更加便捷的服务模式具有十分重要的意义。其中就包括使用这些数据资源构建行业和企业知识产权图谱。

行业和企业级知识图谱的构建与常规的行业、企业情报分析不尽相同。通过知识图谱，可以构建起更多维度的数据关联，从而可以通过更多的视角去洞悉行业和企业的知识产权情况。

以企业为例，图 5-2 展现的是企业知识图谱构建的全过程。首先，从互联网和各种数据库中获取与企业相关的各种数据信息，通过算法的抽取和集成，可以抽取其中的企业实体名称及其各种事先定义好的属性信息，再通过人工筛查分类，形成基于 RDF 三元组的各种企业和属性标准知识库。这些知识库可以进一步与企业相关的各种知识产权信息进行关联，包括专利、商标、标准和著作权等信息，这样就构成了企业知识产权知识库。采用知识图谱对这些知识库进行深度分析挖掘，就可以形成不同维度（企业本身、行业、区域等）的知识图谱。

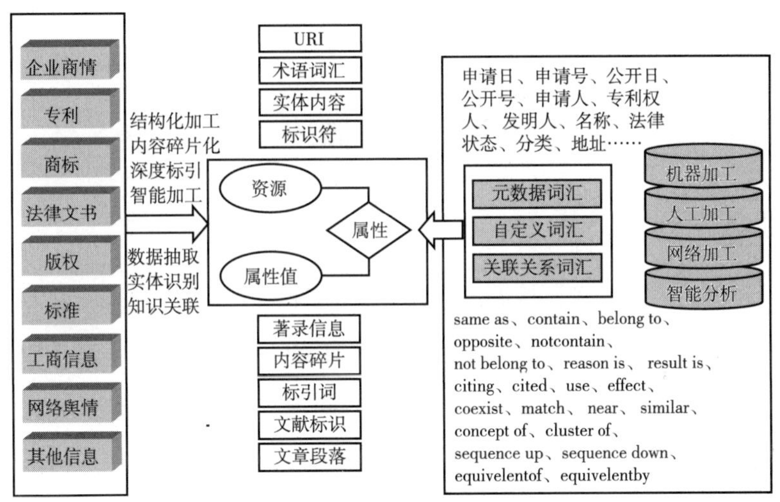

图 5-2 企业知识图谱构建模型

通过知识图谱，我们可以对企业的知识产权创新能力进行挖掘分析。可以用不同的指标对企业的整体知识产权情况进行分析，包括其专利权利状况、总体数量、运营情况、主要研发团队、专利代理情况、技术领域情况、创新人才等，并可以进一步关联到企业的工商、金融等情报信息，以及对企业商标、版权和标准等知识产权信息进行关联发现。

第六章
新闻出版　知识服务　主题分类词表编制

第一节　概述

一　编制意义

主题词表作为传统的术语控制工具，一直在图书情报领域发挥着重要作用。在数字时代，主题词表对于提高信息处理能力仍具有重要的使用价值，对于知识资源的组织管理和服务，对于提高查全率和查准率等方面仍具有独特的优势。GB/T 38376—2019《新闻出版 知识服务 主题分类词表编制》对于指导新闻出版及相关领域知识资源的组织与管理及知识库的建设具有重要意义。

二　适用范围

本标准适用于新闻出版及相关领域主题分类词表的建设与管理。

新闻出版单位为各自服务领域开展知识服务的过程中建设并使用主题词表，词表本身所服务的领域属于各自的专业领域。如信息技术主题词表，其服务领域是信息技术领域，该词表是由新闻出版单位组织建设的，此案例说明该标准适用于新闻出版领域开展信息技术领域知识服务时主题分类词表的建设与管理。

三　主要内容

本标准旨在兼容手工构建词表到逐步过渡到自动词表的需求，规范主题分类一体化的词表描述与建设的内容和方法等。

本标准根据 GB/T　1.1—2009 的编制要求进行编制；本标准主要内容包括主题分类词表的组成结构、编制方法、更新和维护三个主要章节。按照惯例编写 1~3 章；第 4 章描述主题分类词表的组成结构；第 5 章描述主题分类词表的编制方法；第 6 章给出主题分类词表的更新与维护方法。规范性附录 A 是词条编码原则与方法；规范性附录 B 是特征词编码方法与代码。

第二节　核心条款解读

一　词汇表结构

（一）条款原文

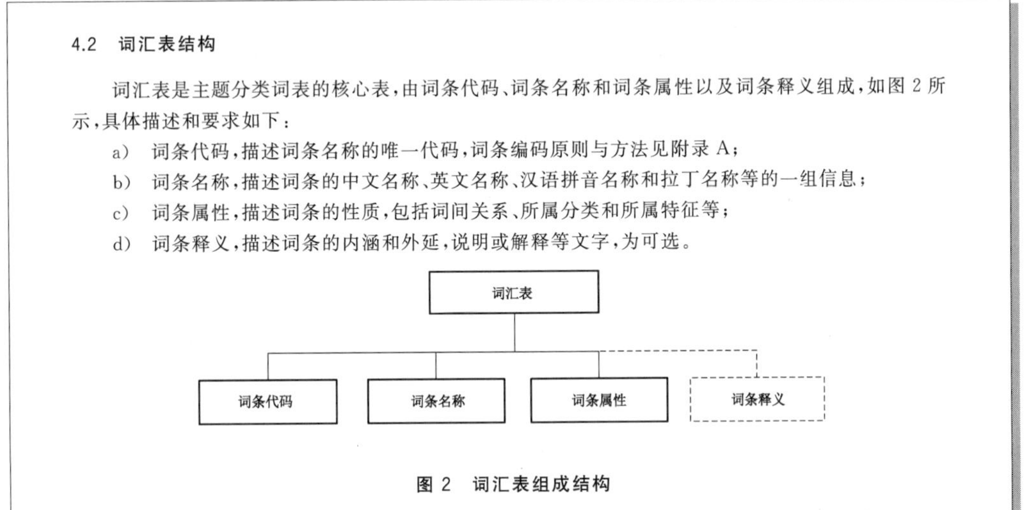

4.2　**词汇表结构**

词汇表是主题分类词表的核心表，由词条代码、词条名称和词条属性以及词条释义组成，如图 2 所示，具体描述和要求如下：

a）　词条代码，描述词条名称的唯一代码，词条编码原则与方法见附录 A；

b）　词条名称，描述词条的中文名称、英文名称、汉语拼音名称和拉丁名称等的一组信息；

c）　词条属性，描述词条的性质，包括词间关系、所属分类和所属特征等；

d）　词条释义，描述词条的内涵和外延，说明或解释等文字，为可选。

图 2　词汇表组成结构

（二）条款解读

词汇表中可以包括主题词及非主题词。在计算机存储过程中，词条代码、词条名称和词条释义一般各一个字段存储；对于词条属性可分多个字段标识，如所属分类、所属特征都可分别设置字段存储。

词条释义作为可选项，根据使用需要选择。

建议对于较固定的层级关系在词条编码上体现。如 01 为簇，其下级编码为 0101、0102，三级为 010101、010102 等。若要保证编码字段位数一致，可以编码为 010000、010100、010200、010101、010102 等。

二　分类表结构

（一）条款原文

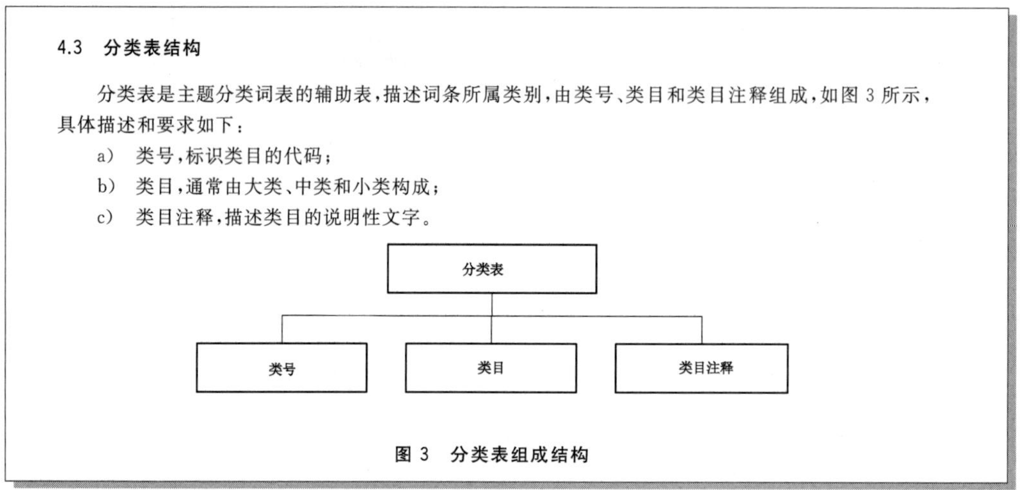

4.3　分类表结构

分类表是主题分类词表的辅助表，描述词条所属类别，由类号、类目和类目注释组成，如图 3 所示，具体描述和要求如下：

a）类号，标识类目的代码；

b）类目，通常由大类、中类和小类构成；

c）类目注释，描述类目的说明性文字。

图 3　分类表组成结构

（二）条款解读

每个词条应具备归属类别，分类号可采用层级编码方式，根据使用需要选用分类体系，常用的分类体系包括中图分类法等。

建议分类应该相对固定，如果根据使用需要对分类调整，应该建立新旧分类之间的对应结构，方便转换，在自有分类和通用分类之间建立对应关系，方便信息交换。

三　特征表结构

（一）条款原文

4.4　特征表结构

特征表是主题分类词表的辅助表，对词条进行补充描述，由特征词类型、特征词代码、特征词和特征词注释组成，如图 4 所示，具体描述和要求如下：

a) 特征词类型，表示特征词的所属关系。特征词的划分遵循 GB/T 38380—2019 相关规定，由事实型、数值型、概念型、原理型、技能型和规则型和自定义型组成。
b) 特征词代码，描述特征词的标识。特征词编码由一位大写英文字母和一位数字组成，编码方法与代码见附录 B。
c) 特征词，描述事实、数值、概念、原理、技能和规则等知识类型的词汇。
d) 特征词注释，描述特征词的说明性文字，遵循 GB/T 38380—2019 相关规定。

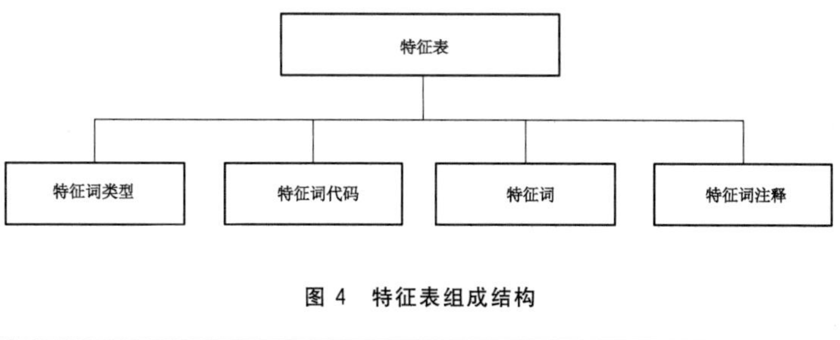

图 4 特征表组成结构

（二）条款解读

特征词是特殊类型的主题词，特征词注释是对特征的进一步说明。典型的特征词如人物、地名、事件等。

特征表是对特征词进行更为详细的描述，除本标准规定的特征表结构外，还可根据使用需要进行进一步扩充。例如对于特征词人物，在出版领域可以在特征表结构中增加专门的主要著作、专业特长等。

四 词间关系

（一）条款原文

5.1.5 词间关系

5.1.5.1 关系类型

基本词间关系类型主要包括：

a) 等同关系，参考 GB/T 13190.1—2015 中第 8 章和第 9 章的相关规定；
b) 等级关系，遵循 GB/T 13190.1—2015 中 10.2 的规定；
c) 相关关系，遵循 GB/T 13190.1—2015 中 10.3 的规定；
d) 自定义关系，遵循 GB/T 13190.1—2015 中 10.4 的规定。

5.1.5.2 关系符号

词间关系宜采用符号表示，包括“用(Y)”“代(D)”“属(S)”“分(F)”“参(C)”“族(Z)”，遵循 CY/T 160—2017 的相关规定。

（二）条款解读

对于词间关系，可以采用主题词层级代码方式标识其属分簇的关系，也可以使用专门字段标识其属分簇关系，用、代、参关系可以辅助表的方式标识，也可以在词汇表中单独设置字段标明。

等同关系中包括“用（Y）”“代（D）”关系，词汇表中的词汇如果存在可替代的词汇则正式主题词与替代词之间的关系称为等同关系，正式主题词为“用（Y）”，替代词汇或非正式词汇为“代（D）”。例如，“电子书”为主题词，为“用”，则词汇“数字图书”为“代”，二者为等同关系。

等级关系包括“属（S）”“分（F）”“族（Z）”三种关系，上下级关系中的上级为“属（S）”，下级为“分（F）”，第一级为下属级别的“族（Z）”。例如，工业技术 >> 电工技术 >> 电工材料，“工业技术”是“电工技术”“电工材料”的“族（Z）”，“电工技术”是“电工材料”的属，“电工材料”是“电工技术”的分。

相关关系通常用“参（C）”表示。

在信息系统中，通常可以使用上下级关系或词汇代码的层级直接表示等级关系。

第三节　应用示例

一　数字出版领域主题分类词表

（一）示例描述

数字出版领域主题分类词表是由电子工业出版社与武汉大学信息管理学院联合建立的数字出版领域词汇表，共包括10个一级类目主题词，其中10机构可归入特征表。分类体系一级类目如表6-1所示。

表6-1　分类体系一级类目

编码	类目	编码	类目
00	理论	06	案例
01	政策法规	07	产业
02	标准规范	08	产品
03	技术	09	相关概念
04	工具	10	机构
05	流程		

词表编码采用英文字母与阿拉伯数字组配的方式，每个词授予唯一编号，采取层累制编号法，具体编码方式如下：① 一级为两位数字（00 到 10）；② 二级为对应的一级类目编号加一位英文大写字母（若类目多于 26 个，则加两位英文字母）；③ 三级为对应的二级类目编号加两位数字（01 起）；④ 四级为对应的三级类目编号加两位数字（01 起）；⑤ 五级为对应的四级类目编号加一位英文小写字母；⑥ 入口词（非正式主题词）则是在相应正式主题词编码后面增加“UF”和两位数字（用于标识同一主题词对应的多个入口词）。

以 03A 版权保护技术为例，对词表基本结构进行说明。

03 技术

03A 版权保护技术

  00A06 DRM@

  D 00A06UF01 数字权利管理技术

  D 00A06UF02 数字版权管理

  03A02 访问控制技术

  03A03 加密技术

    03A0301 对称加密

    03A0302 非对称加密

    03A0303 流媒体加密技术

    03A0304 媒体指纹

      D 03A0304UF01 数字指纹

    03A0306 软加密技术

    03A0307 数字摘要

    03A0308 硬加密技术

    03A0309 用户身份认证

      03A0309a 生物特征识别

      03A0309b PKI

      03A0309c 智能卡认证

其中“技术”为一级类目，“版权保护技术”为二级类目，“访问控制技术”“加密技术”等为三级类目，“对称加密”“非对称加密”“流媒体加密技术”“媒体指纹”“软加密技术”“数字摘要”“硬加密技术”“用户身份认证”为四级类目，“生物特征识别”“PKI”“智能卡认证”为五级类目，“数字权利管理技术”“数字版权管理”“数字指纹”则是相关主题词的入口词，编码为相应正式主题词编码后增加“UF”和两位数字。

（二）相关条款

1. **词表结构说明**

（1）标准条款 4.1

原文：主题分类词表由词汇表、分类表和特征表构成。

说明：以上示例中，词汇表即示例中的词汇，从单一数字出版领域应用角度来看，分类表可直接采用建立的类目表。该词表可与其他领域词表共同使用，此时的分类表可采用已有的中图分类法和出版社自建的分类体系两个分类表，两个分类表建立了映射关系，数字出版归属于中图分类法的 G.237 和出版社图书分类体系中的信息管理与信息系统，这样可将本词表的一级类目加入以上两种分类体系的子分类。词表一级分类表中的 10 作为特征表单独使用。

（2）标准条款 4.2

原文：词汇表是主题分类词表的核心表，由词条代码、词条名称、词条属性以及词条释义组成。

说明：以上示例中明确了词条代码、词条名称和词条属性，词条释义是描述词条的内涵和外延，说明或解释等文字，未在示例中列出。如以上示例中的“对称加密”一词，其词条释义为“采用单钥密码系统的加密方法，同一个密钥可以同时用作信息的加密和解密，这种加密方法称为对称加密，也称为单密钥加密”。

词条属性，描述词条的性质，包括词间关系、所属分类和所属特征等。以上示例已明确了词间关系，参见词间关系说明。

（3）标准条款 4.3

原文：分类表是主题分类词表的辅助表，描述词条所属类别，由类号、类目和类目注释组成。

说明：在数字出版领域单独使用时可采用词表自身建立的分类表。在采用中图分类和出版社自定义分类两种类别的分类体系中，其分类表结构参见中图分类法，出版社自定义分类结构如下。

计算机 / 软件系统 / 信息管理与信息系统 / 本词表的一级类目。

计算机

　　计算机软件

　　　　信息管理与信息系统

　　　　　　数字出版理论

　　　　　　数字出版政策法规

　　　　　　数字出版技术

　　　　　　数字出版标准规范

　　　　　　数字出版流程

　　　　　　数字出版工具

　　　　　　数字出版案例

　　　　　　数字出版产业

　　　　　　数字出版产品

　　　　　　数字出版相关概念

示例词表属于类目下的词。

（4）标准条款 4.4

原文：特征表是主题分类词表的辅助表，对词条进行补充描述，由特征词类型、特征词代码、特征词和特征词注释组成。

说明：类别 10“机构”可以作为特征表单独使用。其中，特征词类型即机构所属类型，特征词代码可单独编写，也可延续以上示例中的编码，特征词即机构名称，特征词注释即对机构情况的说明。

10 机构

10A 内容提供商

10B 出版单位

D 10BUF01 出版商

D 10BUF02 数字出版机构

D 10BUF03 数字出版企业

10B01 Biomed Central

D 10B01UF01 BMC

D 10B01UF02 生物医学中心

10B02 DK

10B03 Highwire

D 10B03UF01 海威出版社

D 10B03UF02 高线出版社

10B04 Springer

D 10B04UF01 斯普林格

D 10B04UF02 施普林格

10B05 爱思唯尔

D 10B05UF01 Elsevier

10B06 麦格劳・希尔

D 10B06UF01 McGraw Hill

10B07 清华同方 @

10B08 人民教育出版社

D 10B08UF01 人教社

10B09 商务印书馆

10B10 汤姆森

D 10B10UF01 Thomson

D 10B10UF02 汤森路透

10B11 万方

10B12 维普

10B13 约翰－威利

D 10B13UF01 John Wiley & Sons

D 10B13UF02 约翰·威立

D 10B13UF03 约翰·威利

D 10B13UF04 威利－布莱克威尔

D 10B13UF05 Wiley-Blackwell

D 10B13UF06 Blackwell

D 10B13UF07 威利父子

10B14 中华书局

10B15 Brill

10B16 PLoS

10B17 电子工业出版社

10B18 可汗学院

10B19 兰登书屋

10B20 牛津大学出版社

10B21 培生集团

10B22 圣智学习出版公司

D 10B22UF01 CENGAGE

10B23 知识产权出版社

10B24 自然出版集团

10B25 北京语言大学出版社

10C 技术商

10D 终端制造商

10E 渠道商

以特征词“电子工业出版社”为例，其编码为10B17，类型为10B出版单位，注释可以为该单位的简要说明。

2. 关系说明

（1）等同关系：示例中，版权保护技术、数字权利管理技术、数字版权管理为等同关系。

（2）层级关系：以上示例词表中的层级结构即层级关系。

（3）相关关系：如版权保护技术中的数字水印与工具中的DRM系统是相关关系。

04 工具
04D DRM 系统

与

03 技术
03A 版权保护技术
03A06 数字水印

是相关关系。

3. 编制原则说明

（1）词源

数字出版领域的主题词表的主要词源有：国内数字出版领域研究文献（含期刊论文、会议论文、学位论文、报纸、专利、标准，约6000篇）；电子工业出版社出版的《数字出版理论、技术和实践》系列丛书中的9本专著；电子工业出版社和武汉大学信息管理学院编制的《信息技术领域主题词表》。

（2）选词

选取中国知网全文数据库作为数据源，下载国内数字出版领域研究文献（含期刊论文、会议论文、学位论文、报纸、专利、标准，约6000篇）的题录信息（含题名、摘要），并从中人工抽取与数字出版相关的关键词，进行去重处理，再经人工筛选后，得到4700余个相关概念，初步获取了数字出版领域内的重要术语。

对电子工业出版社出版的《数字出版理论、技术和实践》系列丛书中的9本专著进行自动分词处理，选用中科院 NLPIR/ICTCLAS 汉语分词系统（2014版）文本分词。进一步提取有关术语，而后对分词结果做预处理：删除所有单字词；对剩余的语词进行去重处理。预处理后，余下的术语为34484个。

从电子工业出版社和武汉大学信息管理学院编制《信息技术领域主题词表》中选取了约 40 个与数字出版相关的主题词，以充实词表。

（3）确词

①通过 Excel 的 COUNTIFS 函数一次性统计每个词在书中的出现频次，并按频次由低至高排列所有概念。去除出现频次过低（设置阈值）的概念与过于泛指（通常为超高频词）、专指以及与数字出版无关的概念。

②对于存有歧义、专业性较强的概念，在专著、研究文献、网络百科中查阅其含义并备注。

③标明英文缩写词的英文全称及其对应的中文名称。

全面浏览专著内容，订正分词时切分出错的概念，同时补充遗漏的重要概念。最后共留存概念 480 余个。

此外，对人工抽词获取的近 5000 个词也进行了多轮筛选，具体工作大致同上，共保留概念 700 余个。将两部分概念进行比对，去除重复概念后，计有 680 个概念（含非正式词 100 余个，实例 100 余个）。

（4）词汇的规范化处理

概念名称必须符合汉语构词特点，契合实际使用情况，便于用户检索，表述规范清晰。具体处理原则包括：若语词中存在标点符号，则去除标点符号或直接删除；外文名词术语均采用汉译名，如有多个译名，以最通行的译名为准，其余译名作入口词；若外文名词术语更为通行，也可直接选用其作为正式词；概念术语长度限制在 10 字以内，过长的语词使用其简称、缩写或者直接删除；拆分并列式概念，将析出的概念 / 语词作为多个新概念术语。

（5）分类体系的建立与概念归类

在人工抽词之后，采取自顶向下的建模原则，初步确定了数字出版领域概念的分类体系，编列了前四级类目，并对已抽取的概念词进行分类，依其内涵分别归入各类目下。

（三）示例词表在知识服务中的应用

以本词表为基础，借助国家数字复合出版系统工程的技术研发成果，将积累的数字出版领域相关资源进行必要的结构化加工处理，构建了数字出版领域知识库产品。

1. 知识库构建说明

知识库的构建需要以内容资源为基础，数字出版领域知识库的构建依托的是电子工业出版社几年来积累的数字出版领域的相关内容基础，包括图书、文献、视频课程、题库等内容，其中电子工业出版社出版的数字出版理论、技术、实践系列图书共9本，几年来积累的行业专家发表的文献1000多篇，为开展数字出版领域专题培训的专家讲课视频课程26门，配套试题700余道。

资源和词表仅是基础，构建知识库还需要依赖技术工具对资源和词表进行加工、标引等处理，需要对词表和资源进行入库、审核、发布等管理，需要依托知识服务平台对词表和内容资源进行关联重组，最终形成以词表关系为基础的知识元、知识地图，并将资源有机整合到一起的数字出版知识库。

主要构建过程和使用的国家数字复合出版系统工程的技术工具见下述说明。

（1）词表的维护和管理：通过领域词表构建与管理系统管理数字出版领域主题分类词表。利用该系统可直接导入已构建的词表和词间关系，可对词表和词间关系进行维护。

（2）资源的结构化加工：为构建知识库，需要对已有资源进行结构化，其标引粒度根据使用需要确定，现在结构化标引工具多以排版文件和排版输出的PDF文件为基础，以自动化转换和人工审核相结合的方式进行。

（3）资源管理：对于已积累的内容资源需要统一的资源管理系统对其进行统一存储管理，我们通过复合出版工程的全媒体资源管理系统对资源文件进行管理，可利用该系统上传资源素材，可以通过网页上传或下载的工具上传，上传完成的资源可进行审核、再利用。

（4）热词标引：基于词表关联展现文献内容的方式可采用自动化标引工具对文件进行进一步的主题词标引处理，我们采用了复合出版工程提供的自动化标引工具开展此项工作，该工具可结合全媒体资源管理系统使用。通过点击全媒体资源管理系统中单个xml文档后的编辑按钮调用编辑工具，对文件进行单个标引；也可以通过下载编辑工具，通过编辑工具批量标引xml文件或html文件，然后将标引后的文件通过工具上传到全媒体资源管理系统。标引完成的资源可在全媒体资源管理系统发布。

（5）知识库服务系统：对于已加工完成的词表和资源，我们利用复合出版工程的内容动态重组系统，构建知识库。

2. 知识库功能简介

构建完成的知识库系统，可为用户提供传统检索方式和知识地图展现方式，通过知识地图可展现词间关系，可查看主题词的详细释义，该主题词所关联的内容资源列表在该词条下展现，点击该资源可直接打开文献阅读或视频播放，在文献中可通过热词回链到该词条。知识地图如图 6-1 所示。

二 古籍专业领域词表

（一）示例描述

科技信息工作的发展离不开信息技术尤其是知识技术的进步。知识组织系统是知识技术的核心，是提高各类信息资源开发利用效率的重要工具，也是推进知识服务的关键基础。中国科学技术信息研究所（以下简称“中信所”）作为科技部直属的国家级科技信息机构，在知识组织系统研究和建设的不同历史阶段做了大量工作。当前，5G 时代的到来催生了海量的多模态富媒体资源，同时知识组织系统用户需求也变得多样化，这就要求传统的知识组织系统向更加市场化、专业化以及跨学科模式发展。

在这样的背景下，中信所进一步加强了知识组织系统相关研究工作，积极与出版领域合作。在已编纂的《汉语科技词系统》的基础上，针对古籍整理出版企业特点和读者需求，对词系统提供的服务重点进行权衡和配置，和中华书局有限公司（以下简称中华书局）、古联（北京）数字传媒科技有限公司（以下简称“古联公司”）合作开发出提高新闻出版业知识服务效率的古籍专业领域知识服务产品“中华书局古籍词表构建与管理系统”，在该系统中构建、维护的古籍词表，应用于古联公司的“籍合网”平台下包括“中华经典古籍库”在内的多个产品中。“籍合网”是文化产业资金项目“中华古籍整理出版平台”项目全部成果的集中体现，该项目目标是建成国家级古籍整理数字资源的出版平台，通过公司化运作，实现古籍数字化整理、成果发布等功能。“籍合网”中古籍整理资源的生产、发布、知识服务中充分利用古籍专业领域

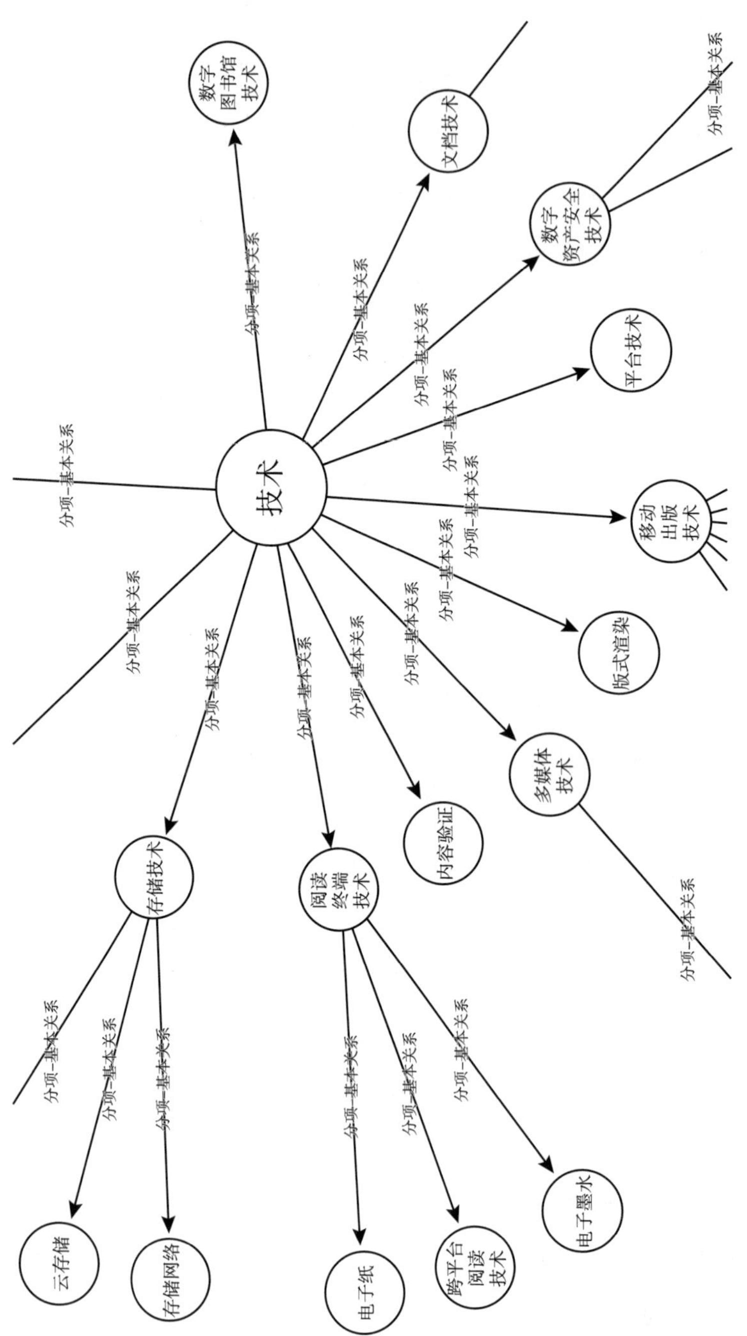
技术
数字图书馆技术
文档技术
数字资产安全技术
平台技术
移动出版技术
版式渲染
多媒体技术
内容验证
阅读终端技术
存储技术
云存储
存储网络
电子纸
跨平台阅读技术
电子墨水
分项-基本关系

图6-1　知识地图展示

主题词表，搭建自成体系的知识网络，让知识之间建立链接，有效提高了专业用户的研究效率，在学界广受好评，得到众多专家的一致认可。“籍合网”下各平台和数据库在建设完成后迅速投入产品化、市场化运营，面向海内外机构用户、个人用户开展营销活动，取得了非常可观的经济收益，为中国优秀传统文化的有效传播做出了实实在在的贡献。

产品的落地离不开知识服务国家标准的支持。因此，本书将从标准的角度对古籍专业领域词表服务进行解读。

（二）词表应用领域

本词表主要服务于籍合网和中华经典古籍库两个产品。

籍合网（首页见图 6-2）的产品（服务）类型是专业出版类，产品（服务）所在细分行业或领域是专业古籍数字化出版，曾获行业性奖项 2 个，奖项名称分别是“2018 年度知识服务最佳实践奖”“第十一届新闻出版业互联网发展大会‘优秀知识资源’”。

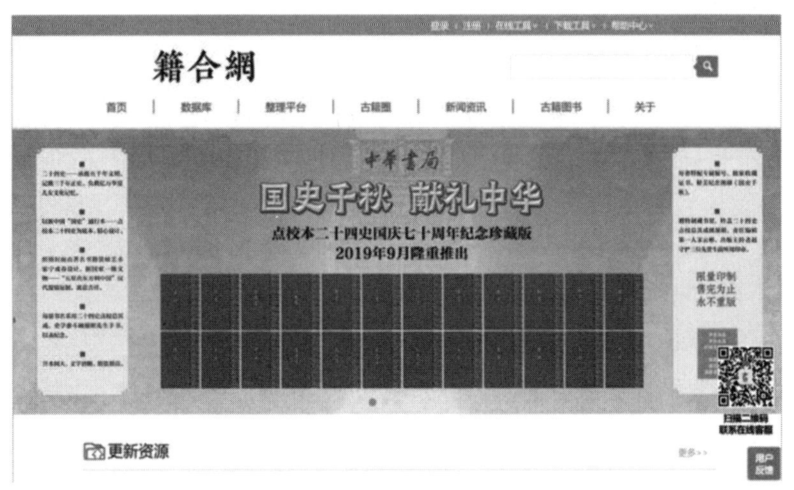

图 6-2 籍合网首页

中华经典古籍库（首页见图 6-3）的产品（服务）类型是专业出版类，产品（服务）所在细分行业或领域是专业古籍数字化出版。

图 6-3　中华经典古籍库首页

（三）词表建设过程

主题词也称为叙词，是指以概念为基础，经过规范化和优选处理，具有组配功能，并能显示词间语义关系的动态性的词或词组。它是专门用来描述文献资料主题和检索文献资料的一种情报检索语言词汇，是构成主题词表的最小词汇单元。主题词表则是按照事物性质组织概念的主题系统，是一定领域规范化的主题词及使用规则的概念集合。它用参照系统显示概念之间的相互关系，提供检索文献的途径，有较强的专指性和集中性。本主题词是经筛选并规范化处理后，在知识库文献标引与检索中用以表达古籍文献主题的词。

本主题词表是主要针对古代职官表达所制定的主题词汇表。因本标准的完善合理性，也可用于解释特征表构建过程。在本特征表中包含人名表、地名表、纪年表以及机构表。因以下案例分析覆盖主表和特征表的所有词汇。此外，本案例将对特征表的特殊性进行补充。

1. 选词来源

语料库是构建主题词表的基础。根据标准中所描述，词汇来源主要包括工具型资源、法律法规资源、出版物资源、其他相关资源以及网络媒体资源。本产品构建的主题词表，本质上来说是以中国历史为基础的主题词表，具有较强的专业性。本产品词汇库的词汇来源主要是传统上记载某一时期、某一地域或者某类事物的综合性大型著作的目录结构、现当代文史学科通史专论等著作的目录体系、各种专科工具书的词目和词目表等。在该库基础上，依照本标准选词规则进行选词，主要如下。

（1）本产品选择的词均属古籍领域学科范围，同时结合了被标引文献的特点与用户的需求。

（2）在选词时，遵循古籍名词或名词词组优先的原则；同时，将具有代表性及出现频率高的形容词、副词等也作为备选词。此外，古文中一些生僻字也入选。

（3）同一事物的多个名称均入选，并用词间关系进行相关词的关联。

来源书目如图 6-4 所示（详细书目可在籍合网上查询）。

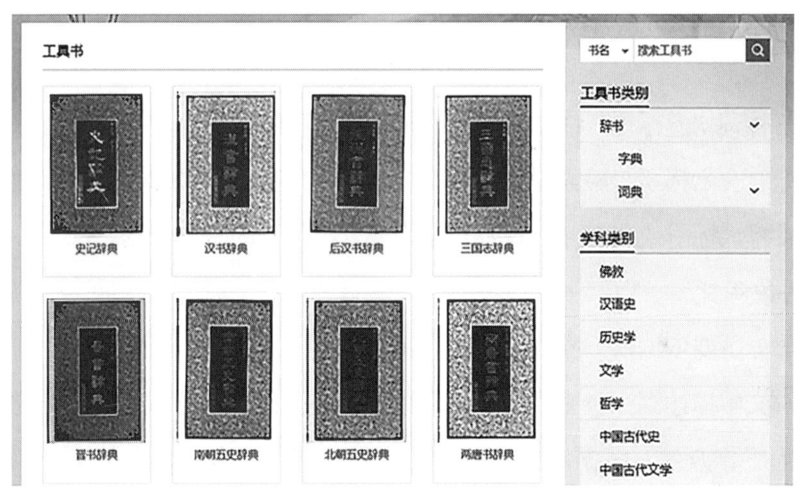

图 6-4　来源书目

2. 确词

确词部分主要依据以下原则。

（1）本词表主要针对古籍领域，旨在服务于古籍研究者、爱好者以及有此需求的其他人员。

在确词时，把“对文献标引与检索是否实际有效”作为选定主题词的基本衡量尺度，在定词过程中，将试标引、调查分析等方式作为取舍主题词的基本依据。具体而言，本词表将主题词按结构划分为单词型主题词、词组型主题词以及组配型主题词。单词型主题词以名词为主，多为专有名词，有较强的专指性，是组配型主题词的基础构成要素。在特征表的人名、时间、地点等处用得较多。

词组型主题词指已被认可的通用转称、术语等，其专指的检索性较强。多为词组型，如“赤壁之战”“指鹿为马”等。

组配型主题词是本词表的特色词。主要针对事件主题，其构成要素以事件涉及的有具体所指的实体为主，包括事件的发起者、对象、事件发生地点等要素，多为专名。另外，组配型主题词的重要组成成分是对事件进行描述、定义的词语，可称之为模态词。组配型主题词中每一个组配的成分都应尽量使其具有检索价值，模态词则应具有一定的组织事件、聚合归类的作用。例如，“役法\立法（1368）”“学校\立制（1368）”“元顺帝\大都\逃离（1368）”中，“役法”“学校”为这一事件的对象，“元顺帝”则为事件的发起者，“立法”“立制”“逃离”则为对事件进行描述及定义的模态词。

以上三种词均遵循单一性和专有性原则，客观反映历史事实。

（2）把对文献标引与检索是否实际有效作为选定主题词的基本衡量尺度，在定词过程中，可将试标引或调查分析等方式作为取舍主题词的基本依据。

3. **词条释义**

释义部分主要依据以下原则。

（1）古文中描述同一种事物在不同场景中有不同的表达方式，在本主题词表编制过程中，为工作方便，根据场景的不同，分列在不同项中，分为备注 1、备注 2 等，但是在主题词表最终显示时，会将不同备注项中的内容合为一项，或根据其情况，放入相应数据项。当词条引起歧义时，进行注释。例如，古文中的“秦”与现代文相比，均有姓氏的含义。然而它在古文中还代表一个朝代。如前文中提到的组配型主题词，其事件性质较强，因此时间要素非常重要，在编制时，为便于统计及归类，将其公元和纪年要素分列在备注 2 和备注 3 中，但是在最后呈现时，其纪年成分则纳入备注中，公元成分则需要计算机协助将其扩注到主题词表后，如下所示。

元顺帝\大都\逃离（1368）

（2）如果出现一词多义或引起歧义，本词表运用注释对主题词进行解释，并合理排序。

4. **词间关系及符号**

本部分主要包括等同关系、等级关系、相关关系以及自定义关系。词间关系符号采用“用（Y）”、“代（D）”、“属（S）”、“分（F）”、“参（C）”和“族（Z）”六项。

（1）等同关系

本词表的等同关系反映在正式主题词和非正式主题词上，涉及的词间关系符号为“用（Y）”和“代（D）”。

例如：

刑部尚书（主题词）

尚书省刑部尚书、刑书、刑部、秋官［非正式主题词，代（D）］

以上例子包含等同关系的同义词和跨语言等同。“秋官”被表示为“刑部尚书”的意思是在684~705年。

（2）等级关系

本词表的等级关系反映在上位主题词和下位主题词上，分别表示“主题词”从属的上位主题词及包含的下位主题词，其中下位主题词通过计算机来自动归类。涉及的词间关系符号为“属（S）”和“分（F）”。

例如：

东宫三少（主题词）

东宫官（S）——上位词

太子少师（F）——下位词

太子少保（F）——下位词

太子少傅（F）——下位词

（3）相关关系

本词表的相关关系反映在上位主题词和下位主题词上，表示与“主题词”存在除等同关系及等级关系外，具有密切关联、提示及联想等关系的词，包括如渗透关系、因果关系、近义关系、矛盾关系、影响因素等。涉及的词间关系符号为“参（C）”。

例如：

丞（主题词）

中丞（C）——相关关系

鉴于古籍的特殊性，本词表将特征表的时间表和人物表（该职官建制时间和曾担任过该职务的重要人物）也定义为相关关系。

例如：

阿监（主题词）

唐（C）——相关关系

（4）自定义关系

本词表的自定义关系主要反映在族首词上面，涉及的词间关系符号为“族（Z）”。族首词的选择对于主题词的组织管理有非常重要的作用，其选定时可有如下考虑。

①一组成族的词一定要具有某种相同的属性，或是种属关系，或是包含与被包含的关系，或是整体与部分的关系，这种成族的关系可在主题词表的构建过程中根据其基本属性来做出选择。

②族首词应尽量选择在主题词表中具有独立检索意义的正式主题词，同时也应具有成族检索的作用。

③外延过广的主题词不宜作为族首词。

④外延狭窄，过于专指，覆盖文献面过小的主题词也不宜选作族首词。

⑤族首词的确定将在主题词表的构建过程中不断完善，可根据具体情况增删。

例如：

安北大将军（主题词）

武官（Z）——族首词

（四）分类表

分类表的编制是为了通过与主题词表的对应与结合，对主题词表进行组织与管理，也即将构建的主题按照其学科及词义的范畴划分成若干级类，通过分类表这一形式，将无内在联系的主题词进行有内在逻辑联系的显示。

编制分类表时，我们充分借鉴中图法，同时考虑所处理文献的特殊性，吸收古今学者的分类思想，收集中外、近现代各类通史、断代史、专史、通论类著作的目录框架，以及概述性、鸟瞰性的文献，提炼出过去分类中不甚留意或未曾涉及的分类科目，以此作为建立分类框架的基础。同时坚持“因书设类”的原则，对类目进行归并或扩充，即根据文献的具体情况不断修改完善，某些类目的设置可能没有对应的主题及相关文献，这样的类目则尽可能往上一个层级归并；反之，如果某些类目对应的主题偏多，则进一步对这一类目进行拆分，最终得到一个相比于其他分类体系具有显著专业性与针对性特征的分类体系。

具体而言，在中国主题分类词表中第一级和第二级的顶层分类设计的基础上，沿用中图分类法的第一层次，对第二级中图分类法做较大的增删，尽量使其贴合文献主题的实际情况，第三级类目的选择则尽量契合主题词表中设定的模式词。此外，鉴于针对的文献是中国传统的基本古籍及相应的学术文献，所以我们构建的分类体系是深入知识单元层面的分类体系，也即通过分类和主题词的对应，可以为每一个知识单元找到一个分类上的定位。

最终形成的分类体系基本结构如表 6-2 所示。其中，分类号是唯一标识符；类目即为类名；注释是在类目表达含义模糊或容易产生歧义的情况下，对类目进行的必要的解释。

表 6-2 分类体系基本结构示例

分类号（唯一标识符）	类目	注释
A01000000	明（1368~1644 年）	明朝历史
A01010000	正统至隆庆（1436 ~ 1572 年）	正统至隆庆年间历史

（五）特征表

本案例所述特征表在保留主题词表中主题词的各项词间关系的基础上，进一步对主题词表中的主题词进行补充和细化，主要为概念、数值、规则和事实。具体而言，特征表包括事件表、纪年表、人名表、地名表。特征表的编制与主题词表保持一致，分别列出该篇题的“属”“分”“代”“参”“族”等各种参照关系，同时列出每个特征词的“类型”和“附注”。

1. 事件表

事件表主要收录各类大事年表、本末纲目体的史书和其他史书的章节目录所陈述的大事件，以及部分重要的典故。

在事件表的编制上，以“事件”为基本单位，分别列出该事件的“属”“分”“代”“参”“族”等各种参照关系。

（1）“代”：“代”为事件的别名。

（2）“属”：“属”为事件隶属的大事件名。

（3）“分”：“分”为该事件包含的小事件。

（4）“族”：“族”为根据文献情况所确定的事件的族首词。

（5）“参”：在事件表中，主要将事件的“参”项分为三类，一是事件发生的主要地点，二是事件的主要参与人，三是事件发生的时间。

最终形成的事件表的基本结构如表 6–3 所示。

表 6–3　事件表的基本结构示例

唯一标识符	事件名	代（D）	属（S）	分（F）	参 1（C）相关地点	参 2（C）相关人物	参 3（C）纪年	族（Z）	类型	附注	简介
S0003	吴玠兄弟保蜀			金攻石壁寨	蜀	吴玠			战争		
S0005	金攻石壁寨		吴玠兄弟保蜀		石壁寨	折合孛堇、吴璘、姚仲		南宋	战争		

2. **地名表**

地名表则是以二十四史地理志中的地名为基础。因地名变化较大，尽量将其中较为稳定的内容纳入地名表中。

在地名表的编制上，以“地名”为基本单位，分别列出该地名的“属”“分”“代”“参”“族”等各种参照关系。

（1）“代”：“代”为地名的别名。

（2）“属”：“属”为地名隶属的更广泛范围的地名。

（3）“分”：“分”为该地名包含的子地名。

（4）“族”：“族”为根据文献情况所确定的地名的族首词。

（5）“参”：“参”的关系主要分为“相关事件”“相关人物”“相关地点”“纪年”四项，这四项中的词语为可控词，均为纳入主题词表中的规范主题词。其中，“相关事件”为与该地名有较为直接关系的事件；“相关人物”多为籍贯为该地的重要人物；“纪年”主要为该地名建制或命名的时间；“相关地点”可为该地名的治所、归并地名、古今演变中的地名等。在“相关地点”中，如果是行政区划，其辖区内的山川湖泊一般不会作为相关地名。

最终形成的地名表的基本结构如表 6-4 所示。

表 6-4　地名表的基本结构示例

唯一标识符	主题	代（D）	属（S）	分（F）	参 1（C）相关事件	参 2（C）相关人物	参 3（C）相关地点	参 4（C）纪年	族（Z）	类型	附注	简介
D0001	大名府						河北大名县			政区	五代汉置，北宋建为北京	
D0002	大要县		北地郡						西汉	政区	西汉置，东汉废	

3. **人名表**

人名表则是以人名为基础。在人名表的编制上，以“人名”为基本单位，分别列出该地名的“属”“分”“代”“参”“族”等各种参照关系。虽然“属”“分”一般没有实际意义，但为保持一致性，仍将其列出。

（1）“代”:“代”包括“字”“号”“又名”。其中，“又名”为除姓名、字号以外该人物的其他代称，如谥号、别名、笔名等。“又名”与“字”“号”相当于非规范主题词。

（2）“族”:“族”为根据文献情况所确定的人名的族首词。

（3）“参”:“参”的关系主要分为“籍贯”“主要官职”“相关人物”“主要著述”“相关事件”“时代”“科第”“领域”“身份”“生年”“卒年”11 种。其中，“身份”为人物的基本社会地位，如“帝王”“重臣”“武将”“学者”“宗室”等;“主要官职”为该人物最重要的任官、有代表性的任官或终官等，历史著述中多与该人称谓联系最为紧密，并不列举该人物的所有官职;“领域”主要是根据文献情况确定的人物所属领域的主题词;“主要著述”为该人物的主要著述，并不列举该人的所有著作;“相关事件”为该人物参与的重要历史事件，且该事件为事件表中的词条;“相关人物”一般为该人的上位关系人，如父、祖、师等，但关系人并不交互出现。当关系人为多个时，将对其进行选择，保持关系人数据栏中的可控词为一个，但是这样的设计用于标引存在问题，正在修订中。

目前形成的人名表的基本结构如表 6-5 所示。

表 6-5　人名表的基本结构示例

唯一标识符	姓名	代（D）	代 2（D）号	代 3（D）又名	属（S）	分（F）	参 1（C）籍贯	参 2（C）主要官职	参 3（C）相关人物	参 4（C）主要著述
R0003	洪迈	景庐	容斋				饶州鄱阳	端明殿学士	洪皓	《容斋随笔》《夷坚志》
R0004	洪邦直	应贤					饶州乐平	太常寺丞	洪皓	《痴轩集》《柳文注》
R0005	洪适	景伯	盘州				饶州鄱阳	同中书门平章事兼枢密使	洪皓	《隶释》《隶续》《盘州文集》

唯一标识符	姓名	参 5（C）相关事件	参 6（C）时代	参 7（C）科第	参 8（C）领域	参 9（C）身份	参 10（C）生年	参 11（C）卒年	族（Z）	关系	简介	附注
R0003	洪迈		南宋	高宗绍兴十五年中博学宏词科	史学、文学		1123	1202		三子		
R0004	洪邦直		南宋	高宗绍兴十八年进士	史学、文学		1113			从孙		
R0005	洪适		南宋	高宗绍兴十二年中博学宏词科	史学、文学		1117	1184		长子		

4. **纪年表**

纪年表主要收录纪年信息。纪年主要以年号加年份为基本成分，在汉武帝有纪年之前，以帝王加年数为基本成分。

在纪年表的编制上，以“纪年”为基本单位，分别列出其“属”“分”“代”“参”“族”等各种参照关系。

（1）“代”：“代”为纪年的别名。

（2）“属”：“属”为该纪年所有年号下所有年份的集合，称为“某某年间”。对于不止一个年号的帝王，其所有的纪年与年数的集合，构成上位的属，例如“唐高宗时期”。只使用一个年号的帝王，称作“康熙时期”等。

（3）“分”：“分”为属于该纪年范围的纪年。

（4）“族”：“族”为根据文献情况所确定的纪年的族首词，一般以“先秦”“秦汉”“魏晋南北朝”“隋唐五代”“宋辽金元”“明清”等作为族。

（5）“参”：纪年表中，主要将“参”这一关系分为三种。一是公元起，即该纪年开始对应的公元年；二是公元止，即该纪年结束对应的公元年；三是相关纪年，是指同一公元年对应的不同政权的年号。

最终形成的纪年表的基本结构如表 6–6 所示。

表 6–6 纪年表基本结构示例

唯一标识符	纪年	代（D）	属（S）	分（F）	族（Z）	参 1（C）公元起	参 2（C）公元止	参 3（C）相关纪年	干支	附注	简介
J0001	乾德元年		乾德年间			963	963	辽世宗应历十三年，南汉大宝六年，北汉天会七年			
J0004	乾德二年		乾德年间			964	964	辽世宗应历十四年，南汉大宝七年，北汉天会八年	甲子		

（六）词表更新与维护

针对已经构建的词表，考虑到人工构建过程中有可能会漏掉部分词及扩充词表的覆盖范围，设计了基于统计概率的新词发现算法，以辅助领域专家进行词表的更新与维护。首先将已经构建的词表作为自定义词典对语料进行分词，但对于不能切分的词表中的字或者句，认为单个字就是一个词，然后计算相邻的字或者词的凝固度，将高于一定阈值的组合词推荐给专家审核。

（七）词表应用市场

“籍合网”为古籍整理开创了全新的线上业务模式，突破现有的工作方法，有力地提高了古籍整理与编辑的效率，实现这一垂直领域产业结构的升级和转型；坚持将内容质量和社会效益放在首位，建立了以品位高端、品质优良、品类丰富为特点的古籍数据库产品典范，并通过平台服务模式为古籍整理及相关成果提供了卓有成效的一站式数字化支持，形成聚合型服务，更好地满足了用户多维度的内容需求，实现了市场价值和社会价值的有机结合。“中华经典古籍库”是专业、权威的大型古籍整理本全文数据库，为广大读者提供了丰富的古籍数字化阅读、检索服务，以及必备的辅助工具。数据保留了专名、书名、注释、校勘等全部整理成果，不只提供了精确的文本数据，更添加原书扫描图像以供对照，并能自动生成引用格式，方便读者了解版权信息，省去了读者核对纸书的麻烦，为读者带来便利。产品支持书目检索和全文检索，可以选择在正文、校注、专名、标题等范围内检索，也可以实现在部、类、单书中的检索，更收录了丰富的人名异称资料，供用户检索。所有检索都支持繁简、异体字关联。更有联机字典和纪年换算等工具辅助用户进行阅读和研究。

“籍合网”下以“中华经典古籍库”为代表的数据库产品的主要目标用户群体主要为中国传统文化领域的专业研究者，包括各类高等院校（“双一流”院校、综合性院校和非综合性院校）、全国各级公共图书馆、相关博物馆、中央和地方党校、党政机关、研究机构（社科院、考古所等）、宗教场所、中学、地方教育主管部门和教育科研单位，以及在传统文化方面有需求的专业垂直领域机构，也为中小学生、党员干部、中国传统文化领域的专业研究人士和一般爱好者等个人用户群体获取有针对性、优质的、及时更新的内容服务提供统一的资源输出平台，服务于中国典籍的整理、研究和传播。

在数据化互联互通的基础上，遴选并生产权威、优质的传统文化资源，面向海内外广泛传播，吸纳不同教育背景的用户，并在美国、日本、德国等国际一流高等院校、公共图书馆中实现用户转化，切实推动中华经典传统文化的普及化、国际化传播，真正使优秀的传统文化焕发新活力，传承中华文脉，全面提升人民群众文化素养，增强文化自觉和文化自信，维护国家文化安全，增强国家文化软实力，为实施中华优秀传统文化传承发展工程，建设社会主义文化强国的重大战略做出贡献。

经济效益方面，“籍合网”下各平台和数据库在建设完成后迅速投入产品化、市场化运营，通过承接重大项目和面向海内外机构用户、个人用户开展营销活动，取得了非常可观的经济收益。“籍合网”自 2018 年 4 月上线以来，各类数据库开通试用机构数量超过 200 家，其中海外推广卓见成效，市场增幅增长较快，哈佛大学、斯坦福大学、耶鲁大学、密歇根大学、芝加哥大学、宾夕法尼亚大学、加州大学、普林斯顿大学、柏林国家图书馆等已经成为正式购买用户；同时，个人业务涵盖了数据库产品在线自助购买这一传统古籍类数据库较少涉及的领域，具有开拓性。目前“籍合网”已经累计实现收入超过 900 万元，“中华经典古籍库”各版本已经累计实现收入超过

2000 万元。

截至目前累计机构用户数 43 家，其中，2018 年新增用户 3 家，2017 年新增用户 1 家，2016 年新增用户 2 家；2018 年用户增长率为 27.2%，2017 年用户增长率为 10.0%，2016 年用户增长率为 25.0%；付费机构用户总数量 43 家，其中，2018 年新增付费用户 3 家，2017 年新增付费用户 1 家，2016 年新增付费用户 2 家；2018 年付费用户增长率为 27.2%，2017 年付费用户增长率为 10.0%，2016 年付费用户增长率为 25.0%。截至目前累计个人用户（不含机构 IP 登录用户）数为 2.4 万人，2019 年新增用户（不含机构 IP 登录用户）1.9 万人，2018 年新增用户（不含机构 IP 登录用户）0.5 万人。

（八）词条样例

◎ 丞相→词条的中文名称。

【基本信息】

【释义】→表示该词条定义，如果有多条定义，以（1）（2）等顺序标识。

官名。最高国务长官。战国秦始置，或一人，或分左右。一说魏、赵、燕国亦置。掌辅弼国君管理本国军政要务。属官较少，具体事务由各级官吏分工负责。其封列侯者权位尤重。秦朝沿置，以御史大夫为副职，以相制约。西汉因秦制，职司日趋完备。初置一人，一度称相国，或分左、右，秩万石，金印紫国绶。总领朝廷百官，军国政务无所不综，多由功臣出身列侯担任。自辟僚属，至武帝时属吏多达三百余人。置司直、长史、征事、掾、史、属等僚佐，设东、西、奏、集、议诸曹，分管官吏迁除、郡国事务、章奏论议、征集租谷等庶务。

【分类信息】

官职　ZSKP02B000445

【特征】

【纪年】汉；魏晋南北朝

【相关人物】霍光、曹操

【词条关系】

【等同关系（D）】左丞相；右丞相

【层级关系（F）】宜禄；丞相长史；丞相司直；丞相诸曹吏

【自定义关系（Z）】文官

三　海关专业主题词表

（一）示例描述

主题词表是知识体系的重要组成部分，是专业出版社提供知识服务的基础。海关专业主题词表是基于知识标引和知识管理的主题词表，是在传统出版向数字出版转型升级的大背景下，立足于中国海关出版社有限公司（以下简称“海关社”）的专业出版资源，为数字出版转型做的一次探索和实践。

海关专业主题词表以海关社现有存量数字资源、海关专业媒体及政府相关政策文件、相关海关管理部门资源数据为依托，重点研究海关业务体系框架、模式及技术架构，从而挖掘、重构具有海关特色的主题词表，以分类、聚类、自然语言理解等大数据技术手段为基础，进行海关知识的关联与重组，服务于海关社其他数字资源产品的创新升级和产品研发，在海关专业内容资源的数据特征、统计特性的基础上，进行统计、算法建模，发现隐藏于数据本身的规律，从海量数据中提取隐藏性、潜在性的有用信息，构建海关内容资源分析系统和可视化分析模型，通过大数据相关技术研究，以立体化、纵深化、矩阵化的知识服务模式创新，建设为知识服务产品提供基础以及为业务研究人员提供基础服务的海关专业主题词表。

海关专业主题词表技术建设主要分为两个系统。

第一，运营管理平台。

运营管理平台服务于海关社内部运营管理人员，对分词词库、停用词词库、词性库、常识词词库进行管理，以及对专家主题词校验、主题词表校验的结果进行汇总审理，并对主题词库进行定期维护。

运营管理平台同时提供短文本导入以及文献文本批量导入的服务，通过短文本导入以及文献文本批量导入实现对主题词库、分词词库、停用词词库、常识词词库、词性库的内容量扩充。

第二，专家校验平台。

专家校验平台服务于行业专家，是方便专家进行主题词校验、主题词表校验的功能性平台。对于专家来说，专家校验平台是具有一套独立权限的产品和服务体系，专家们在平台内所操作的内容不会出现互相交叉的情况。

海关专业主题词表目前的数量为 1085 个，在词表建设过程中同步编制《中国海关出版社主题词表描述与建设规范》企业标准，为未来该产品的维护以及出版社其他知识服务产品的应用提供参考依据。

（二）词表建设过程

主题词表编制参考流程如图 6-5 所示。

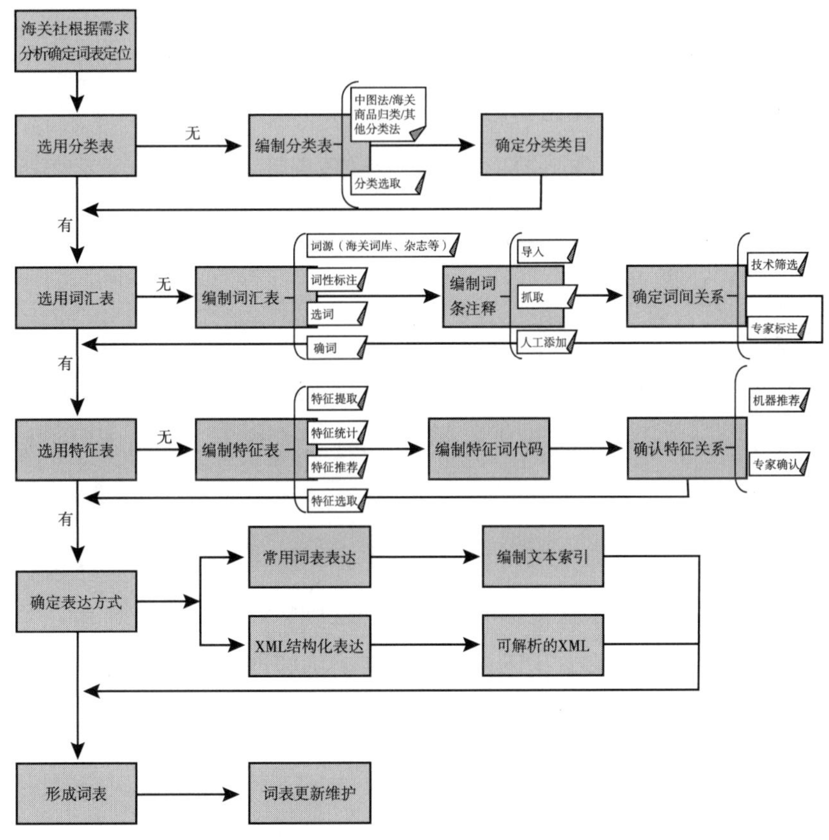

图 6-5　主题词表编制参考流程

1. **词源**

词汇的来源主要包括工具书、出版物和网络媒体等。

（1）工具型的资源

海关辞库是海关社自有的知识结构化产品，共有15万条词条，这些内容是本词表建设的基础支撑，可以帮助人们快速构建主题词表的基础库。通过结合人工管理的方式，短时间内即能形成大量的主题词和非主题词。

（2）出版物的资源

包括海关社的图书、期刊及杂志等，这些文献都是海关社多年来积累的海关业务的资源。通过自然语言处理可以很好地补充海关辞典未包含的词条。

（3）网络媒体资源

包括网络词库、在线百科以及海关相关的网站等。互联网的高速发展，尤其是近几年自媒体的高速发展，带来了大量的文献。这些文献经过清洗、合并、结构化等操作，形成很好的常识库，可作为本词表建设的一个重要支撑。

常识库包括停用词、国家名称、中国行政区域名称、成语大全、法律法规等，这些词可以作为过滤词，同时能很好地去掉大量的跟海关不相关的词，为海量文献进行自然语言处理提供良好帮助。

2. **选词**

好的选择规范和功能能加快海关主题词系统构建的速度，并有质量保障。以下为《中国海关出版社主题分类词表描述与建设规范》企业标准所提到的词汇选择范围及原则。

第一，应符合所确定的专用词表的学科范围。是否符合专用词表的学科范围需要海关专家进行确认。专家在备选的词汇上通过确认、否认和存疑三个按钮来选择是否符合海关专业主题词表。由于词量比较多，需要通过分页进行展示，系统可提供实时检查，如果待选词数小于某个阈值即自动加载，追加到列表中，而不用翻页操作。

所有的选词都是可撤销的，提交的词也是可被审查的。

第二，应具有单一性，词形简洁、概念明确。系统提供了单一性的检查，整个库里面的所有词只允许存在唯一一个。重复的词将被合并，并用备注等方式进行存储。

第三，应以名词或名词性词组为主。避免使用单字型动词，慎重选用形容词、副词、数量词。外来语词一般选用正式汉语译名，通用英译名也可选用。特殊时候也可选用外文与汉字相结合的词形。

根据初步的调研分析，不加以过滤的词将比过滤后的词多出5倍。本系统将海量的文献资源进行词性标注，并提取出名词、地名词，过滤掉不具有研究价值的词，保障专家选词的有效性。

第四，同一事物具有多个名称均应入选。在系统设计上，保证了所有词的唯一性。同一事物的多个名称在系统存储层上是不进行区分的。事物的多个名称以词间关系进行组织。

第五，应兼顾组配性和专指性要求。系统提供了相关的查询和关联关系的可视化展示，在一定程度上可帮助专家进行回查及修复等。

第六，应与国内外相关词表具有兼容性。系统存储上是通用的。系统接口采用通用的、主流的数据格式，可提供多种标准格式。同时为具备更好的兼容性，系统提供了数据转换中间件。对未来新出现的词表标准，通过简单的中间件开发即可实现兼容。

第七，通常选用全称作为主题词，简称作为关键词。系统通过结构化解析，尽可能地自动进行系统录入。

第八，英文主题词和汉语拼音主题词的首字母应大写。系统将对每个词进行分析，如果为全字母结构的词，将自动设置为首字母大写。

3. **确词**

（1）词汇的选定基本条件与规则

第一，依据词汇表所覆盖的学科范围，选定具有标引需求的词或词组。

确词是一个严谨的过程，可辅助专家更准确、更全面地工作。系统通过词间频率统计，给予辅助性展示高频关系词，帮助专家关联思考，减少遗漏或失误。

第二，确定通用名词和术语以及专指性强、使用频率较高的名词和词组。

为保障确词的有效性，系统通过频率统计，根据频率从高到低的排序，让专家第一时间确认最有价值的名词和词组。同时系统根据常识库做逆向过滤，将常识库中的高频名词和词组进行过滤，以减少对专家的干扰。

第三，确定复合概念词组经概念分解后，分解词可用于组配的词和词组。

系统提供多种分词模式，尽可能地形成词。在一定程度上能分解词组的各个组成，形成可组配的业务模式。

第四，不采用由 2 个或 2 个以上概念所构成的复合词。

第五，不选用由整体和部分所构成的复合词。

第六，不选用由事物与事务方面所构成的复合词。

（2）复合词

当前的算法未能达到对复合词的理解，第四、第五、第六所体现的复合词可再分词。海关社对已经确定的词进行再分词，如果可再分则给予提示，以机器回查加人工确认的方式来保障词库的质量。

词汇的选定应遵循以下原则：实用性原则，所选择的主题词应能够满足标引文献和检索文献的要求；准确性原则，所选择的主题词应能够准确地表达概念的含义；通用性原则，应选择通用的为人们普遍接受的词语作为主题词。

4. 词筛选

海关主题词的提取为“人机交互”方式，整个过程可以描述为：

步骤一：通过各种方法获取海关专业领域内的资料，包括杂志、网站、书籍等，作为词来源。

步骤二：通过自然语言处理技术，将获取的资料进行分词、词性标注处理，得到大量标有词性的词语。

步骤三：将步骤二获取的词语通过制定的“过滤策略”过滤掉大部分，将剩余的少量词语作为“备审主题词”。

步骤四：在海关专业领域内选择 7 个专家，让 7 个专家分别对备审主题词进行判断，判断其是否为主题词，并记录每个专家的判断结果。

步骤五：汇总步骤四获取的每个专家对每个词的判断结果，最后，通过一定的算法判断其是否属于主题词。

说明：“过滤策略”主要分为三个过程，现将各个过程描述如下。

（1）过滤“常用停用词库”。将网络上发布的最新的中文停用词库作为常用停用词库。

（2）过滤“海关专业停用词库”。通过大量的词频统计，将出现频率在一定范围内的词语作为专业停用词，从而构成海关专业停用词库。

（3）过滤“特定策略”。通过反复的实验，首先，需要过滤掉所有单个字的词；然后，只选择名词（n）、动名词（vn）、动词（v）、机构团体（nt）等四种词性，并且出现频率至少为 3 次的词，其余的词均过滤掉；最后，需要将“已处理过的词”过滤掉，这里“已处理过的词”指已成为主题词、备审主题词和已确认为不是主题词的词。

5. **释义**

词汇的释义的基本规则包括以下几点。

第一，同一词在不同应用场景下具有不同含义时，应注明其使用场景；海关辞库有大量的带有释义的结构化数据，导入时将自动关联到对应的词典名作为场景关联备注。其次对于未有释义的词，在导入文献时将文献名作为场景关联备注。将根据导入的来源（一般为书名）给予辅助性展示，使专家在补充释义时可以全面了解对应的场景。

第二，词定义易引起歧义时，须加词条注释。

第三，词应使用自然词序，不应使用倒置形式。

第四，词为复合词时，应避免使用标点符号，可使用连字符或括号。系统将自动检查所有的词，对于带有标点符号的进行提取并通知运营人员。

6. **词间关系**

（1）基于海关领域语料库的相关关系

词间关系的计算可分为两大方法：基于大规模语料库和基于词典。基于词典的研究多是利用词典中现有的层次关系计算两个词的相似度。在海关主题词表的构建过程中，将海关行业内的书籍、杂志、海关行业百科和互联网抓取的数据作为语料，计算词间关系。

（2）词间关系可视化

词间关系可视化的过程，如图 6-6 所示，就是实体抽取再聚合的过程，系统通过文章分词的过程进行实体抽取，再依托词频以及上下文衔接关系。

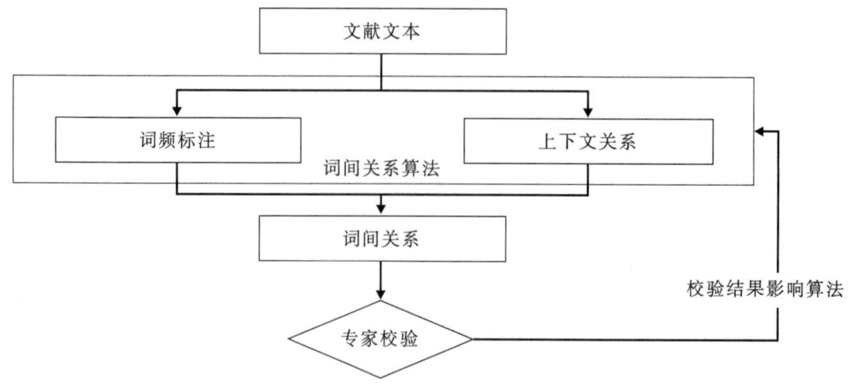

图 6-6　词间关系可视化过程

词间关系可视化、通过机器初步标引结果交由专家校验，将专家校验的结果（词间关系分析准确度判断）结合机器的词间关系算法，实现对词间关系算法的调整。

词间关系也分不同维度。“征管”关系的词间关系如图 6-7 所示。

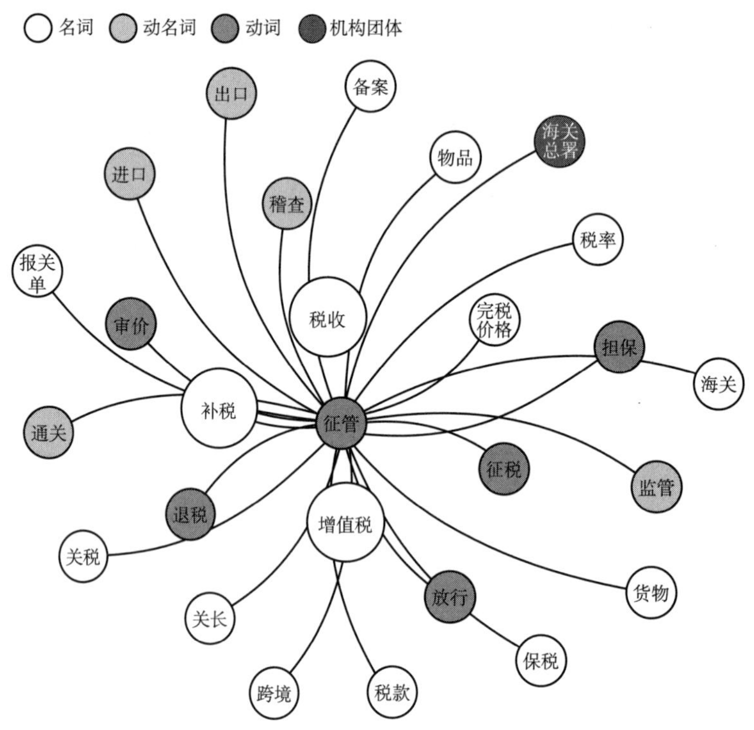

图 6-7　词间关系（征管关系）展示

（三）词表应用情况

海关专业主题词表与海关社其他数字产品结合在一起使用，是海关社数字出版转型升级项目的一部分，为用户提供海关主题词学习依据，为其他项目提供基础支撑。

1. 内嵌在海关辞库中展示应用

将海关主题词表作为一个词库展示给用户，这也是海关专业主题词表对外展示的一种方式，用户可以按照英文字母的顺序浏览主题词表所包含的词语，每个词包括中文、英文、拼音、来源、时间五个部分，如图 6–8 所示。

图 6–8 海关专业主题词表

2. 优化中国海关数字图书馆的检索结果

中国海关数字图书馆中收录了大量的期刊，之前的期刊文章格式并不规范，很多缺乏关键词，或者关键词较少，海关专业主题词表建设完成后，海关社用主题词表对整个数字图书馆的检索做了优化，可以向用户提供更为精准的检索结果。

首先，对于没有关键词的文章，用主题词表对文章进行重新匹配，为每篇文章查缺补全，至少匹配 5 个关键词。规则如下：先将主题词表中的词语在某篇文章中出现的频次排序，按照频次为文章匹配关键词，保证文章的关键词达到 5 个，如果遇到同频次的词并列导致关键词超出 5 个，则该频次的主题词全部采纳。

其次，当用户选择根据关键词检索文章内容时，已经被匹配关键词的文章都可以列在检索结果中。

第七章
新闻出版　知识服务　知识元描述

第一节　概述

一　编制意义

本标准规定了知识元的描述规则及扩展规则。本标准对新闻出版及相关领域开展知识服务工作的单位或机构开发利用数字内容资源、推动知识服务建设具有重要意义。

二　适用范围

本标准适用于新闻出版及相关领域开展知识服务工作。

三　主要内容

本标准主要描述了知识元在新闻出版领域应用时，知识元的数据表达的通用办法。

基于适用性及前瞻性的原则考虑，对未来出现的知识资源内容发展或者现有知识资源内容在新闻出版领域不同学科的表达要求，为满足那些没有列举到的应用场景和知识资源数据建设的需求情况，标准说明了知识元的扩展方法。

标准的示例主要对典型知识元的数据描述、知识元的属性扩展进行了阐释。在附录中，我们依据已有规范系统，做了通用性的修改，提供了完整的知识元样例。

第二节　核心条款解读

一　基本原则

（一）条款原文

5.1　**基本原则**

知识元描述遵循以下基本原则：

a）独立性：独立于特定的专业领域、内容、载体、知识服务；

b）可用性：支持基于语义关联的知识发现、检索、浏览、分析、重用等应用需求；

c）可扩展性：支持对知识元类型及属性的细化和增加；

d）规范性：遵循 RDF/OWL 语法规范，采用 XML 语言进行描述。

（二）条款解读

以上基本原则表述的是对已有的知识元在进行数据表达时所应遵循的原则，而不是约束知识元内容对“知识”表述的原则。

二　知识元模型

（一）条款原文

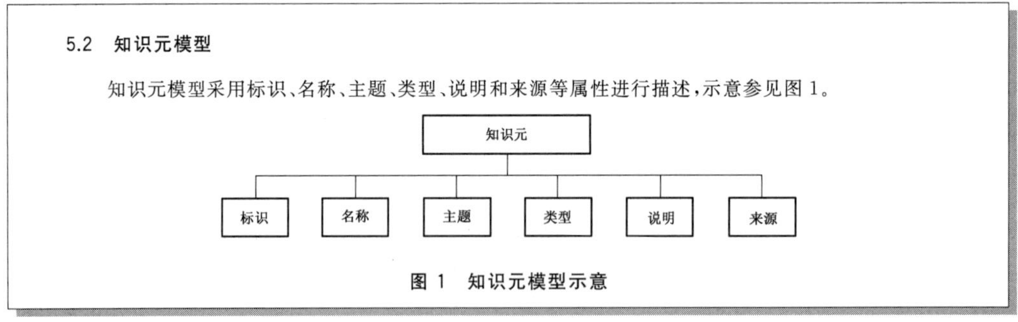
5.2　**知识元模型**

知识元模型采用标识、名称、主题、类型、说明和来源等属性进行描述，示意参见图 1。

图 1　知识元模型示意

（二）条款解读

知识元的描述包含标识、名称、主题、类型、说明和来源等属性，这些是知识元的基本属性。若上述属性不足以描述知识元，则可使用扩展规则进行扩展。

（三）建议

知识元模型中，除标识外，其他的都是可选或有则必选属性，可根据知识应用的需要和知识元本身的特点选择这些属性。当基本属性不足以描述该知识元时，可对属性进行扩展。

三　知识元类型

（一）条款原文

5.3　知识元类型

知识元类型包括事实型、数值型、概念型、原理型、技能型和规则型，遵循 GB/T 38380—2019 的相关规定。知识元类型的名称及标签见表 1。典型知识元描述示例参见附录 A。

表 1　知识元类型名称及标签

类型名称	类型标签	子类型名称	子类型标签
事实型	Fact	人物	Person
		机构	Organization
		事件	Event
		时间	Time
		地理	Place
		记录	Record
数值型	Number	常数	Constant
		观测数据	ObservationData
		统计数据	StatisticalData
概念型	Concept	术语	Terminology
		定律	ConceptLaw
		定理	Theorem
		计量单位	Unit
		量纲	Dimension
原理型	Principle	学术理论	Theory
		机理	Mechanism
技能型	Skill	策略	Policy
		方法	Method
		程序	Procedure
规则型	Rule	法律	RuleLaw
		标准	Standard
		制度	Regulation

（二）条款解读

知识元类型遵循 GB/T 38380—2019 的相关规定。

（三）建议

GB/T 38380—2019 的附录 B 规定了常见的知识元类型。但是当类型不足以满足对知识元的描述时，可通过扩展方式对知识类型进行扩展。

四 标识

（一）条款原文

> **5.4.1 标识**
>
> 描述知识元的唯一代码。

（二）条款解读

标识的值采用 URI 规范按规则生成。

（三）建议

建议遵循 RDF 的定义标准。

五 名称

（一）条款原文

> **5.4.2 名称**
>
> 能识别单个知识元的专属名词。当有多个名称时明确其相互关系。

（二）条款解读

知识元名称，是对知识元的知识内容高度概括的表述。

（三）建议

名称宜采用知识元对应对象的标准名称，如学名、标准名、正式名等。

六 主题

（一）条款原文

> **5.4.3 主题**
>
> 能概括和抽象知识元内容的主要含义或与其他知识元的差异的关键字、关键短语等。

（二）条款解读

主题即知识元所属主题词/关键词，这些内容须能够概括性地描述知识元，方便检索、定位。

（三）建议

主题不宜过多，选择最关键的进行定义。

七 类型

（一）条款原文

> **5.4.4 类型**
>
> 类型属性分为知识元类型和知识元子类型两个属性，其中知识元类型是必选项，知识元子类型是有则必选项。类型和子类型取值遵循 GB/T 38376—2019 的附录 B 的规定。

（二）条款解读

类型和子类型取值遵循 GB/T 38376—2019 的附录 B 的规定。

（三）建议

GB/T 38380—2019 的附录 B 规定了常见的知识元类型。但是当类型不足以满足对知识元的描述时，可通过扩展方式对知识类型进行扩展。

八 说明

（一）条款原文

> **5.4.5 说明**
>
> 对知识元内容进行的完整概述。

（二）条款解读

说明即对知识元的内容进行的完整的文字描述及声像辅助描述。该描述应包括定义、公理、公式、推论、事实、事件、事例、数表等内容，并随着科研的进步不断更新。

（三）建议

说明应尽可能详尽、规范、简洁。对概念知识元，说明一般可以是概念知识元的定义、注解和使用注意事项等。

九 来源

（一）条款原文

> **5.4.6 来源**
>
> 包括知识元的出处、版权信息、提供者、所有者等子属性。

（二）条款解读

来源即知识元对应的数字资源出处和数字资源的版权、提供者、所有者等信息。

（三）建议

来源一般是知识元所在的主要内容资源的元数据，例如知识元从某个内容资源中抽取，则该知识元的来源与该内容资源一致。当涉及多个来源时，往往保留最权威来源，或者多个较权威来源。

十　扩展原则

（一）条款原文

> **6.1　扩展原则**
>
> 知识元的属性可根据应用需求进行扩展，包括新增属性和对已有的属性增加子属性。

（二）条款解读

在具体使用该知识元模型时，可以根据其具体使用领域及使用场景定义其知识应用单元及相关对象的具体类型，同时针对这些新对象类型扩充其所描述的知识元的属性信息。

（三）建议

可通过知识元的扩展方式，对原有知识元的类型、属性等进行进一步扩展，以满足不同的知识应用场景和未来的需要。

十一　扩展方法

（一）条款原文

> **6.3　扩展方法**
>
> **6.3.1　添加新属性**
>
> 已有知识元属性不能满足应用需求时，可通过添加新属性进行扩展。新增属性为独立属性，或已有属性的细化但范围等于或大于已有属性边界。示例参见附录A。
>
> **6.3.2　添加子属性**
>
> 已有知识元属性的定义域不能满足应用需求时，可通过添加子属性进行扩展。子属性的定义域可与父属性的定义域相同，也可根据应用需求进行调整。示例参见附录A。

（二）条款解读

本章节描述知识元的具体扩展方法。添加新属性，即对知识元没有定义的属性进行扩展，例如对“人”加入“性别”属性。添加子属性，是对原有属性进行扩充，例如在“类型”属性的基础之上加入“子类型”描述。

（三）建议

本标准对知识元的定义只能够满足最基本的需要，在生产实践中，知识元的结构可根据需要进行扩展，这大大提高了知识元的适用度和对未来未知场景的支持。合理使用知识元的扩展方法，可使知识元满足更多的应用需求场景。

第三节　应用示例

一　本示例中所使用到的标准条款

本示例中运用国家标准《新闻出版　知识服务　知识元描述》中的如下条款。

3.2　知识元

5.2　知识元模型

5.4　知识元基本属性

6　扩展规则

二　示例应用所属产品及应用场景简介

（一）所属产品简介

轨道交通专业知识资源库系统是中国铁道出版社知识资源数据的建设和应用系统。其主要包含用以解决纸质书和电子文档初步数字化，并对数据进行规范处理的书、报、刊数字标准化处理系统，解决知识元和知识单元数据建设和管理的知识构建系统，以及满足专业人员对轨道交通专业知识资源、从书到知识内容需求的知识服务平台系统三部分，是传统专业出版机构开展实施知识资源建设和知识服务的重要实践，已经取得了一定的成果。

（二）应用场景简介

1. 数字资源标准化处理子系统

为了提高知识体系构建系统中机器学习算法的准确率，有必要对输入的数字资源进行标准化和规范化处理。

在数字出版领域，可使用 XML 格式的文档来存储和标引数字资源。XML 标签分为三类：文本结构标签、简单语言逻辑标签、有语义信息的版式标签。这三种标签能够对文档的内容进行准确标识和分割。通过标签的标注，人们能够更加准确获取文档中的信息，并对其标以权重。例如，标题位置的信息重要度高于正文。

为了得到标准的 XML 格式数字资源，可参照图 7–1 所示的处理流程。

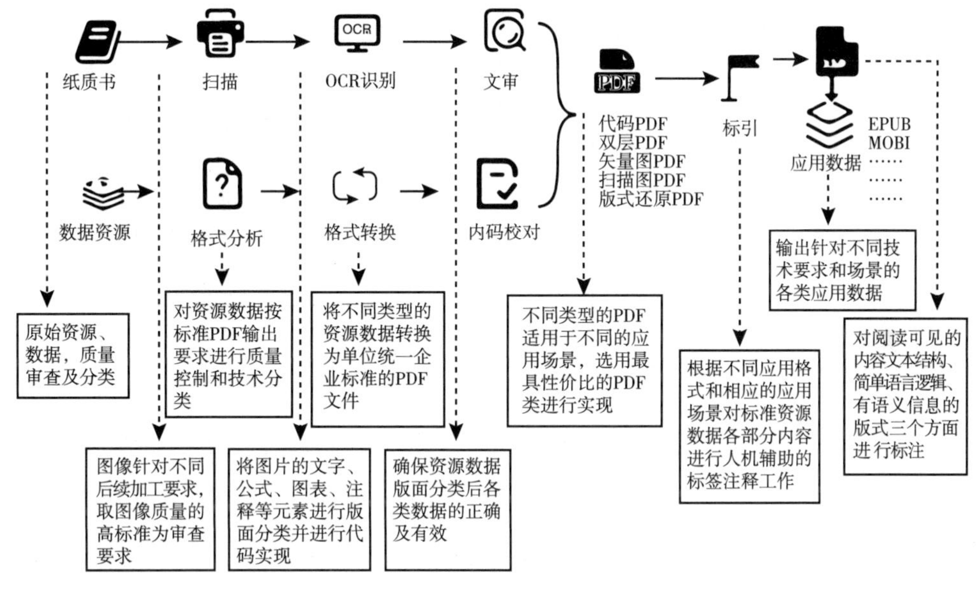

图 7–1 处理流程

数字资源在处理为 XML 之前，统一处理成 PDF 格式。随后经过处理，获取标准的 PDF 文本（一般为代码 PDF），同时通过 XML 标引工具，自动生成目标 XML 文件。

本子系统构建过程中，融入了大量数字出版经验，通过 16 个子工具集，搭建扫描图到 PDF、PDF 到 XML 等多种标准化处理流程，为知识体系构建、知识资源标引和未来的知识服务打下了稳定、清晰的基础。

2. 知识体系构建子系统

知识体系构建子系统，是轨道交通专业知识资源库系统的重要组成部分。

轨道交通专业的知识体系由词和词间关系构成。词即轨道交通专业的专有名词，如概念等。“词”即可对应为知识元，而“词间关系”则对应为知识元之间的关联关系。

知识体系构建的素材来源于轨道交通专业的标准、规定、经典教材等权威图书，通过机器学习结合人工的方式构建。具体流程如图 7–2 所示。

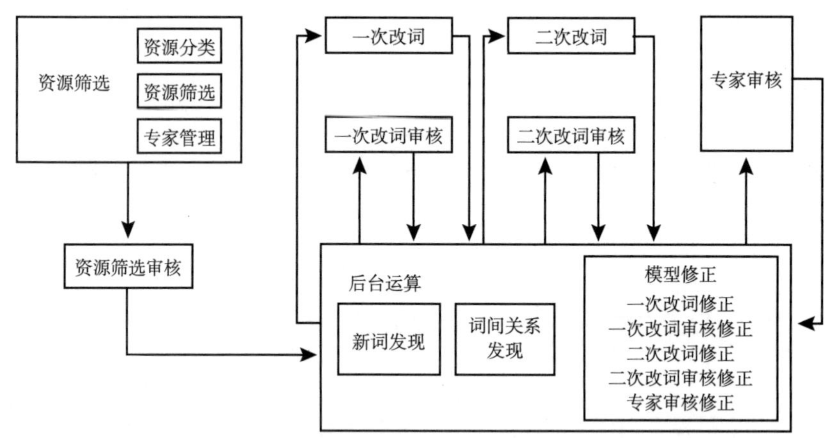

图 7–2　知识体系构建流程示意

先从经过标准化处理的数字资源中筛选具有知识体系构建价值的资源，包括经典教材、国家 / 行业标准等，再经过后台运算，自动发现词，随后进行人工编校（一次改词）和审核（一次改词审核）。以审核过的词为素材，系统进行词间关系发现计算，随后对发现的词间关系进行人工编校（二次改词）和审核（二次改词审核）。最后通过专家审核所有发现的词和词间关系。编校和审核结果将用于模型的修正和完善。

该方法保证了知识体系构建的高效性和准确性，此流程是经过数年实践而总结出的一种能利用有限资源构建知识体系的可行方法流程。

知识体系构建子系统的特点如下。（1）图形化操作界面，对学科体系和知识树进行管理。支持根据数字资源建设需要，支持知识组织系统的批量导出与导入、导入的知识组织系统的自定义编辑（节点与属性的增加、删除、位置调整、用法调整等）、编辑后数据包的再导出等功能。提供加工前、加工过程标注、加工后的对比，便于审核。（2）所有操作 UI 及 UE 设计均需体现可视化和直观、便捷操作的理念，以各业务需求和业务功能要求为核心设计，实施开发。（3）整个采用人工智能结合人工的方式，可以提高效率，减少专家的介入。同时，严谨的流程又能够保证知识体系构建的准确性。

（三）示例数据

以下示例依据本标准的内容，以铁道工程专业术语为例，构建知识元的 XML 示例片段。

示例 1：本示例是对属性进行扩展的样例。添加一个新属性“索引（index）”，采用出版机构的命名空间（“http://book.crphdm.com/”）。定义该新属性的示例代码（RDF/XML）如下。

```
<owl:ObjectProperty rdf:about="http://book.crphdm.com/Property/23">
    <rdfs:label xml:lang="en">index</rdfs:label>
    <rdfs:label xml:lang="zh"> 索引 </rdfs:label>
    <owl:versionInfo>1.0</owl:versionInfo>
    <skos:note xml:lang="zh"> 在 GB/T 50262—2013《铁路工程基本术语标准》中的索引号 </skos:note>
    <rdfs:isDefinedBy rdf:resource="http://book.crphdm.com/"/>
</owl:ObjectProperty>
```

示例 2：本示例是对类型进行扩展的样例。对 rdfs:Concept 类型添加一个子类型 RailwayTerm，出版机构的命名空间为 http://book.crphdm.com/，其作为必选项的限制性定语（索引），应当使用属性扩展的方式进行定义。其 RDF/XML 定义的示例代码如下。

```
<owl:Class rdf:about="http://book.crphdm.com/class/1">
    <rdfs:subClassOf rdf:resource="http://www.w3.org/2004/02/skos/core#Concept"/>
    <rdfs:label xml:lang="en">RailwayTerm</rdfs:label>
```

```
    <rdfs:label xml:lang="zh"> 铁路工程专业术语 </rdfs:label>
    <skos:note xml:lang="zh"> 铁路工程专业术语 </skos:note>
    <rdfs:isDefinedBy rdf:resource="http://book.crphdm.com/"/>
</owl:Class>
```

示例 3：本示例以铁路工程基本术语中的 3 个术语和与铁路工程相关的 3 个概念为例，构建完整的知识元数据示例，阐释知识元的定义方法、扩展方法、属性的扩展方法、知识元的关联关系、知识元关联关系的扩展。

根据《新闻出版 知识服务 知识单元描述》第 3.2 条、第 5.3 条，确认“铁路信号”、“视觉信号”、“听觉信号”、“夜间信号”、“信号机”和“色灯信号机”作为知识元，同时，“铁路信号”和“信号机”作为铁路工程基本术语，在 GB/T 50262—2013《铁路工程基本术语标准》中存在索引号，其应作为必选项，放入“概念（Concept）”的扩展类“铁路工程基本术语（RailwayTerm）”中，同时构建新的属性“索引号（Index）”。此外，根据新闻出版机构的应用需要，对于铁路工程相关的概念和术语，增加知识元的权重属性作为可选项。

本示例所涉及的知识元以及知识元间的关系如图 7-3 所示。

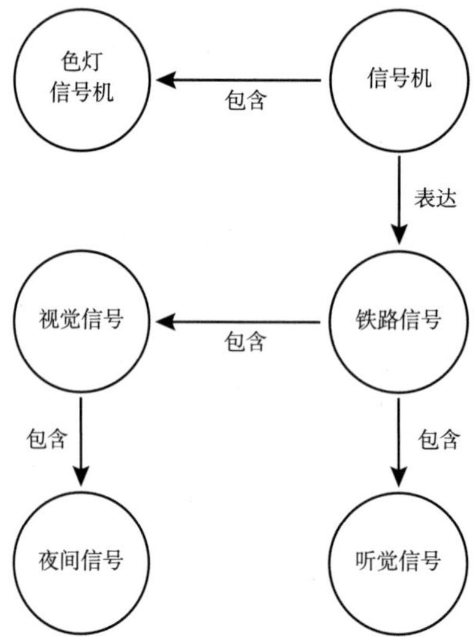

图 7-3　知识元以及知识元之间的关系

此外，知识元间关联关系中，将对“等级关系”和“相关关系”进行扩展，分别为“包含”和“显示”，以细化知识元之间的关系。

本示例中，使用自定义命名空间 gkadm 和出版机构自己的命名空间 tdpress。

具体示例如下。

```
<?xml version="1.0" encoding="UTF-8"?>
<?xml-model href="GKADM-INTERNAL.xsd" type="application/xml" schematypens="http://purl.oclc.org/dsdl/schematron"?>
<rdf:RDF xmlns:xsi="http://www.w3.org/2001/XMLSchema-instance"
xmlns:dc="http://purl.org/dc/elements/1.1/" xmlns:gkadm="http://xxx.com/gkadm/schema/cores/"
xmlns:foaf="http://xmlns.com/foaf/0.1/" xmlns:ore="http://www.openarchives.org/ore/terms/"
xmlns:dcterms="http://purl.org/dc/terms/"xmlns:rdfs="http://www.w3.org/2000/01/rdf-schema#"
xmlns:owl="http://www.w3.org/2002/07/owl#"xmlns:rdf="http://www.w3.org/1999/02/22-rdf-syntax-ns#"
xmlns:wgs84="http://www.w3.org/2003/01/geo/wgs84_pos#" xmlns:skos="http://www.w3.org/2004/02/skos/core#"
xmlns:tdpress="http://book.crphdm.com">
 <owl:ObjectProperty rdf:about="http://book.crphdm.com/Property/23">
 <rdfs:label xml:lang="en">weight</rdfs:label>
 <rdfs:label xml:lang="zh"> 权重 </rdfs:label>
 <owl:versionInfo>1.0</owl:versionInfo>
 <skos:notexml:lang="zh"> 每个词在知识体系中所占的权重 </skos:note>
 </owl:ObjectProperty>
 <owl:ObjectProperty rdf:about="http://book.crphdm.com/Property/23">
 <rdfs:label xml:lang="en">index</rdfs:label>
 <rdfs:label xml:lang="zh"> 索引 </rdfs:label>
 <owl:versionInfo>1.0</owl:versionInfo>
```

```
<skos:note xml:lang="zh"> 在 GB/T 50262—2013《铁路工程基本术语标准》中的索引号
</skos:note>
</owl:ObjectProperty>
<owl:Class rdf:about="http://book.crphdm.com/class/">
<rdfs:subClassOf rdf:resource="http://www.w3.org/2004/02/skos/core#Concepts" />
<rdfs:label xml:lang="en">RailwayTerm</rdfs:label>
<rdfs:label xml:lang="zh"> 铁路工程专业术语 </rdfs:label>
<skos:note xml:lang="zh"> 铁路工程专业术语 </skos:note>
</owl:Class>
<tdpress:RailwayTerm rdf:about="http://book.crphdm.com/concept/135">
<dc:identifier>http://book.crphdm.com/concept/135</dc:identifier>
<gkadm:ketype>Concept</gkadm:ketype>
<gkadm:kesubtype>RailwayTerm</gkadm:kesubtype>
<rdfs:label> 铁路信号 </rdfs:label>
<skos:altLabel> 信号 </skos:altLabel>
<tdpress:weight>92.3</tdpress:weight>
<tdpress:index>14.1.1</tdpress:index>
<skos:note>
铁路运输系统中，为保证行车安全、提高区间和车站通过能力及编解能力而设置的手动控制、自动控制及遥控、遥信技术的总称。信号是对行车或调车人员发出指示运行条件的命令，它通过音响、颜色、形状、位置、灯光等来表示。
</skos:note>
<skos:notation> 铁路工程基本术语 . 信号 </skos:notation>
<skos:inScheme> 铁路 </skos:inScheme>
</tdpress:RailwayTerm>
<gkadm:Terminology rdf:about="http://book.crphdm.com/concept/136">
<dc:identifier>http://book.crphdm.com/concept/136</dc:identifier>
<rdfs:label> 视觉信号 </rdfs:label>
<gkadm:ketype>Concept</gkadm:ketype>
```

```
<tdpress:weight>50</tdpress:weight>
<skos:note>
铁路信号包含视觉信号和听觉信号两大类。用信号机、信号旗、信号灯、信号牌、信号表示器、信号标志及火炬等显示的信号均属视觉信号，列控车载设备的速度显示亦属视觉信号。
</skos:note>
<skos:notation> 铁路工程基本术语 . 信号 </skos:notation>
<skos:inScheme> 铁路 </skos:inScheme>
</gkadm:Terminology>
<tdpress:RailwayTerm rdf:about="http://book.crphdm.com/concept/139">
<dc:identifier>http://book.crphdm.com/concept/139</dc:identifier>
<rdfs:label> 信号机 </rdfs:label>
<tdpress:weight>43.5</tdpress:weight>
<tdpress:index>14.2.21</tdpress:index>
<gkadm:ketype>Concept</gkadm:ketype>
<gkadm:kesubtype>RailwayTerm</gkadm:kesubtype>
<skos:note> </skos:note>
<skos:notation> 铁路工程基本术语 . 信号 </skos:notation>
<skos:inScheme> 铁路 </skos:inScheme>
</tdpress:RailwayTerm>
<gkadm:Terminology rdf:about="http://book.crphdm.com/concept/137">
<dc:identifier>http://book.crphdm.com/concept/137</dc:identifier>
<rdfs:label> 听觉信号 </rdfs:label>
<gkadm:ketype>Concept</gkadm:ketype>
<tdpress:weight>58.8</tdpress:weight>
<skos:note> 用号角、口笛、机车、动车组及自轮运转特种设备的鸣笛等发出的信号均属听觉信号 </skos:note>
<skos:notation> 铁路工程基本术语 . 信号 </skos:notation>
<skos:inScheme> 铁路 </skos:inScheme>
</gkadm:Terminology>
```

```
<tdpress:RailwayTerm rdf:about="http://book.crphdm.com/concept/163">
<dc:identifier>http://book.crphdm.com/concept/163</dc:identifier>
<rdfs:label> 色灯信号机 </rdfs:label>
<tdpress:weight>63.5</tdpress:weight>
<tdpress:index>14.2.22</tdpress:index>
<gkadm:ketype>Concept</gkadm:ketype>
<gkadm:kesubtype>RailwayTerm</gkadm:kesubtype>
<skos:note> 以灯光的颜色及其组合，亮灯状态表达信号含义的信号机。</skos:note>
<skos:notation> 铁路工程基本术语 . 信号 </skos:notation>
<skos:inScheme> 铁路 </skos:inScheme>
</tdpress:RailwayTerm>
<gkadm:Terminology rdf:about="http://book.crphdm.com/concept/141">
<dc:identifier>http://book.crphdm.com/concept/141</dc:identifier>
<rdfs:label> 夜间信号 </rdfs:label>
<gkadm:ketype>Concept</gkadm:ketype>
<tdpress:weight>92.3</tdpress:weight>
<skos:note></skos:note>
<skos:notation> 铁路工程基本术语 . 信号 </skos:notation>
<skos:inScheme> 铁路 </skos:inScheme>
</gkadm:Terminology>
<gkadm:RelationshipType rdf:about="http://book.crphdm.com/relationtype/25">
<rdfs:subRelationshipOf rdfs:label=" 等 级 关 系 " rdf:resource="http://book.crphdm.com/relationtype/01" />
<rdfs:label xml:lang="zh"> 包含 </rdfs:label>
<rdfs:isDefinedBy rdf:resource="http://book.crphdm.com/" />
</gkadm:RelationshipType>
<gkadm:RelationshipType rdf:about="http://book.crphdm.com/relationtype/26">
<rdfs:subRelationshipOf rdfs:label=" 相 关 关 系 " rdf:resource="http://book.crphdm.com/relationtype/02" />
```

```
<rdfs:label xml:lang="zh"> 表达 </rdfs:label>
<rdfs:isDefinedBy rdf:resource="http://book.crphdm.com/" />
</gkadm:RelationshipType>
<gkadm:Relationship rdf:about="http://book.crphdm.com/relation/131">
<dc:identifier>http://book.crphdm.com/relation/131</dc:identifier>
<gkadm:RelationshipType rdf:resource="http://book.crphdm.com/relationtype/25" />
<rdfs:label xml:lang="zh"> 包含 </rdfs:label>
<gkadm:source rdf:resource="http://book.crphdm.com/concept/135" />
<gkadm:destination rdf:resource="http://book.crphdm.com/concept/136" />
<gkadm:distance>20</gkadm:distance>
<rdfs:isDefinedBy rdf:resource="http://book.crphdm.com/relation/" />
</gkadm:Relationship>
<gkadm:Relationship rdf:about="http://book.crphdm.com/relation/175">
<dc:identifier>http://book.crphdm.com/relation/131</dc:identifier>
<gkadm:RelationshipType rdf:resource="http://book.crphdm.com/relationtype/25" />
<rdfs:label xml:lang="zh"> 包含 </rdfs:label>
<gkadm:source rdf:resource="http://book.crphdm.com/concept/139" />
<gkadm:destination rdf:resource="http://book.crphdm.com/concept/163" />
<gkadm:distance>10</gkadm:distance>
<rdfs:isDefinedBy rdf:resource="http://book.crphdm.com/relation/" />
</gkadm:Relationship>
<gkadm:Relationship rdf:about="http://book.crphdm.com/relation/132">
<dc:identifier>http://book.crphdm.com/relation/132</dc:identifier>
<gkadm:RelationshipType rdf:resource="http://book.crphdm.com/relationtype/25" />
<rdfs:label xml:lang="zh"> 包含 </rdfs:label>
<gkadm:source rdf:resource="http://book.crphdm.com/concept/135" />
<gkadm:destination rdf:resource="http://book.crphdm.com/concept/137" />
<gkadm:distance>50</gkadm:distance>
<rdfs:isDefinedBy rdf:resource="http://book.crphdm.com/relation/" />
```

```
</gkadm:Relationship>
<gkadm:Relationship rdf:about="http://book.crphdm.com/relation/133">
<dc:identifier>http://book.crphdm.com/relation/133</dc:identifier>
<gkadm:RelationshipType rdf:resource="http://book.crphdm.com/relationtype/26" />
<rdfs:label xml:lang="zh"> 表达 </rdfs:label>
<gkadm:source rdf:resource="http://book.crphdm.com/concept/139" />
<gkadm:destination rdf:resource="http://book.crphdm.com/concept/135" />
<gkadm:distance>75</gkadm:distance>
<rdfs:isDefinedBy rdf:resource="http://book.crphdm.com/relation/" />
</gkadm:Relationship>
<gkadm:Relationship rdf:about="http://book.crphdm.com/relation/134">
<dc:identifier>http://book.crphdm.com/relation/134</dc:identifier>
<gkadm:RelationshipType rdf:resource="http://book.crphdm.com/relationtype/25" />
<rdfs:label xml:lang="zh"> 包含 </rdfs:label>
<gkadm:source rdf:resource="http://book.crphdm.com/concept/135" />
<gkadm:destination rdf:resource="http://book.crphdm.com/concept/141" />
<gkadm:distance>99</gkadm:distance>
<rdfs:isDefinedBy rdf:resource="http://book.crphdm.com/relation/" />
</gkadm:Relationship>
</rdf:RDF>
```

（四）标准相关条款解读与样例详解

本节将结合示例，对其中所涉及的条款进行解读。分为两个部分：一是背景介绍，介绍示例的来源背景；二是所涉及的条款说明与解读，列举在示例构建过程中所遵循的条款，并给予解读。

1. 背景介绍

本示例来自“轨道交通专业知识资源库系统”。该系统通过对数字资源的加工、处理，从中提取知识体系，并与内容资源进行关联、标引。本示例中的知识元来自三个数字资源，分别为国家标准《铁路工程基本术语标准》(GB/T 50262—2013)、中国铁道出版社2014年出版的《铁路技术管理规程》(高速铁路部分)和中国铁道出版社2012年出版的《铁道概论》(第6版)。这三个内容资源分别是国家标准、中国铁路总公司发布的规程和铁道专业高等院校教材，均较权威，适合作为知识体系构建的内容资料来源。

我们从这些内容资源中抽取6个与铁路信号相关的知识元进行示例。相应知识元分别为铁路信号、视觉信号、听觉信号、夜间信号、信号机和色灯信号机。“轨道交通专业知识资源库系统”从相关内容资源中抽取出知识元和知识元之间的关系，构建成知识体系。上述内容资源中，与所涉及的知识元相关的内容摘录如下。

(1) GB/T 50262—2013《铁路工程基本术语标准》

14.1.1 铁路信号

铁路运输系统中，为保证行车安全、提高区间和车站通过能力及编解能力而设置的手动控制、自动控制及遥控、遥信技术的总称。

14.2.21 信号机

表达固定信号显示所用的机具的总称。

14.2.22 色灯信号机

以灯光的颜色及其组合，亮灯状态表达信号含义的信号机。

(2)《铁路技术管理规程》(高速铁路部分)

第461条 铁路信号分为视觉信号和听觉信号。

第462条 视觉信号分为昼间、夜间及昼夜通用信号。在昼间遇降雾、暴风雨雪及其他情况，致使停车信号显示距离不足1000m，注意或减速信号显示距离不足400m，调车信号及调车手信号显示距离不足200m时，应使用夜间信号。

（3）《铁道概论》（第 6 版）片段 1

> 一　铁路信号设备
>
> 铁路信号设备是铁路信号、车站联锁、区间闭塞等设备的总称。它的重要作用是保证列车运行与调车工作的安全和提高铁路通过能力，同时对增加铁路运输经济效益、改善铁路职工劳动条件也起着重要作用。
>
> 1. 铁路信号：向有关行车和调车人员发出的指示和命令。
>
> 2. 车站联锁设备：用于保证站内行车与调车工作的安全，并提高车站的通过能力。
>
> 3. 区间闭塞设备：用于保证列车在区间内运行的安全，并提高区间的通过能力。

（4）《铁道概论》（第 6 版）片段 2

> 2. 铁路信号的分类
>
> 铁路信号分为听觉信号、视觉信号两大类。
>
> （1）听觉信号：是以不同声响设备发出音响的强度、频率、音响长短和数目等特征表示的信号，如用号角、口笛、响墩发出的音响及机车、轨道车鸣笛等发出的信号。
>
> （2）视觉信号：是以物体或灯光的颜色、形状、位置、数目或数码显示等特征表示的信号，如用信号机、机车信号、信号旗、信号牌、信号灯、火炬等表示的信号。

2. 所涉及的条款说明与解读

根据《新闻出版 知识服务 知识元描述》第 3.2 条定义，知识元为“在应用需求下，表达一个完整事物或概念的不必再分的独立的知识单位”。从上述内容资源中可以看出，铁路信号、视觉信号、听觉信号、夜间信号、信号机和色灯信号机六个词均适合作为知识元。

根据标准第 5.3 节知识元类型的描述，上述六个知识元属于概念型下面的“术语”类型知识元，可用标签 gkadm:Terminology 表述。

根据标准第 5.4 节知识元基本属性，在描述知识元时，应指定标识，可以指定名称、类型、说明等属性，并可以添加新的扩展属性。在这里，我们指定如表 7–1 所示的表属性。

表 7-1 指定属性

编号	英文标签	中文	解释	约束性	数据类型
1	dc:identifier	标识	知识元的标识	必选	URI
2	rdfs:label	名称	能识别单个知识元的专属名词	必选	String
3	gkadm:ketype	知识元类型	知识元的类型标签	必选	String 或 rdf:resource
4	gkadm:kesubtype	知识元子类型	知识元的子类型标签	有则必选	String 或 rdf:resource
5	skos:note	说明	对知识元的内容进行的完整概述	可选	String
6	skos:inScheme	概念体系	概念体系可以视为一个或多个概念的集合体。概念体系是当前词汇所在的概念体系	可选	String
7	dc:subject	主题	能概括和抽象知识元内容的主要含义或与其他知识元的差异的关键字、关键短语等	可选	String
8	tdpress:weight	权重	该知识元在轨道交通知识体系中的权重	可选	String

例如，“听觉信号”可用如下代码进行描述。

```
<gkadm:Terminology rdf:about="http://book.crphdm.com/concept/137">
        <dc:identifier>http://book.crphdm.com/concept/137</dc:identifier>
        <rdfs:label> 听觉信号 </rdfs:label>
        <gkadm:ketype>Concept</gkadm:ketype>
<gkadm:kesubtype>Terminology</gkadm:kesubtype>
        <tdpress:weight>58.8</tdpress:weight>
<skos:note> 用号角、口笛、机车、动车组及自轮运转特种设备的鸣笛等发出的信号均属听觉信号 </skos:note>
        <skos:subject> 铁路工程基本术语 . 信号 </skos:subject>
        <skos:inScheme> 铁路 </skos:inScheme>
    </gkadm:Terminology>
```

这里，“铁路信号”、“信号机”和“色灯信号机”来源于铁路专业相关的国家标准，其重要性强于一般的铁路术语。根据本标准第 6.1 节“扩展原则”中所描述的，“知识元的属性可根据应用需求进行扩展”，故在此应用需求下，可通过扩展，对 GB/T 50262—2013《铁路工程基本术语标准》中出现的知识元进行区别描述，并将该知识元在国家标准中的索引号作为新的属性。

扩展方法遵循《新闻出版 知识服务 知识元描述》中的第 6 章，对“概念型”知识元的子类型进行扩展，增加“铁路工程专业术语”子类型，并添加“索引号”作为新的属性。示例代码见第三节示例 1 和示例 2。

在知识元的描述过程中，根据本标准第 5.1 节的 d 条款，知识元描述应遵循 RDF/OWL 语法规范，采用 XML 语言进行描述，故本章第三节的示例 3 作为一个完整的知识元示例，应能够通过 W3C 提供的 RDF 语法检测工具。检测工具的地址为 https://www.w3.org/RDF/Validator/。图 7-4 为在线检测工具及检测结果。

https://www.w3.org/RDF/Validator/rdfval

Validation Results

Your RDF document validated successfully.

Triples of the Data Model

Number	Subject	Predicate	Object
1	Http://book.crphdm.com/Property/23	Http://www.w3.org/1999/02/22-rdf-syntax-ns#type	Http://www.w3.org/2002/07/owl#ObjectProperty
2	Http://book.crphdm.com/Property/23	Http://www.w3.org/2000/01/rdf-schema#label	“重量”@en
3	Http://book.crphdm.com/Property/23	Http://www.w3.org/2000/01/rdf-schema#label	“权重”@zh
4	Http://book.crphdm.com/Property/23	Http://www.w3.org/2002/07/owl#versionInfo	"1.0"
5	Http://book.crphdm.com/Property/23	Http://www.w3.org/2004/02/skos/core#note	“每个词在知识体系中所占的权重”@zh
6	Http://book.crphdm.com/Property/23	Http://www.w3.org/1999/02/22-rdf-syntax-ns#type	Http://www.w3.org/2002/07/owl#ObjectProperty
7	Http://book.crphdm.com/Property/23	Http://www.w3.org/2000/01/rdf-schema#label	“index”@en
8	Http://book.crphdm.com/Property/23	Http://www.w3.org/2000/01/rdf-schema#label	“索引”@zh
9	Http://book.crphdm.com/Property/23	Http://www.w3.org/2002/07/owl#versionInfo	"1.0"
10	Http://book.crphdm.com/Property/23	Http://www.w3.org/2004/02/skos/core#note	“在”GB/T 50262-2013铁路工程基本术语标准“中的索引号@zh
11	Http://book.crphdm.com/class/	Http://www.w3.org/1999/02/22-rdf-syntax-ns#type	Http://www.w3.org/2002/07/owl#Class
12	Http://book.crphdm.com/class/	Http://www.w3.org/2000/01/rdf-schema#subClassOf	Http://www.w3.org/2004/02/skos/core#Concepts
13	Http://book.crphdm.com/class/	Http://www.w3.org/2000/01/rdf-schema#label	“铁路终端”@en
14	Http://book.crphdm.com/class/	Http://www.w3.org/2000/01/rdf-schema#label	“铁路工程专业术语”@zh
15	Http://book.crphdm.com/class/	Http://www.w3.org/2004/02/skos/core#note	“铁路工程专业术语”@zh
16	Http://book.crphdm.com/concept/135	Http://www.w3.org/1999/02/22-rdf-syntax-ns#type	Http://book.crphdm.comRailwayTerm
17	Http://book.crphdm.com/concept/135	Http://purl.org/dc/elements/1.1/identifier	“ http://book.crphdm.com/concept/135”
18	Http://book.crphdm.com/concept/135	Http://xxx.com/gkadm/schema/cores/ketype	“概念”
19	Http://book.crphdm.com/concept/135	Http://xxx.com/gkadm/schema/cores/kesubtype	“铁路终点站”

图 7-4　在线检测结果

3. 样例详解

本“样例详解”是针对示例 3 中的示例代码。示例 3 中的样例代码结构如下。

1~2 行为 XML 文件的基本属性定义；

3~9 行为 XML 的根元素及其命名空间定义；

10~22 行为知识元中新的属性定义；

23~28 行为新的知识元类型定义；

29~42 行为“铁路信号”知识元定义；

43~53 行为“视觉信号”知识元定义；

54~64 行为“信号机”知识元定义；

65~73 行为“听觉信号”知识元定义；

74~84 行为“色灯信号机”知识元定义；

85~93 行为“夜间信号”知识元定义；

94~98 行为“包含”关系定义；

99~103 行为“表达”关系定义；

104~112 行为定义铁路信号包含视觉信号的关系；

113~121 行为定义信号机包含色灯信号机的关系；

122~130 行为定义铁路信号包含听觉信号的关系；

131~139 行为定义信号机表达铁路信号的关系；

140~148 行为定义铁路信号包含夜间信号的关系；

149 行为整个文档的结束。

其中，1~2 行为 XML 文件的基本属性定义，3~9 行为 XML 的根元素及其命名空间定义。这里需要加入 XML 文档中所有用到的命名空间，包括文档中所用到的专有的命名空间（如 rdfs 等），也需要包含文档中自定义的命名空间（如 gkadm）。第 149 行也即文档的尾行，为根元素的结尾。

10~15 行、16~22 行为新属性的定义，以前者为例，说明如下。

```
10  <owl:ObjectProperty rdf:about="http://book.crphdm.com/Property/23">
```

本行定义了知识元的“属性”元素，并给出 RDF 资源的唯一标识“http://book.crphdm.com/Property/23”。

```
11  <rdfs:label xml:lang="en">weight</rdfs:label>
```

本行定义了属性的名称，为“weight”。

```
12 <rdfs:label xml:lang="zh"> 权重 </rdfs:label>
```

本行定义了属性的中文名称，为“权重”。

```
13 <owl:versionInfo>1.0</owl:versionInfo>
```

本行定义了其版本。

```
14 <skos:note xml:lang="zh"> 每个词在知识体系中所占的权重 </skos:note>
```

本行为新属性的说明。

```
15 </owl:ObjectProperty>
```

本行为知识元的“属性”元素的结束。

23~28 行定义了新的知识元类型“铁路术语”，详细解读如下。

```
23 <owl:Class rdf:about="http://book.crphdm.com/class/">
```

本行为新知识元类型的定义与其 RDF 标识。

```
24 <rdfs:subClassOf rdf:resource="http://www.w3.org/2004/02/skos/core#Concepts" />
```

本行说明这个新知识元是概念知识元“http://www.w3.org/2004/02/skos/core#Concepts”的扩展。

```
25 <rdfs:label xml:lang="en">RailwayTerm</rdfs:label>
```

本行定义新知识元的英文名称，为“RailwayTerm”。

```
26 <rdfs:label xml:lang="zh"> 铁路工程专业术语 </rdfs:label>
```

本行定义新知识元的中文名称，为“铁路工程专业术语”。

```
27 <skos:note xml:lang="zh"> 铁路工程专业术语 </skos:note>
```

本行是新知识元的中文注解。

```
28 </owl:Class>
```

本行表示新知识元类型元素的结束。

29~93 行为知识单元中所涉及的知识元的定义，包含“铁路信号”“视觉信号”“听觉信号”“夜间信号”“信号机”“色灯信号机”六个知识元。详细解读如下。

```
29 <tdpress:RailwayTerm rdf:about="http://book.crphdm.com/concept/135">
```

本行为新知识元的定义及其 RDF 标识。

```
30 <dc:identifier>http://book.crphdm.com/concept/135</dc:identifier>
```

本行为定义知识元的标识。

```
<gkadm:ketype>Concept</gkadm:ketype>
```

本行定义了知识元的类型，为“概念知识元”。

```
<gkadm:kesubtype>RailwayTerm</gkadm:kesubtype>
```

本行定义了其子类型，为“铁路术语”。

```
<rdfs:label> 铁路信号 </rdfs:label>
```

本行说明知识元的名称为“铁路信号”。

```
<skos:altLabel> 信号 </skos:altLabel>
```

本行说明知识元的非首选标签。

```
<tdpress:weight>92.3</tdpress:weight>
```

本行说明知识元的权重。

```
<tdpress:index>14.1.1</tdpress:index>
```

本行定义了知识元的索引。

```
<skos:note>
铁路运输系统中，为保证行车安全、提高区间和车站通过能力及编解能力而设置的手动控制、自动控制及遥控、遥信技术的总称。信号是对行车或调车人员发出指示运行条件的命令，它通过音响、颜色、形状、位置、灯光等来表示。
</skos:note>
```

37~39 行为知识元的说明。

```
40 <skos:notation> 铁路工程基本术语 . 信号 </skos:notation>
```

本行为知识元的概念标记。

```
41 <skos:inScheme> 铁路 </skos:inScheme>
```

本行为知识元的概念体系。

```
42 </tdpress:RailwayTerm>
```

本行说明知识元定义结束。

```
43 <gkadm:Terminology rdf:about="http://book.crphdm.com/concept/136">
```

本行定义了知识元的 RDF 标识。

```
44 <dc:identifier>http://book.crphdm.com/concept/136</dc:identifier>
```

本行定义了知识元的标识。

```
45 <rdfs:label> 视觉信号 </rdfs:label>
```

本行定义了知识元的标签。

```
46 <gkadm:ketype>Concept</gkadm:ketype>
```

本行说明知识元的类型。

```
47 <tdpress:weight>50</tdpress:weight>
```

本行定义了知识元的权重。

```
48 <skos:note>
49 铁路信号包含视觉信号和听觉信号两大类。用信号机、信号旗、信号灯、信号牌、信号表示器、信号标志及火炬等显示的信号均属视觉信号，列控车载设备的速度显示亦属视觉信号。
50 </skos:note>
```

48~50 行是知识元的说明。

```
51 <skos:notation>铁路工程基本术语 . 信号</skos:notation>
```

本行定义了知识元的概念标记。

```
52 <skos:inScheme>铁路</skos:inScheme>
```

本行定义了知识元的概念体系。

```
53 </gkadm:Terminology>
```

本行代表知识元定义结束。

```
54 <tdpress:RailwayTerm rdf:about="http://book.crphdm.com/concept/139">
```

本行定义了知识元的 RDF 标识。

```
<dc:identifier>http://book.crphdm.com/concept/139</dc:identifier>
```

本行定义了知识元的标识。

```
<rdfs:label> 信号机 </rdfs:label>
```

本行为知识元的名称。

```
<tdpress:weight>43.5</tdpress:weight>
```

本行定义了知识元的权重。

```
<tdpress:index>14.2.21</tdpress:index>
```

本行定义了知识元的索引。

```
<gkadm:ketype>Concept</gkadm:ketype>
```

本行定义了知识元的类型。

```
<gkadm:kesubtype>RailwayTerm</gkadm:kesubtype>
```

本行定义了知识元的子类型。

```
<skos:note> </skos:note>
```

本行为知识元的说明。

```
<skos:notation> 铁路工程基本术语 . 信号 </skos:notation>
```

本行定义了知识元的概念体系。

```
<skos:inScheme> 铁路 </skos:inScheme>
```

本行定义了知识元的概念标记。

```
</tdpress:RailwayTerm>
```

本行表示知识元定义的结束。

```
<gkadm:Terminology rdf:about="http://book.crphdm.com/concept/137">
```

本行定义了知识元的 RDF 标识。

```
<dc:identifier>http://book.crphdm.com/concept/137</dc:identifier>
```

本行定义了知识元的标识。

```
<rdfs:label> 听觉信号 </rdfs:label>
```

本行定义了知识元的名称，为“听觉信号”。

```
<gkadm:ketype>Concept</gkadm:ketype>
```

本行定义了知识元的类型。

```
<tdpress:weight>58.8</tdpress:weight>
```

本行定义了知识元的权重，为 58.8。

```
<skos:note> 用号角、口笛、机车、动车组及自轮运转特种设备的鸣笛等发出的信号均属听觉信号 </skos:note>
```

本行为知识元的说明。

```
<skos:notation> 铁路工程基本术语 . 信号 </skos:notation>
```

本行定义了知识元的概念体系。

```
<skos:inScheme> 铁路 </skos:inScheme>
```

本行定义了知识元的概念标记。

```
</gkadm:Terminology>
```

本行代表知识元定义的结束。

```
<tdpress:RailwayTerm rdf:about="http://book.crphdm.com/concept/163">
```

本行定义了知识元的 RDF 标识。

```
<dc:identifier>http://book.crphdm.com/concept/163</dc:identifier>
```

本行定义了知识元的标识。

```
<rdfs:label> 色灯信号机 </rdfs:label>
```

本行定义了知识元的名称，为“色灯信号机”。

```
<tdpress:weight>63.5</tdpress:weight>
```

本行定义了知识元的权重，为 63.5。

```
<tdpress:index>14.2.22</tdpress:index>
```

本行定义了知识元的索引。

```
<gkadm:ketype>Concept</gkadm:ketype>
```

本行定义了知识元的类型。

```
<gkadm:kesubtype>RailwayTerm</gkadm:kesubtype>
```

本行定义了知识元的子类型。

```
<skos:note> 以灯光的颜色及其组合，亮灯状态表达信号含义的信号机。</skos:note>
```

本行为知识元的说明。

```
<skos:notation> 铁路工程基本术语 . 信号 </skos:notation>
```

本行定义了知识元的概念体系。

```
<skos:inScheme> 铁路 </skos:inScheme>
```

本行定义了知识元的概念标记。

```
</tdpress:RailwayTerm>
```

本行代表知识元定义的结束。

```
<gkadm:Terminology rdf:about="http://book.crphdm.com/concept/141">
```

本行定义了知识元的 RDF 标识。

```
<dc:identifier>http://book.crphdm.com/concept/141</dc:identifier>
```

本行定义了知识元的标识。

```
<rdfs:label> 夜间信号 </rdfs:label>
```

本行定义了知识元的名称，为“夜间信号”。

```
<gkadm:ketype>Concept</gkadm:ketype>
```

本行定义了知识元的类型。

```
<tdpress:weight>92.3</tdpress:weight>
```

本行定义了知识元的权重，为 92.3。

```
90 <skos:note></skos:note>
```

本行为知识元的说明，这里为空。

```
91 <skos:notation> 铁路工程基本术语 . 信号 </skos:notation>
```

本行定义了知识元的概念体系。

```
92 <skos:inScheme> 铁路 </skos:inScheme>
```

本行定义了知识元的概念标记。

```
93 </gkadm:Terminology>
```

本行表示知识元定义的结束。

94~103 行为知识元中所涉及的知识关联关系类型的定义。以第一个为例。

```
94 <gkadm:RelationshipType rdf:about="http://book.crphdm.com/relationtype/25">
```

本行定义了该关系的唯一标识符“http://book.crphdm.com/relationtype/25”。

```
95 <rdfs:subRelationshipOf rdfs:label=“ 等 级 关 系 ” rdf: resource= “http://book.crphdm.com/
   relationtype/01” />
```

本行定义关系类型为“等级关系”的子类型。

```
96 <rdfs:label xml:lang="zh"> 包含 </rdfs:label>
```

本行定义了关系类型的名称，为“包含”。

```
97 <rdfs:isDefinedBy rdf:resource="http://book.crphdm.com/" />
```

关系类型的定义人为“http://book.crphdm.com/”。

```
98 </gkadm:RelationshipType>
```

本行表示关系类型定义的结束。

104~148 行为知识元中所涉及的知识元关联关系的定义。以第一个为例。

```
104 <gkadm:Relationship rdf:about="http://book.crphdm.com/relation/131">
```

本行定义了关联关系的 RDF 标识。

```
105 <dc:identifier>http://book.crphdm.com/relation/131</dc:identifier>
```

本行定义了关系的标识。

```
106 <gkadm:RelationshipType rdf:resource="http://book.crphdm.com/relationtype/25" />
```

本行定义了关系的类型标识，此处为“包含”关系。

```
107 <rdfs:label xml:lang="zh"> 包含 </rdfs:label>
```

本行定义了关系的名称。

```
108 <gkadm:source rdf:resource="http://book.crphdm.com/concept/135" />
```

本行定义了关联关系的源知识元，其 RDF 标识为“http://book.crphdm.com/concept/135”，其名称为“铁路信号”。

```
<gkadm:destination rdf:resource="http://book.crphdm.com/concept/136" />
```

本行定义了关联关系的目标知识元，其 RDF 标识为“http://book.crphdm.com/concept/136”，其名称为“视觉信号”。

```
<gkadm:distance>20</gkadm:distance>
```

本行定义了源知识元和目标知识元之间的距离，由知识体系构建后台计算系统根据原始文献中出现的频率、关联次数等自动计算而来。

```
<rdfs:isDefinedBy rdf:resource="http://book.crphdm.com/relation/" />
```

本行定义了定义人。

```
</gkadm:Relationship>
```

本行表示关联关系定义的结束。

```
</rdf:RDF>
```

本行表示知识元定义的结束。

（五）标准应用中常见问题及解决建议

虽然在本标准中对知识元有明确的定义，但在实际操作中，“表达一个完整事物或概念”和“不必再分”这两项原则会根据业务需求的不同、应用场景的不同等因素产生不同颗粒度的解读，故知识元的抽取须结合业务需求和应用场景。

在实际应用过程中，标准第 5.3 节中所规定的知识元类型以及子类型可能对目标知识元不适用，可依据本标准第 6 章的规定对知识元的类型和子类型进行扩展。

《新闻出版 知识服务 知识元描述》所规定的描述方法仅包括对知识元本身的描述，并未涉及关联关系、应用需求等要素。若需要描述知识元自身之外的其他要素，可参考《新闻出版 知识服务 知识单元描述》中所规定的描述方法。

第八章

新闻出版　知识服务　知识单元描述

第一节　概述

一　编制意义

本标准规定了知识单元的概念模型及描述规则，便于规范知识资源的发现、共享、交换和应用。

二　适用范围

本标准适用于新闻出版及相关领域开展知识服务工作中知识单元数据的描述。

三　主要内容

本标准主要描述了知识单元在新闻出版及相关领域应用时数据表达的通用描述办法，规定了知识单元的概念模型及描述规则。其中，知识单元框架是以应用需求为前提，由知识元集合和关联集合组成，通过灵活构建“类”的层级结构以支持知识单元框架的描述与组织，并满足构建模型自身的“类”和从其他命名空间复用“类”的应用需求。

本标准的示例主要对知识单元模型进行了阐释。依据已有的知识服务系统，对示例做了通用性的修改，提供了完整的知识单元数据样例。本标准附录中包含针对资源推荐和术语检索两种不同知识应用需求的知识单元 XML 数据样例。

第二节 核心条款解读

一 用户情境

（一）条款原文

6.2.3.1 **用户情境**

名称：用户情境。

标签：UserContextType。

定义：描述用户特征及其周围环境的相关信息。

注释：用户特征信息，如用户性别、年龄、职业、教育背景、兴趣；应用环境特征，如时间、地点、目标等；技术环境信息主要指知识服务运行时的软硬件设备的信息，如平台信息、应用交互特征、通信及计算能力、网络带宽等。

属性：标识、名称、说明、与……相关、最终用户角色、应用目的、运行时环境要求、受众范围、难度、语种、与……相同、用户情境元数据。用户情境的属性如图 4 所示。属性说明参见附录 A。

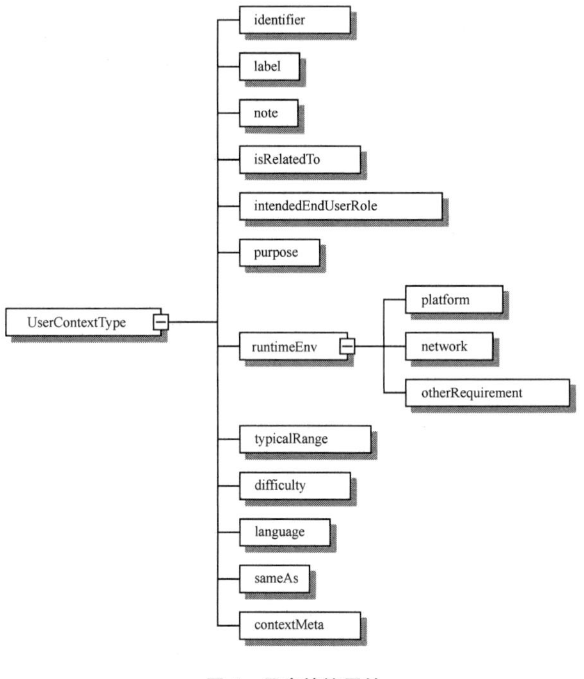

图 4 用户情境属性

（二）条款解读

用户特征信息，如用户性别、年龄、职业、教育背景、兴趣；应用环境特征，如时间、地点、目标等；技术环境信息主要指知识服务运行时的软硬件设备的信息，如平台信息、应用交互特征、通信及计算能力、网络带宽等。

（三）建议

用户情境需要如实反映用户特征及使用环境，为后续应用场景提供足够支撑。

二　知识应用需求

（一）条款原文

6.2.3.2　**知识应用需求**

名称：知识应用需求。

标签：RequirementType。

定义：以为用户提供个性化知识服务为目的，面向应用的场景、背景、基础内容需求等条件。

注释：知识应用需求与特定场景、背景、基础内容需求和时间、阶段密切相关，通过面向应用的场景、背景、基础内容需求等条件形成用户知识资源需求条件规范数据，并以此为基础条件分时段分阶段精确推送知识资源内容，提供个性化的知识服务。

属性：标识、名称、说明、应用场景、使用地点、文化环境、应用背景、应用时间。

知识应用需求的属性如图5所示。属性说明参见附录A。

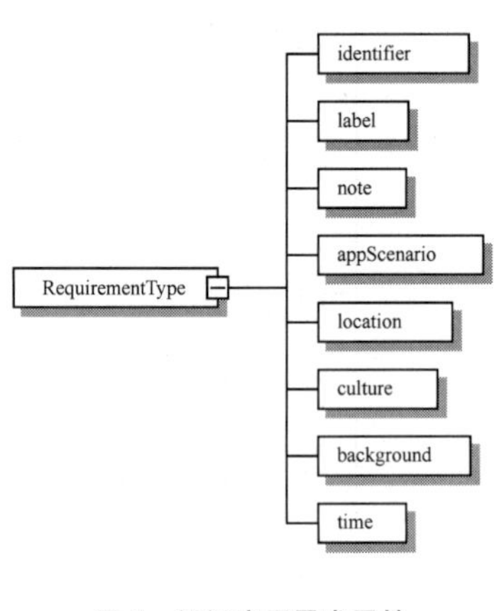

图5　知识应用需求属性

（二）条款解读

知识应用需求与特定场景、背景、基础内容需求和时间、阶段密切相关，通过面向应用的场景、背景、基础内容需求等条件形成用户知识资源需求条件规范数据，并以此为基础条件分时段、分阶段精确推送知识资源内容，提供个性化的知识服务。

（三）建议

知识应用需求应如实提供服务目的、应用场景、背景等内容，以为知识单元的应用提供必要的场景描述等相关支持，为知识单元的应用提供足够信息。

三　知识元集合

（一）条款原文

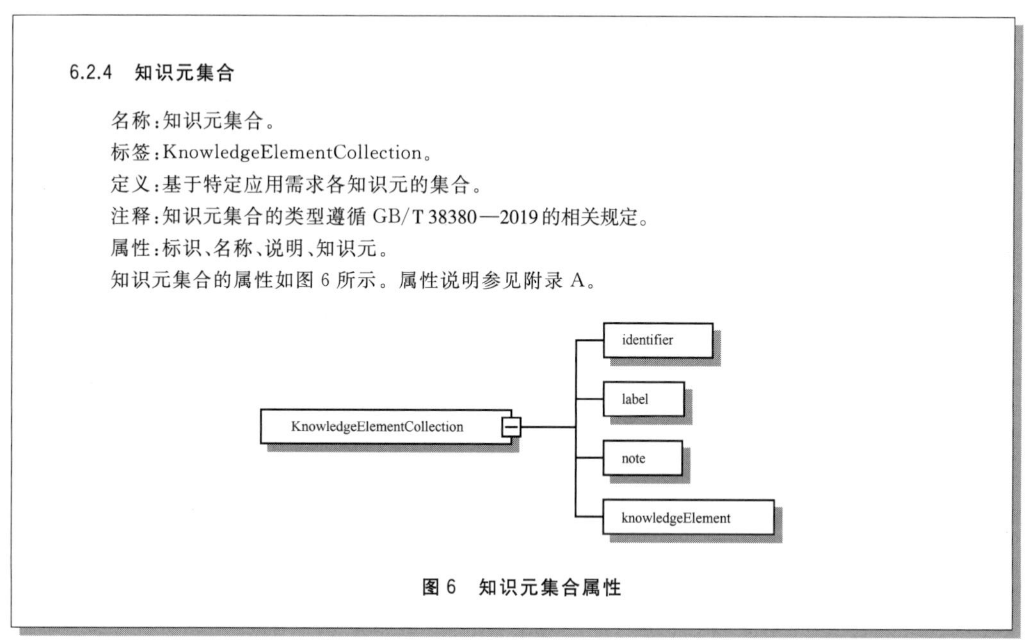

6.2.4　知识元集合

名称：知识元集合。
标签：KnowledgeElementCollection。
定义：基于特定应用需求各知识元的集合。
注释：知识元集合的类型遵循 GB/T 38380—2019 的相关规定。
属性：标识、名称、说明、知识元。
知识元集合的属性如图 6 所示。属性说明参见附录 A。

图 6　知识元集合属性

（二）条款解读

知识元集合的类型遵循 GB/T 38380—2019 的相关规定。

（三）建议

知识元集合是由与知识单元相关的所有知识元所构成的。知识元集合包含了以该应用需求为目的的知识应用所需要的所有知识元，为知识服务提供了必要支撑。

四 关联关系

（一）条款原文

6.2.5 **关联关系**

名称：关联关系。

标签：Relationship。

定义：根据应用需求选取的知识元间的关联关系。

属性：标识、名称、说明、源知识元、目标知识元、关系类型。关联关系的标识符宜采用ISLI标识。

关联关系的属性如图7所示，属性说明参见附录A，示例参见附录B。

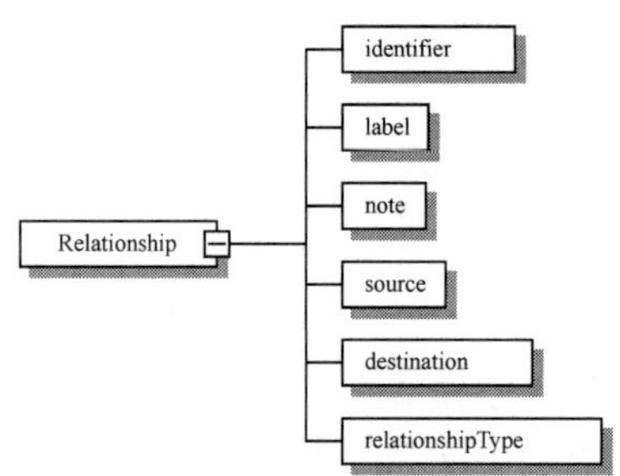

图7 关联关系属性

知识元的关联关系按照相关度、显现度和领域范围划分类型，见GB/T 38378—2019第5章的规定。

根据应用的具体需求可对关联关系进行扩展，扩展办法遵循GB/T 13190.1—2015中10.4自定义关系的相关规定。

（二）条款解读

关联关系描述了所有相关知识元之间的关系。

（三）建议

关联关系是由与知识单元相关的所有知识元之间的关联关系所构成的集合。关联关系包含了以该应用需求为目的的知识应用所需要的所有知识元之间的关联关系，为知识服务提供了必要的支撑。

第三节 应用示例

一 本示例中所使用到的标准条款

本示例中运用到国家标准《新闻出版 知识服务 知识单元描述》中的如下条款。

3.1 知识元

3.2 知识单元

5 概念模型

6.2 描述方法

二 示例应用所属产品及应用场景简介

（一）所属产品简介

轨道交通专业知识资源库系统是中国铁道出版社知识资源数据的建设和应用系统。其主要包含用以解决纸质书和电子文档初步进行数字化，并对数据进行规范处理的书、报、刊数字标准化处理系统，解决知识元和知识单元数据建设和管理的知识构建系统，以及满足专业人员对轨道交通专业知识资源、从书到知识内容需求的知识服务平台系统三部分，是传统专业出版机构开展实施知识资源建设和知识服务的重要实践，已经取得了一定的成果。

（二）应用场景简介

1. 资源推荐场景

轨道交通专业资源推荐场景主要运用于轨道交通行业图书商城系统。

在图书详情页面，放置图书推荐栏目，其中，“知识关联关系商品推荐”是基于知识单元的创新性应用，区别于传统的协同过滤推荐算法，能够有效提高推荐图书的覆盖度。

基于知识关联关系的推荐方法，更适用于专业领域的图书资源推荐，因为该领域图书购买流量较少，销售量和浏览量不能与畅销书相比，传统的依赖于用户购买历史记录的协同过滤等算法在专业领域场景会因为数据不足而失效，而基于知识关联关系的推荐算法，因为以深层次的专业领域知识关联关系作为索引，能够有效提高推送的准确度和覆盖度。

知识单元能够存储知识元之间的关联关系、关联强度，并能够映射到相应资源，为基于知识关联关系的图书推荐提供了良好的数据支撑和计算支撑。相关算法的具体实现将在后文进行介绍。

2. 术语检索场景

专业领域的术语检索区别于普通的搜索场景，普通搜索场景单纯基于关键字，但是专业领域的术语检索往往带有使用情境，检索出来的术语需要进行适当扩展。此外，专业术语往往会带有诸多缩写、同义词、别称等同义语，基于知识关联关系的搜索将更加适合本类场景。

知识单元为基于知识关联关系的专业术语检索提供了良好的数据支撑和计算支撑，相关具体方法将在后文中详细介绍。

（三）示例数据

以下示例依据本标准的内容，以铁道工程专业术语为例，构建知识单元的 XML 示例片段。

示例 1~ 示例 7 是知识单元相关的 XML 描述片段，用来解释知识单元中重要元素的描述方法。最后一个示例（示例 8）是知识单元的完整 XML 描述示例，其中包含两个知识单元，分别来源于图书推荐需求和铁道专业术语检索需求，涉及 5 个知识元。示例 8 所对应的知识单元样例示意如图 8−1 所示。

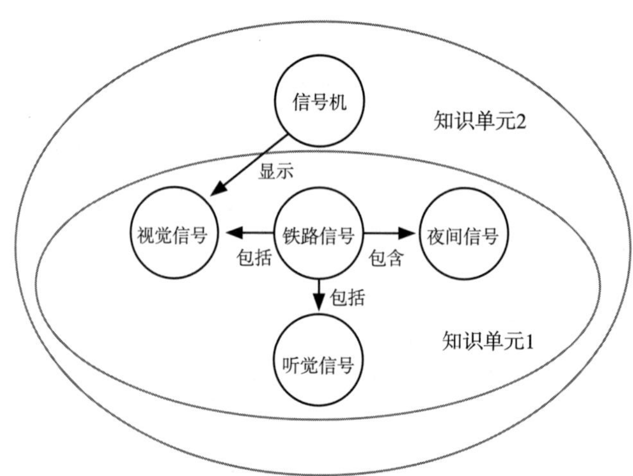

图 8−1　示例 8 所对应的知识单元样例示意

当知识单元对象类型所包含属性的定义域或约束不能满足新闻出版机构对内容对象做进一步限定的描述时，可以通过细化增加已有类的属性进行扩展以满足应用。

示例 1：本示例对知识单元中的已有属性进行细化，即对“知识应用需求”类中的“应用背景”进行细化，细化为“铁路专业应用背景”。

示例代码如下。

```
<owl:ObjectProperty rdf:about="&gkadm;railwayBackground">
    <rdfs:subPropertyOf rdfs:label="gkadm;background"/>
    <rdfs:label XML:lang="en">RailwayBackground</rdfs:label>
    <rdfs:label XML:lang="zh"> 铁路专业应用背景 </rdfs:label>
    <owl:versionInfo>1.0</owl:versionInfo>
    <skos:note XML:lang="zh"> 铁路专业的应用背景 </skos:note>
    <rdfs:isDefinedBy rdf:resource="&gkadm;"/>
</owl:ObjectProperty>
```

示例 2：本示例是描述知识单元属性添加方法的示例。在当前的知识单元数据模型中，定义的对象类型所包含的属性不能满足新闻出版机构对内容对象的描述时，可通过添加新的属性进行扩展。本示例添加一个新属性（用“index”表示），采用所属单位自己的命名空间（“http://book.crphdm.com/”）。定义该新属性的示例代码（RDF/XML）。

示例代码如下。

```
<owl:ObjectProperty rdf:about="http://book.crphdm.com/Property/23">
    <rdfs:label XML:lang="en">index</rdfs:label>
    <rdfs:label XML:lang="zh"> 索引 </rdfs:label>
    <owl:versionInfo>1.0</owl:versionInfo>
    <skos:note XML:lang="zh"> 在 GB/T 50262—2013《铁路工程基本术语标准》中的索
引号 </skos:note>
    <rdfs:isDefinedBy rdf:resource="http://book.crphdm.com/"/>
</owl:ObjectProperty>
```

示例 3：本示例是描述知识单元类型扩展方法的示例。如果当前知识单元数据模型（及其扩展模型）中定义的对象类型粒度过粗，且未包含新闻出版机构所需要的确切对象类型，则新闻出版机构可以添加新的对象类型。例如，新闻出版机构需要对知识应用需求加入“铁路应用背景”属性，则构建一个新的类型，并定义“铁路应用场景”属性。

示例代码如下。

```
<owl:Class rdf:about="&gkadm;RailwayAppReq">
    <rdfs:subClassOf rdf:resource="&gkadm;ApplicationRequirementType"/>
    <rdfs:label XML:lang="en"> RailwayApplicationRequirement </rdfs:label>
    <rdfs:label XML:lang="zh"> 铁路知识应用需求 </rdfs:label>
    <skos:note XML:lang="zh"> 针对铁路专业的知识应用需求
    </skos:note>
    <rdfs:isDefinedBy rdf:resource="&gkadm; "/>
</owl:Class>
<owl:ObjectProperty rdf:about="&gkadm;railwayBackground">
    <rdfs:subPropertyOf rdf:resource="gkadm;background"/>
    <rdfs:label XML:lang="en">RailwayBackground</rdfs:label>
    <rdfs:label XML:lang="zh"> 铁路专业应用背景 </rdfs:label>
    <owl:versionInfo>1.0</owl:versionInfo>
    <skos:note XML:lang="zh"> 铁路专业的应用背景 </skos:note>
    <rdfs:isDefinedBy rdf:resource="&gkadm;"/>
</owl:ObjectProperty>
```

示例 4：本示例是描述知识元间等同关系数据表达的样例。等同关系参考 GB/T 13190.1—2015 中第 8 章、第 9 章的相关规定，即对自然语言中优选词与它相对应非优选词间关系的语义进行描述。

示例代码如下。

```
<Relationship rdf:about="http://book.crphdm.com/relation/122">
    <dc:identifier>http://book.crphdm.com/relation/122</dc:identifier>
    <RelationshipType rdf:resource="http://book.crphdm.com/relationtype/1"/>
    <label XML:lang="zh"> 等同 </label>
    <source rdf:resource="http://book.crphdm.com/concept/135"/>
    <destination rdf:resource="http://book.crphdm.com/concept/136"/>
    <distance>99</distance>
    <isDefinedBy rdf:resource="http://book.crphdm.com/relation/" />
</Relationship>
```

示例 5：本示例是描述知识元间等级关系数据表达的样例。等级关系参考 GB/T 13190.1—2015 中 10.2 的相关规定进行描述，即等级关系指所描述知识元的范围边界与另一知识元的范围边界处于包含或被包含的范围内，基于上位和下位的程度或层次，上位表示一个类或整体，下位表示成员或部件。

示例代码如下。

```
<Relationship rdf:about="http://book.crphdm.com/relation/123">
    <dc:identifier>http://book.crphdm.com/relation/123</dc:identifier>
    <RelationshipType rdf:resource="http://book.crphdm.com/relationtype/2"/>
    <label XML:lang="zh"> 等级 </label>
    <source rdf:resource="http://book.crphdm.com/concept/137" />
    <destination rdf:resource="http://book.crphdm.com/concept/136" />
    <distance>20</distance>
    <isDefinedBy rdf:resource="http://book.crphdm.com/relation/" />
</Relationship>
```

示例 6：本示例是描述知识元间相关关系数据表达的样例。相关关系参考 GB/T 13190.1 的相关规定，知识元间的相关关系指非等级相关，且语义上或概念上有一定程度关联的一对知识元间的关系。

示例代码如下。

```
<Relationship rdf:about="http://book.crphdm.com/relation/124">
    <dc:identifier>http://book.crphdm.com/relation/124</dc:identifier>
   <RelationshipType rdf:resource="http://book.crphdm.com/relationtype/3"/>
    <label XML:lang="zh"> 相关 </label>
    <source rdf:resource="http://book.crphdm.com/concept/135" />
    <destination rdf:resource="http://book.crphdm.com/concept/125" />
    <distance>35</distance>
    <isDefinedBy rdf:resource="http://book.crphdm.com/relation/" />
</Relationship>
```

示例 7：本示例是描述关系扩展方法的样例。

示例代码如下。

```
<RelationshipType rdf:about="http://book.crphdm.com/relationtype/25">
    <subRelationshipOf rdf:resource="http://book.crphdm.com/relationtype/2"/>
    <label XML:lang="zh"> 显示 </label>
    <isDefinedBy rdf:resource=http://book.crphdm.com/"/>
</RelationshipType>
```

示例 8：本示例以铁路专业相关资源和术语为例，构建两个完整的知识单元。

本示例引用“铁路信号”“视觉信号”“听觉信号”“夜间信号”“信号机”作为知识元，同时，“铁路信号”和“信号机”作为铁路工程基本术语，在 GB/T 50262—2013《铁路工程基本术语标准》中存在索引号，将其作为必选项，放入“概念”的扩展类“铁路工程基本术语”中，同时构建新的属性“索引号”。此外，根据新闻出版机构的应用需要，增加知识元的权重属性作为可选项。知识元关联关系中，将对“等级关系”和“相关关系”进行扩展，以细化知识元之间的关系。

示例代码如下。

```
<?XML version="1.0" encoding="UTF-8"?>
<?XML-model href="GKADM-INTERNAL.xsd" type="application/XML" schematypens="http://purl.oclc.org/dsdl/schematron"?>
<rdf:RDF XMLns:xsi="http://www.w3.org/2001/XMLSchema-instance"
XMLns:dc="http://purl.org/dc/elements/1.1/" XMLns:gkadm="http://xxx.com/gkadm/schema/cores/"
XMLns:foaf="http://XMLns.com/foaf/0.1/" XMLns:rdaGr2="http://rdvocab.info/ElementsGr2/"
XMLns:ore="http://www.openarchives.org/ore/terms/" XMLns:dcterms="http://purl.org/dc/terms/"
XMLns:rdfs="http://www.w3.org/2000/01/rdf-schema#" XMLns:owl="http://www.w3.org/2002/07/owl#"
XMLns:rdf="http://www.w3.org/1999/02/22-rdf-syntax-ns#" XMLns:wgs84="http://www.w3.org/2003/01/geo/wgs84_pos#"
XMLns:skos="http://www.w3.org/2004/02/skos/core#" XMLns:tdpress="http://book.crphdm.com">
<owl:ObjectProperty rdf:about="http://book.crphdm.com/Property/23">
<rdfs:label XML:lang="en">weight</rdfs:label>
<rdfs:label XML:lang="zh"> 权重 </rdfs:label>
<owl:versionInfo>1.0</owl:versionInfo>
<skos:note XML:lang="zh"> 每个词在知识体系中所占的权重 </skos:note>
</owl:ObjectProperty>
<owl:ObjectProperty rdf:about="http://book.crphdm.com/Property/23">
<rdfs:label XML:lang="en">index</rdfs:label>
<rdfs:label XML:lang="zh"> 索引 </rdfs:label>
```

```
<owl:versionInfo>1.0</owl:versionInfo>
<skos:note XML:lang="zh"> 在 GB/T 50262—2013《铁路工程基本术语标准》中的索引号
</skos:note>
</owl:ObjectProperty>
<owl:Class rdf:about="http://book.crphdm.com/class/">
<rdfs:subClassOf rdf:resource="http://www.w3.org/2004/02/skos/core#Concepts" />
<rdfs:label XML:lang="en">RailwayTerm</rdfs:label>
<rdfs:label XML:lang="zh"> 铁路工程专业术语 </rdfs:label>
<skos:note XML:lang="zh"> 铁路工程专业术语 </skos:note>
</owl:Class>
<tdpress:RailwayTerm rdf:about="http://book.crphdm.com/concept/135">
<dc:identifier>http://book.crphdm.com/concept/135</dc:identifier>
<gkadm:ketype>Concept</gkadm:ketype>
<gkadm:kesubtype>RailwayTerm</gkadm:kesubtype>
<rdfs:label> 铁路信号 </rdfs:label>
<skos:altLabel> 信号 </skos:altLabel>
<tdpress:weight>92.3</tdpress:weight>
<tdpress:index>14.1.1</tdpress:index>
<skos:note>
铁路运输系统中，为保证行车安全、提高区间和车站通过能力及编解能力而设置的手动控制、自动控制及遥控、遥信技术的总称。信号是对行车或调车人员发出指示运行条件的命令，它通过音响、颜色、形状、位置、灯光等来表示。
</skos:note>
<skos:note> 铁路工程基本术语 . 信号 </skos:note>
<skos:inScheme> 铁路 </skos:inScheme>
</tdpress:RailwayTerm>
<rdfs:Concept rdf:about="http://book.crphdm.com/concept/136">
<dc:identifier>http://book.crphdm.com/concept/136</dc:identifier>
<rdfs:label> 视觉信号 </rdfs:label>
```

```
<gkadm:ketype>Concept</gkadm:ketype>
<tdpress:weight>50</tdpress:weight>
<skos:note>
铁路信号包括视觉信号和听觉信号两大类。用信号机、信号旗、信号灯、信号牌、信号表示器、信号标志及火炬等显示的信号均属视觉信号，列控车载设备的速度显示亦属视觉信号。
</skos:note>
<skos:note> 铁路工程基本术语 . 信号 </skos:note>
<skos:inScheme> 铁路 </skos:inScheme>
</rdfs:Concept>
<tdpress:RailwayTerm rdf:about="http://book.crphdm.com/concept/139">
<dc:identifier>http://book.crphdm.com/concept/139</dc:identifier>
<rdfs:label> 信号机 </rdfs:label>
<tdpress:weight>43.5</tdpress:weight>
<tdpress:index>14.2.21</tdpress:index>
<gkadm:ketype>Concept</gkadm:ketype>
<gkadm:kesubtype>RailwayTerm</gkadm:kesubtype>
<skos:note></skos:note>
<skos:note> 铁路工程基本术语 . 信号 </skos:note>
<skos:inScheme> 铁路 </skos:inScheme>
</tdpress:RailwayTerm>
<rdfs:Concept rdf:about="http://book.crphdm.com/concept/137">
<dc:identifier>http://book.crphdm.com/concept/137</dc:identifier>
<rdfs:label> 听觉信号 </rdfs:label>
<gkadm:ketype>Concept</gkadm:ketype>
<tdpress:weight>58.8</tdpress:weight>
<skos:note> 用号角、口笛、机车、动车组及自轮运转特种设备的鸣笛等发出的信号均属听觉信号 </skos:note>
<skos:note> 铁路工程基本术语 . 信号 </skos:note>
```

```
<skos:inScheme> 铁路 </skos:inScheme>
</rdfs:Concept>
<rdfs:Concept rdf:about="http://book.crphdm.com/concept/141">
<dc:identifier>http://book.crphdm.com/concept/141</dc:identifier>
<rdfs:label> 夜间信号 </rdfs:label>
<gkadm:ketype>Concept</gkadm:ketype>
<tdpress:weight>92.3</tdpress:weight>
<skos:note></skos:note>
<skos:note> 铁路工程基本术语 . 信号 </skos:note>
<skos:inScheme> 铁路 </skos:inScheme>
</rdfs:Concept>
<gkadm:RelationshipType rdf:about="http://book.crphdm.com/relationtype/25">
<rdfs:subRelationshipOf rdfs:label=" 等级关系 " />
<rdfs:label XML:lang="zh"> 包含 </rdfs:label>
<rdfs:isDefinedBy rdf:resource="http://book.crphdm.com/" />
</gkadm:RelationshipType>
<gkadm:RelationshipType rdf:about="http://book.crphdm.com/relationtype/26">
<rdfs:subRelationshipOf rdfs:label=" 相关关系 " />
<rdfs:label XML:lang="zh"> 显示 </rdfs:label>
<rdfs:isDefinedBy rdf:resource="http://book.crphdm.com/" />
</gkadm:RelationshipType>
<gkadm:Relationship rdf:about="http://book.crphdm.com/relation/131">
<dc:identifier>http://book.crphdm.com/relation/131</dc:identifier>
<gkadm:RelationshipType rdf:resource="http://book.crphdm.com/relationtype/25" />
<rdfs:label XML:lang="zh"> 包含 </rdfs:label>
<gkadm:source rdf:resource="http://book.crphdm.com/concept/135" />
<gkadm:destination rdf:resource="http://book.crphdm.com/concept/136" />
<gkadm:distance>20</gkadm:distance>
<rdfs:isDefinedBy rdf:resource="http://book.crphdm.com/relation/" />
```

```
</gkadm:Relationship>
<gkadm:Relationship rdf:about="http://book.crphdm.com/relation/132">
<dc:identifier>http://book.crphdm.com/relation/132</dc:identifier>
<gkadm:RelationshipType rdf:resource="http://book.crphdm.com/relationtype/25" />
<rdfs:label XML:lang="zh"> 包含 </rdfs:label>
<gkadm:source rdf:resource="http://book.crphdm.com/concept/135" />
<gkadm:destination rdf:resource="http://book.crphdm.com/concept/137" />
<gkadm:distance>50</gkadm:distance>
<rdfs:isDefinedBy rdf:resource="http://book.crphdm.com/relation/" />
</gkadm:Relationship>
<gkadm:Relationship rdf:about="http://book.crphdm.com/relation/133">
<dc:identifier>http://book.crphdm.com/relation/133</dc:identifier>
<gkadm:RelationshipType rdf:resource="http://book.crphdm.com/relationtype/26" />
<rdfs:label XML:lang="zh"> 显示 </rdfs:label>
<gkadm:source rdf:resource="http://book.crphdm.com/concept/139" />
<gkadm:destination rdf:resource="http://book.crphdm.com/concept/136" />
<gkadm:distance>75</gkadm:distance>
<rdfs:isDefinedBy rdf:resource="http://book.crphdm.com/relation/" />
</gkadm:Relationship>
<gkadm:Relationship rdf:about="http://book.crphdm.com/relation/134">
<dc:identifier>http://book.crphdm.com/relation/134</dc:identifier>
<gkadm:RelationshipType rdf:resource="http://book.crphdm.com/relationtype/25" />
<rdfs:label XML:lang="zh"> 包含 </rdfs:label>
<gkadm:source rdf:resource="http://book.crphdm.com/concept/135" />
<gkadm:destination rdf:resource="http://book.crphdm.com/concept/141" />
<gkadm:distance>99</gkadm:distance>
<rdfs:isDefinedBy rdf:resource="http://book.crphdm.com/relation/" />
</gkadm:Relationship>
<gkadm:UserContextType rdf:about="http://book.crphdm.com/usercontext/152">
```

```
<dc:identifier>http://book.crphdm.com/usercontext/152
</dc:identifier>
<rdfs:label> 图书推荐用户场景 </rdfs:label>
<gkadm:purpose> 图书推荐 </gkadm:purpose>
<gkadm:typicalRange> 职业教育 </gkadm:typicalRange>
<gkadm:difficulty> 难 </gkadm:difficulty>
</gkadm:UserContextType>
<gkadm:KnowledgeApplicationRequirementType
rdf:about="http://book.crphdm.com/appreq/123">
<dc:identifier>http://book.crphdm.com/appreq/123</dc:identifier>
<rdfs:label> 图书推荐应用需求 </rdfs:label>
<gkadm:kElemengType> 概念知识元 </gkadm:kElemengType>
<gkadm:appScenario> 资源推荐 </gkadm:appScenario>
<gkadm:location> 中国 </gkadm:location>
<gkadm:background> 高等教育 </gkadm:background>
</gkadm:KnowledgeApplicationRequirementType>
<gkadm:ApplicationRequirementType
rdf:about="http://book.crphdm.com/applicationrequirement/172">
<gkadm:inUserContext rdf:resource="http://book.crphdm.com/usercontext/152" />
<gkadm:inKnowledgeApplicationRequirement
rdf:resource="http://book.crphdm.com/appreq/123" />
</gkadm:ApplicationRequirementType>
<gkadm:KnowledgeElementCollection
rdf:about="http://book.crphdm.com/elementcollection/105">
<dc:identifier>http://book.crphdm.com/elementcollection/105
</dc:identifier>
<rdfs:label> 专业图书推荐知识元集合 </rdfs:label>
<gkadm:knowledgeElement rdf:resource="http://book.crphdm.com/concept/135" />
<gkadm:knowledgeElement rdf:resource="http://book.crphdm.com/concept/136" />
```

```
<gkadm:knowledgeElement rdf:resource="http://book.crphdm.com/concept/137" />
<gkadm:knowledgeElement rdf:resource="http://book.crphdm.com/concept/139" />
<gkadm:knowledgeElement rdf:resource="http://book.crphdm.com/concept/141" />
</gkadm:KnowledgeElementCollection>
<gkadm:KnowledgeUnit rdf:about="http://book.crphdm.com/knowledgeunit/125">
<dc:identifier>http://book.crphdm.com/kunit/141</dc:identifier>
<rdfs:label> 铁道专业类图书推荐 </rdfs:label>
<skos:note> 铁路工程基本术语 </skos:note>
<gkadm:inApplicationRequirement
rdf:resource="http://book.crphdm.com/applicationrequirement/172" />
<gkadm:knowledgeElementCollection
rdf:resource="http://book.crphdm.com/elementcollection/105" />
<gkadm:relationship rdf:resource="http://book.crphdm.com/relation/131" />
<gkadm:relationship rdf:resource="http://book.crphdm.com/relation/132" />
<gkadm:relationship rdf:resource="http://book.crphdm.com/relation/133" />
<gkadm:relationship rdf:resource="http://book.crphdm.com/relation/134" />
</gkadm:KnowledgeUnit>
<gkadm:UserContextType rdf:about="http://book.crphdm.com/usercontext/157">
<dc:identifier>http://book.crphdm.com/usercontext/157
</dc:identifier>
<rdfs:label> 铁道专业术语检索 </rdfs:label>
<gkadm:purpose> 术语检索 </gkadm:purpose>
<gkadm:typicalRange> 职业教育 </gkadm:typicalRange>
<gkadm:difficulty> 难 </gkadm:difficulty>
</gkadm:UserContextType>
<gkadm:KnowledgeApplicationRequirementType
rdf:about="http://book.crphdm.com/appreq/125">
<dc:identifier>http://book.crphdm.com/appreq/125</dc:identifier>
<rdfs:label> 术语检索应用需求 </rdfs:label>
```

```
<gkadm:kElemengType> 概念知识元 </gkadm:kElemengType>
<gkadm:appScenario> 术语检索 </gkadm:appScenario>
<gkadm:location> 中国 </gkadm:location>
<gkadm:background> 高等教育 </gkadm:background>
</gkadm:KnowledgeApplicationRequirementType>
<gkadm:ApplicationRequirementType
rdf:about="http://book.crphdm.com/applicationrequirement/157">
<gkadm:inUserContext rdf:resource="http://book.crphdm.com/usercontext/157" />
<gkadm:inKnowledgeApplicationRequirement
rdf:resource="http://book.crphdm.com/appreq/125" />
</gkadm:ApplicationRequirementType>
<gkadm:KnowledgeElementCollection
rdf:about="http://book.crphdm.com/elementcollection/125">
<dc:identifier>http://book.crphdm.com/elementcollection/125
</dc:identifier>
<rdfs:label> 铁道专业术语检索知识元集合 </rdfs:label>
<gkadm:knowledgeElement rdf:resource="http://book.crphdm.com/concept/135" />
<gkadm:knowledgeElement rdf:resource="http://book.crphdm.com/concept/136" />
<gkadm:knowledgeElement rdf:resource="http://book.crphdm.com/concept/137" />
<gkadm:knowledgeElement rdf:resource="http://book.crphdm.com/concept/139" />
<gkadm:knowledgeElement rdf:resource="http://book.crphdm.com/concept/141" />
</gkadm:KnowledgeElementCollection>
<gkadm:KnowledgeUnit rdf:about="http://book.crphdm.com/knowledgeunit/137">
<dc:identifier>http://book.crphdm.com/kunit/141</dc:identifier>
<rdfs:label> 铁道专业术语检索 </rdfs:label>
<skos:note> 铁路工程基本术语 </skos:note>
<gkadm:inApplicationRequirement
rdf:resource="http://book.crphdm.com/applicationrequirement/157" />
<gkadm:knowledgeElementCollection
```

```
rdf:resource="http://book.crphdm.com/elementcollection/125" />
<gkadm:relationship rdf:resource="http://book.crphdm.com/relation/131" />
<gkadm:relationship rdf:resource="http://book.crphdm.com/relation/132" />
<gkadm:relationship rdf:resource="http://book.crphdm.com/relation/133" />
<gkadm:relationship rdf:resource="http://book.crphdm.com/relation/134" />
</gkadm:KnowledgeUnit>
</rdf:RDF>
```

（四）标准相关条款解读与样例详解

下文将结合示例，对其中所涉及的条款进行解读。

1. 背景介绍

本示例来自“轨道交通专业知识资源库系统”。该系统通过对数字资源的加工、处理，从中提取知识体系，并与内容资源进行关联、标引。本示例中的知识元来自三个数字资源，分别为国家标准《铁路工程基本术语标准》（GB/T 50262—2013）、中国铁道出版社 2014 年出版的《铁路技术管理规程》（高速铁路部分）和中国铁道出版社 2012 年出版的《铁道概论》（第 6 版）。这三个内容资源分别是国家标准、中国铁路总公司发布的规程和铁道专业高等院校教材，均较权威，适合作为知识体系构建的内容资料来源。

我们从这些内容资源中抽取 5 个与铁路信号相关的知识元进行示例。相应的知识元分别为铁路信号、视觉信号、听觉信号、夜间信号和信号机。“轨道交通专业知识资源库系统”从相关内容资源中抽取出知识元和知识元之间的关系，构建成知识体系。

上述内容资源中，与所涉及的知识元相关的内容摘录如下。

（1）GB/T 50262—2013《铁路工程基本术语标准》

14.1.1 铁路信号

铁路运输系统中，为保证行车安全、提高区间和车站通过能力及编解能力而设置的手动控制、自动控制及遥控、遥信技术的总称。

14.2.21 信号机

表达固定信号显示所用的机具的总称。

（2）《铁路技术管理规程》（高速铁路部分）

第461条 铁路信号分为视觉信号和听觉信号。

第462条 视觉信号分为昼间、夜间及昼夜通用信号。在昼间遇降雾、暴风雨雪及其他情况，致使停车信号显示距离不足1000m，注意或减速信号显示距离不足400m，调车信号及调车手信号显示距离不足200m时，应使用夜间信号。

（3）《铁道概论》（第6版）片段1

一、铁路信号设备

铁路信号设备是铁路信号、车站联锁、区间闭塞等设备的总称。它的重要作用是保证列车运行与调车工作的安全和提高铁路通过能力，同时对增加铁路运输经济效益、改善铁路职工劳动条件也起着重要作用。

1. 铁路信号：是向有关行车和调车人员发出的指示和命令。

2. 车站联锁设备：用于保证站内行车与调车工作的安全，并提高车站的通过能力。

3. 区间闭塞设备：用于保证列车在区间内运行的安全，并提高区间的通过能力。

（4）《铁道概论》（第6版）片段2

2. 铁路信号的分类

铁路信号分为听觉信号、视觉信号两大类。

（1）听觉信号：是以不同声响设备发出音响的强度、频率、音响长短和数目等特征表示的信号，如用号角、口笛、响墩发出的音响及机车、轨道车鸣笛等发出的信号。

（2）视觉信号：是以物体或灯光的颜色、形状、位置、数目或数码显示等特征表示的信号，如用信号机、机车信号、信号旗、信号牌、信号灯、火炬等表示的信号。

2. 所涉及的条款说明与解读

关于知识元的构建，参见《新闻出版 知识服务 知识元描述》的解读，此处不再描述。

根据《新闻出版 知识服务 知识单元描述》第 3.2 条，知识单元是按照一定关系组织的一组知识元相关信息的集合。故知识单元包含一组知识元，也包含相应的其他信息。根据 RDF 规范，知识单元中所包含的所有元素须在知识单元外部定义，在知识元中通过 rdf resource 的方式进行引用。

根据本标准第 6.2.2 条，知识单元是根据应用需求由若干知识元根据序列和关系组成的集合，知识单元的前提是应用需求，故每个知识单元都是能够独立满足某应用需求的集合。应用需求包含用户情境和知识应用需求。根据本标准第 6.2.3.1 条的定义，用户情境为描述用户特征及其周围环境的相关信息。本示例中定义两个用户情境，分别为面向职业教育的图书推荐场景和面向职业教育的专业术语检索场景。根据本标准第 6.2.3.2 条的定义，知识应用需求以为用户提供个性化知识服务为目的，面向应用的场景、背景、基础内容需求等条件。知识应用需求为可选项，本示例中没有定义。

知识单元中还包含知识元集合和知识单元集合，根据本标准第 6.2.4 条的定义，知识元集合用标签 KnowledgeElementCollection 包裹起来，里面包含所有知识单元所涉及的知识元的 rdf resource 引用；而根据本标准第 6.2.5 条的定义，知识单元间的关系通过 Relationship 定义，不需要其他类型包裹，直接将关联关系的 rdf resource 引用列举并存放在知识单元中。

在知识单元的描述过程中，根据本标准附录 B 的描述，本示例采用基于 XML 语法的 RDF 描述方式。故本章第三节的示例 8 作为一个完整的知识单元示例，应能够通过 W3C 提供的 RDF 语法检测工具。检测工具的地址为：https://www.w3.org/RDF/Validator/。图 8–2 为在线检测工具及检测结果。

https://www.w3.org/RDF/Validator/rdfval

Validation Results

Your RDF document validated successfully.

Triples of the Data Model

Number	Subject	Predicate	Object
1	Http://book.crphdm.com/Property/23	Http://www.w3.org/1999/02/22-rdf-syntax-ns#type	Http://www.w3.org/2002/07/owl#ObjectProperty
2	Http://book.crphdm.com/Property/23	Http://www.w3.org/2000/01/rdf-schema#label	"重量"@en
3	Http://book.crphdm.com/Property/23	Http://www.w3.org/2000/01/rdf-schema#label	"权重"@zh
4	Http://book.crphdm.com/Property/23	Http://www.w3.org/2002/07/owl#versionInfo	"1.0"
5	Http://book.crphdm.com/Property/23	Http://www.w3.org/2004/02/skos/core#note	"每个词在知识体系中所占的权重"@zh
6	Http://book.crphdm.com/Property/23	Http://www.w3.org/1999/02/22-rdf-syntax-ns#type	Http://www.w3.org/2002/07/owl#ObjectProperty
7	Http://book.crphdm.com/Property/23	Http://www.w3.org/2000/01/rdf-schema#label	"index"@en
8	Http://book.crphdm.com/Property/23	Http://www.w3.org/2000/01/rdf-schema#label	"索引"@zh
9	Http://book.crphdm.com/Property/23	Http://www.w3.org/2002/07/owl#versionInfo	"1.0"
10	Http://book.crphdm.com/Property/23	Http://www.w3.org/2004/02/skos/core#note	"在"GB/T 50262-2013铁路工程基本术语标准"中的索引号@zh
11	Http://book.crphdm.com/class/	Http://www.w3.org/1999/02/22-rdf-syntax-ns#type	Http://www.w3.org/2002/07/owl#Class
12	Http://book.crphdm.com/class/	Http://www.w3.org/2000/01/rdf-schema#subClassOf	Http://www.w3.org/2004/02/skos/core#Concepts
13	Http://book.crphdm.com/class/	Http://www.w3.org/2000/01/rdf-schema#label	"铁路终端"@en
14	Http://book.crphdm.com/class/	Http://www.w3.org/2000/01/rdf-schema#label	"铁路工程专业术语"@zh
15	Http://book.crphdm.com/class/	Http://www.w3.org/2004/02/skos/core#note	"铁路工程专业术语"@zh
16	Http://book.crphdm.com/concept/135	Http://www.w3.org/1999/02/22-rdf-syntax-ns#type	Http://book.crphdm.comRailwayTerm

图 8-2 RDF 语法检测示意

3. 样例详解

本“样例详解”针对示例 8 中的示例代码。示例 8 中的样例代码结构如下。

1~2 行为 XML 文件的基本属性定义；

3~9 行为 XML 的根元素及其命名空间定义；

10~22 行为知识元中新的属性定义；

23~29 行为新的知识元类型定义；

29~82 行为知识单元中所涉及的知识元的定义；

83~92 行为知识单元中所涉及的新的关联关系类型的定义；

93~128 行为知识单元中所涉及的知识关联关系的定义；

129~136 行为第一个知识单元中所涉及的用户情境的定义；

137~145 行为第一个知识单元中所涉及的知识应用需求的定义；

146~151 行为第一个知识单元的应用需求的定义；

152~162 行为第一个知识单元中所涉及的知识元集合的定义；

163~175 行为第一个知识单元的定义；

176~183 行为第二个知识单元所涉及的用户情境的定义；

184~192 行为第二个知识单元所涉及的知识应用需求的定义；

193~198 行为第二个知识单元所涉及的应用需求的定义；

199~209 行为第二个知识单元所涉及的知识元集合的定义；

210~222 行为第二个知识单元的定义；

223 行为整个文档的结束。

其中，1~2 行为 XML 文件的基本属性定义，3~9 行为 XML 的根元素及其命名空间定义。这里需要加入 XML 文档中所有用到的命名空间，包括文档中所用到的专有的命名空间（如 rdfs 等），也需要包含文档中自定义的命名空间（如 gkadm）。第 223 行也即文档的尾行，为根元素的结尾。

10~15 行、16~22 行为新属性的定义，以前者为例，说明如下。

```
10  <owl:ObjectProperty rdf:about="http://book.crphdm.com/Property/23">
```

本行定义了知识元的“属性”元素，并给出 RDF 资源的唯一标识“http://book.crphdm.com/Property/23”。

```
11  <rdfs:label XML:lang="en">weight</rdfs:label>
```

本行定义了属性的名称，为“weight”。

```
12  <rdfs:label XML:lang="zh"> 权重 </rdfs:label>
```

本行定义了属性的中文名称，为“权重”。

```
13  <owl:versionInfo>1.0</owl:versionInfo>
```

本行定义了其版本。

```
14  <skos:note XML:lang="zh"> 每个词在知识体系中所占的权重 </skos:note>
```

本行为新属性的说明。

```
15  </owl:ObjectProperty>
```

本行为知识元的“属性”元素的结束。

23~28 行定义了新的知识元类型“铁路术语”，详细解读如下。

```
23 <owl:Class rdf:about="http://book.crphdm.com/class/">
```

本行定义了新知识元类型与其 RDF 标识。

```
24 <rdfs:subClassOf rdf:resource="http://www.w3.org/2004/02/skos/core#Concepts" />
```

这个新知识元是概念知识元“http://www.w3.org/2004/02/skos/core#Concepts”的扩展。

```
25 <rdfs:label XML:lang="en">RailwayTerm</rdfs:label>
```

本行定义了新知识元的名称，为“RailwayTerm”。

```
26 <rdfs:label XML:lang="zh"> 铁路工程专业术语 </rdfs:label>
```

本行定义了新知识元的中文名称，为“铁路工程专业术语”。

```
27 <skos:note XML:lang="zh"> 铁路工程专业术语 </skos:note>
```

本行为新知识元的中文注解。

```
28 </owl:Class>
```

本行表示新知识元类型元素的结束。

29~82 行为知识单元中所涉及的知识元的定义，包含“铁路信号”“视觉信号”“听觉信号”“夜间信号”“信号机”五个知识元。详情请参见第七章“新闻出版知识服务 知识元描述”的解读。

83~92 行为知识单元中所涉及的知识关联关系类型的定义。以第一个为例做具体说明。

```
83  <gkadm:RelationshipType rdf:about="http://book.crphdm.com/relationtype/25">
```

本行定义了该关系的唯一标识符“http://book.crphdm.com/relationtype/25”。

```
84  <rdfs:subRelationshipOf rdfs:label=" 等级关系 " />
```

本行定义其关系类型为“等级关系”的子类型。

```
85  <rdfs:label XML:lang="zh"> 包含 </rdfs:label>
```

本行定义了关系类型的名称，为“包含”。

```
86  <rdfs:isDefinedBy rdf:resource="http://book.crphdm.com/" />
```

本行说明关系类型的定义人为“http://book.crphdm.com/”。

```
87  </gkadm:RelationshipType>
```

本行表示关系类型定义的结束。

93~128 行为知识单元中所涉及的知识元关联关系的定义。以第一个为例做具体说明。

```
93  <gkadm:Relationship rdf:about="http://book.crphdm.com/relation/131">
```

本行定义了关联关系的 RDF 标识。

```
<dc:identifier>http://book.crphdm.com/relation/131</dc:identifier>
```

本行定义了关系的标识。

```
<gkadm:RelationshipType rdf:resource="http://book.crphdm.com/relationtype/25" />
```

本行定义了关系的类型标识，此处为“包含”关系。

```
<rdfs:label XML:lang="zh"> 包含 </rdfs:label>
```

本行定义了关系的名称。

```
<gkadm:source rdf:resource="http://book.crphdm.com/concept/135" />
```

本行定义了关联关系的源知识元，其 RDF 标识为“http://book.crphdm.com/concept/135”，其名称为“铁路信号”。

```
<gkadm:destination rdf:resource="http://book.crphdm.com/concept/136" />
```

本行定义了关联关系的目标知识元，其 RDF 标识为“http://book.crphdm.com/concept/136”，其名称为“视觉信号”。

```
<gkadm:distance>20</gkadm:distance>
```

本行定义了源知识元和目标知识元之间的距离，即由知识体系构建后台计算系统根据原始文献中出现的频率、关联次数等自动计算而来。

```
100 <rdfs:isDefinedBy rdf:resource="http://book.crphdm.com/relation/" />
```

本行说明了其定义人。

```
101 </gkadm:Relationship>
```

本行表示关联关系定义的结束。

129~136 行为第一个知识单元中所涉及的用户情境的定义，根据本标准 6.2.3.1 的定义，用户情境为描述用户特征及其周围环境的相关信息。代码具体释义如下。

```
129 <gkadm:UserContextType rdf:about="http://book.crphdm.com/usercontext/152">
```

本行定义了用户情境的 RDF 标识。

```
130 <dc:identifier>http://book.crphdm.com/usercontext/152
131 </dc:identifier>
```

此处为用户情境的标识定义。

```
132 <rdfs:label> 图书推荐用户场景 </rdfs:label>
```

本行为用户场景的名称。

```
133 <gkadm:purpose> 图书推荐 </gkadm:purpose>
```

本行定义了用户场景的应用目的。

```
134 <gkadm:typicalRange> 职业教育 </gkadm:typicalRange>
```

本行定义了用户场景的受众范围。

```
135 <gkadm:difficulty> 难 </gkadm:difficulty>
```

本行定义了用户场景的难度。

```
136 </gkadm:UserContextType>
```

本行表示用户场景定义的结束。

137~145 行为第一个知识单元中所涉及的知识应用需求的定义，根据本标准 6.2.3.2 的定义，知识应用需求是以为用户提供个性化知识服务为目的，面向应用的场景、背景、基础内容需求等条件。示例代码释义如下。

```
137 <gkadm:KnowledgeApplicationRequirementType
138 rdf:about="http://book.crphdm.com/appreq/123">
```

此处定义了知识应用需求的 RDF 标识。

```
139 <dc:identifier>http://book.crphdm.com/appreq/123</dc:identifier>
```

本行定义了知识应用需求的标识。

```
140 <rdfs:label> 图书推荐应用需求 </rdfs:label>
```

本行定义了知识应用需求的名称。

```
141 <gkadm:kElemengType> 概念知识元 </gkadm:kElemengType>
```

本行定义了知识应用需求的知识元类型。

```
142 <gkadm:appScenario> 资源推荐 </gkadm:appScenario>
```

本行定义了知识应用需求的应用场景。

```
143 <gkadm:location> 中国 </gkadm:location>
```

本行定义了知识应用需求的使用地点。

```
144 <gkadm:background> 高等教育 </gkadm:background>
```

本行定义了知识应用需求的应用背景。

```
145 </gkadm:KnowledgeApplicationRequirementType>
```

本行表示知识应用需求定义结束。

146~151 行为第一个知识单元的应用需求的定义，其为用户情境与知识应用需求的组合。代码注释如下。

```
146 <gkadm:ApplicationRequirementType
147 rdf:about="http://book.crphdm.com/applicationrequirement/173">
```

此处定义了应用需求的 RDF 标识。

```
148 <gkadm:inUserContext rdf:resource="http://book.crphdm.com/usercontext/157" />
```

本行定义了应用需求的用户情境。

```
149 <gkadm:inKnowledgeApplicationRequirement
150 rdf:resource="http://book.crphdm.com/appreq/123" />
```

此处定义了应用需求的知识应用需求。

```
151 </gkadm:ApplicationRequirementType>
```

本行表示应用需求定义的结束。

152~162 为第一个知识单元中所涉及的知识元集合的定义。代码释义如下。

```
152 <gkadm:KnowledgeElementCollection
153 rdf:about="http://book.crphdm.com/elementcollection/105">
```

此处定义了知识元集合的 RDF 标识。

```
154 <dc:identifier>http://book.crphdm.com/elementcollection/105
155 </dc:identifier>
```

此处定义了知识元集合的标识。

```
156 <rdfs:label> 专业图书推荐知识元集合 </rdfs:label>
```

本行定义了知识元标识的名称。

```
157 <gkadm:knowledgeElement rdf:resource="http://book.crphdm.com/concept/135" />
158 <gkadm:knowledgeElement rdf:resource="http://book.crphdm.com/concept/136" />
159 <gkadm:knowledgeElement rdf:resource="http://book.crphdm.com/concept/137" />
160 <gkadm:knowledgeElement rdf:resource="http://book.crphdm.com/concept/139" />
161 <gkadm:knowledgeElement rdf:resource="http://book.crphdm.com/concept/141" />
```

157~161 行说明其所包含的知识元。

```
162 </gkadm:KnowledgeElementCollection>
```

本行表示知识元集合定义的结束。

163~175 行为第一个知识单元的定义，代码释义如下。

```
163 <gkadm:KnowledgeUnit rdf:about="http://book.crphdm.com/knowledgeunit/125">
```

本行定义了知识单元的 RDF 标识。

```
164 <dc:identifier>http://book.crphdm.com/kunit/141</dc:identifier>
```

本行定义了知识单元的标识。

```
165 <rdfs:label> 铁道专业类图书推荐 </rdfs:label>
```

本行定义了知识单元的名称。

```
166 <skos:note> 铁路工程基本术语 </skos:note>
```

本行为知识单元的说明。

```
<gkadm:inApplicationRequirement
rdf:resource="http://book.crphdm.com/applicationrequirement/172" />
```

此处定义了知识单元的应用需求。

```
<gkadm:knowledgeElementCollection
rdf:resource="http://book.crphdm.com/elementcollection/105" />
```

此处定义了知识单元的知识元集合。

```
<gkadm:relationship rdf:resource="http://book.crphdm.com/relation/131" />
<gkadm:relationship rdf:resource="http://book.crphdm.com/relation/132" />
<gkadm:relationship rdf:resource="http://book.crphdm.com/relation/133" />
<gkadm:relationship rdf:resource="http://book.crphdm.com/relation/134" />
```

此处定义了知识单元所涉及的知识元间的关联关系。

```
</gkadm:KnowledgeUnit>
```

本行表示知识单元的定义的结束。

（五）基于知识单元应用的相关实现

1. 专业领域图书资源推荐的应用案例

基于知识关联关系的专业领域图书推荐算法，以知识单元的 XML 描述为基本数据存储方式，示例数据见本章第三节。

基于知识关联的专业图书推荐系统的实施分为三个步骤：第一步，构建知识元和知识单元；第二步，对专业资源进行知识标引，并在知识单元基础上构建内容资源结构；

第三步，对相关专业资源提取知识单元中所涉及的知识元，并通过知识关联关系计算获取相关资源，按照权重进行排序，最终获得资源推荐。

下面进行详细介绍。

（1）构建知识元和知识单元

知识元与知识单元通过轨道交通专业知识资源库系统中的专业资源知识体系构建子系统完成，通过专业资源知识体系构建系统，能够完成从图书到词汇和知识点、从词汇和知识点到知识点关联以及图书关联的知识加工生产过程。

主要流程如图 8-3 所示。

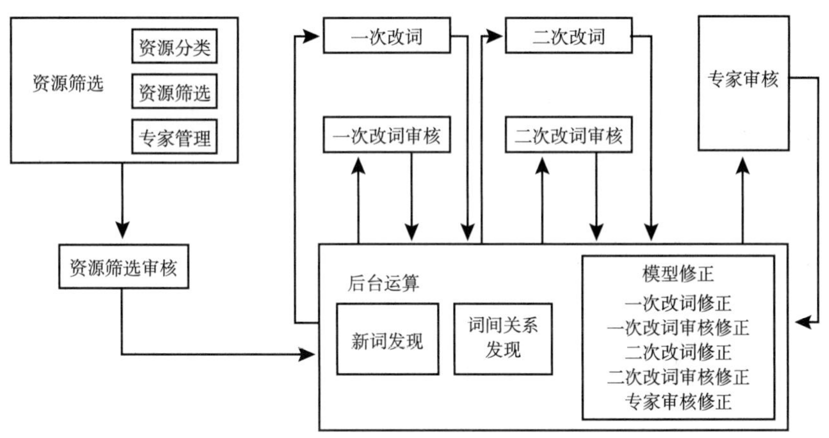

图 8-3　知识体系构建流程示意

先从经过标准化处理的数字资源中筛选出具有知识体系构建价值的资源，包括经典教材、国家 / 行业标准等，再经过后台运算，自动发现词，随后进行人工编校（一次改词）和审核（一次改词审核）。以审核过的词为素材，系统进行词间关系发现计算，随后对发现的词间关系进行人工编校（二次改词）和审核（二次改词审核）。最后通过专家审核所有发现的词和词间关系。编校和审核结果将用于模型的修正和完善。

该方法保证了知识体系构建的高效性和准确性，此流程是经过数年实践而总结出的一种能利用有限资源构建知识体系的可行方法方程。

构建完成的知识体系，遵循本标准，使用知识元和知识单元的 XML 描述对数据进行存储。

（2）知识资源标引

知识资源标引的主要任务有两项：其一是对那些经过知识体系构建的资源构建知识体系与知识资源的关联关系；其二是对那些没有经过知识体系构建的资源，提取资源内包含的词和词间关系，并将知识资源与知识体系构建关联关系。

本示例中的知识资源标引通过轨道交通专业知识资源库系统中的专业资源知识标引子系统完成。主要流程如图 8-4 所示。

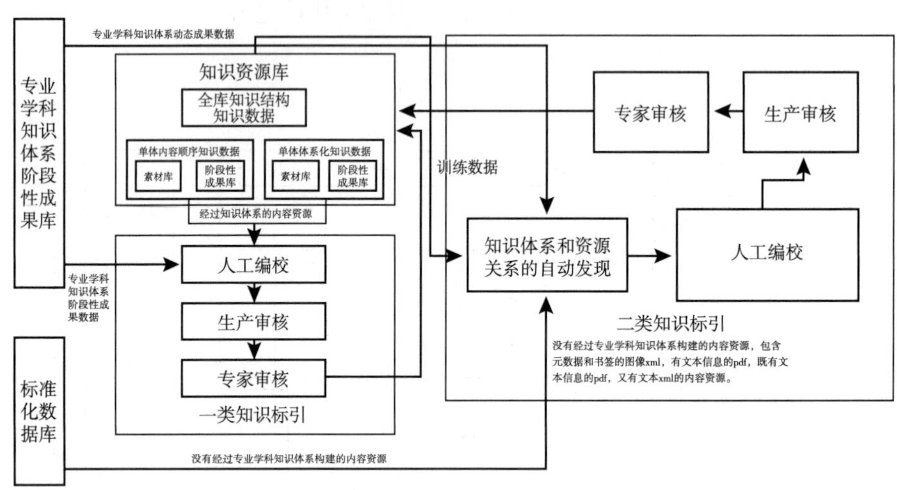

图 8-4　知识资源标引流程示意

为了在系统中表示关联的资源，我们在知识单元的 XML 描述的基础之上定义了关联对象和关联资源两个类型，详情如下。

①关联对象

名称：关联对象

标签：ContentObjectType

定义：知识单元中用于描述和展现知识的内容载体的复合数字对象封装的对象结构。

注释：关联对象中的内容载体包括图片、音频、视频、动漫、程序、数字图书、课程课件、试卷习题等以数字对象形式存在的各种内容资源。这些资源文件可通过其特有的内容标准规范和呈现形式表现知识单元的信息。关联对象和知识元之间存在关联关系，关系包括旁证、来源、应用、扩展、反例等。

属性：dc:identifier（标识）、rdfs:label（名称）、gkadm:isRelatedTo（与……相

关）、dc:title（标题）、dc:subject（主题）、dc:keyword（关键字）、dc:coverage（范围）、dc:format（文件格式）、gkadm:resMeta（资源元数据）、dc:rights（版权信息）、dc:relations（关联关系）、gkadm:mgntMeta（管理元数据）等。知识单元的关联对象扩展属性如图 8-5 所示。

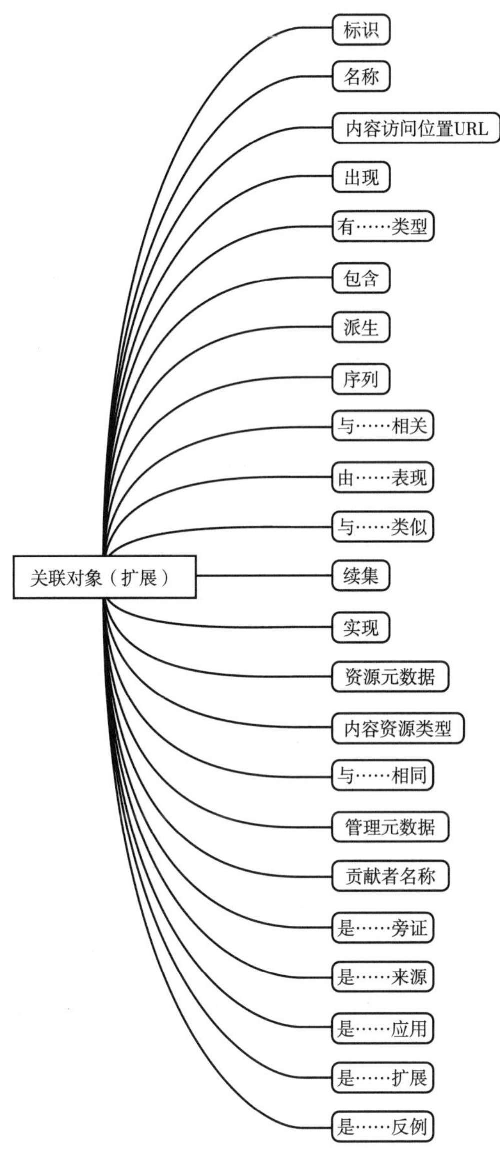

图 8-5　知识单元的关联对象扩展属性

知识单元关联对象属性说明见表 8-1。

表 8-1 知识单元关联对象属性说明

编号	英文标签	中文名称	解释	约束性	数据类型
1	dc:identifier	标识	知识单元关联对象的标识	必选	URI
2	rdfs:label	名称	知识单元关联对象的名称	必选	String
3	gkadm:isRelatedTo	与……相关	与其他知识单元对象的相关关系	可选	rdf:resource
4	gkadm:contentURL	内容访问位置URL	内容资源的访问位置	可选	URL
5	gkadm:type	内容资源类型	内容资源的类型	必选	String，枚举类型
6	owl:sameAs	与……相同	与另一个内容资源相同	可选	rdf:resource
7	dc:title	标题	内容资源标题	必选	String
8	dc:creator	作者	内容资源作者	必选	String
9	dc:contributor	贡献者	内容贡献者	可选	String
9.1	dc:role	贡献者角色	内容贡献者角色	可选	String，枚举类型译者、编撰、责编……
9.2	gkadm:name	贡献者名称	内容贡献者名称（姓名、机构名）	可选	String
10	dc:date	日期	内容资源相关的日期时间属性	可选	DateTime
11	dc:description	描述	内容资源简介	可选	String
12	dc:format	格式	内容资源的格式	必选	String，枚举类型
13	dc:subject	主题	描述关联对象内容主题的关键字或短语集合	可选	String
14	dc:coverage	范围	内容相关的时间或空间范围	可选	String
15	dcterms:temporal	时间范围	内容资源相关的时间范围	可选	Duration
16	dcterms:spatial	空间范围	内容资源相关的空间范围	可选	gkadm:Place
17	dc:language	语种	内容资源所使用的语言	可选	String、枚举类型，iso标准语种名称
18	dc:publisher	出版者	新闻出版机构名称	可选	String
19	dc:source	来源	标注知识单元内容资源的来源	可选	String
20	dc:type	类型	内容资源的一般分类，如绘画、摄影作品、图片、文物等	可选	String，枚举类型
21	dc:rights	版权信息	内容的版权信息	可选	String
22	dcterms:alternative	交替题名	内容资源的其他名称	可选	String
23	dcterms:conformsTo	符合……规范	内容资源遵循的规范	可选	String
24	dcterms:created	资源的创建时间	内容资源的创建时间或年代	可选	String

续表

编号	英文标签	中文名称	解释	约束性	数据类型
25	dcterms:extent	长度	内容资源的时间或空间尺寸，如播放时长，长宽高度等	可选	String
26	dcterms:issued	发行 / 出版时间	内容资源的发行 / 出版时间	可选	DateTime
27	dcterms:medium	媒介材质	资源的物理载体媒介或材料	可选	String
28	dcterms:provenance	出处	资源的出处、提供者、拥有者信息	可选	String 或 rdf:resource
29	dcterms:tableOfContents	资源目录	资源的目录清单信息	可选	String
30	gkadm:mgntMeta	管理元数据	一个内容聚合对象的管理元数据，可扩展的自定义结构	可选	gkadm:MgntMetaType
31	gkadm:resMeta	资源元数据	一个内容聚合对象的资源元数据，可扩展的自定义结构	可选	gkadm:ResMetaType
32	dc:relation	关联关系	以下关系属性是 relation 关系的子属性	可选	String 或 rdf:resource
33	dcterms:hasFormat	存在的相关资源格式	当前内容资源存在的其他相关资源格式	可选	String 或 rdf:resource
34	dcterms:isFormatOf	是相关资源的一种格式	当前内容资源是另一相关资源的一种格式	可选	String 或 rdf:resource
35	dcterms:hasPart	存在相关部分资源	当前内容资源存在的其他相关部分资源	可选	String 或 rdf:resource
36	dcterms:isPartOf	是相关资源的一部分	当前内容资源是另一相关资源的一部分	可选	String 或 rdf:resource
37	dcterms:hasVersion	其他版本资源	当前内容资源相关的其他版本资源，如改编版、升级版、修订版、翻译版等	可选	String 或 rdf:resource
38	dcterms:isVersioOf	是……版本	当前资源是另一相关资源的某个版本	可选	String 或 rdf:resource
39	dcterms:reference	引用	当前资源引用了另一相关资源	可选	String 或 rdf:resource
40	dcterms:isReferencedBy	被引用	当前内容资源被另一相关资源引用	可选	String 或 rdf:resource
41	dcterms:replaces	替代	当前内容资源替代了另一相关资源	可选	String 或 rdf:resource
42	dcterms:isReplacedBy	被替代	当前内容资源已被另一相关资源替代	可选	String 或 rdf:resource
43	dcterms:requires	依赖	当前资源依赖于另一相关资源	可选	String 或 rdf:resource
44	dcterms:isRequiredBy	被依赖	当前资源是另一相关资源的依赖	可选	String 或 rdf:resource
45	gkadm:hasType	有……类型	当前关联对象有哪种类型的资源	可选	String
46	gkadm:realizes	实现	当前关联对象内容资源表现的物理实体资源	可选	String 或 rdf:resource
47	gkadm:incorporates	包含	关联对象包含了另一独立关联对象	可选	String 或 rdf:resource

续表

编号	英文标签	中文名称	解释	约束性	数据类型
48	gkadm:isDerivativeOf	派生	一个关联对象派生自另一个关联对象。不同于一部作品的更新版本。可以是译本、摘要	可选	String 或 rdf:resource
49	gkadm:isNextInSequence	序列	定义不同关联对象间的顺序关系	可选	String 或 rdf:resource
50	gkadm:isRepresentationOf	由……表现	定义当前描述的关联对象由哪个具体的资源来呈现	可选	String 或 rdf:resource
51	gkadm:isSimilarTo	与……类似	与当前描述的内容资源与哪个资源相似	可选	String 或 rdf:resource
52	gkadm:isSuccessorOf	续集	定义当前描述的关联对象的后继对象	可选	String 或 rdf:resource
53	gkadm:hasMet	出现	一个关联对象描述的实体的创作或发现的时间、地点等属性	可选	String 或 rdf:resource
54	gkadm:isEvidenceOf	是……旁证	当前关联对象是某个知识元的旁证	可选	String 或 rdf:resource
55	gkadm:isSourceOf	是……来源	当前关联对象是某个知识元的来源	可选	String 或 rdf:resource
56	gkadm:isApplicationOf	是……应用	当前关联对象是某个知识元的应用	可选	String 或 rdf:resource
57	gkadm:isExtensionOf	是……扩展	当前关联对象是某个知识元的扩展	可选	String 或 rdf:resource
58	gkadm:isCounterOf	是……反例	当前关联对象是某个知识元的反例	可选	String 或 rdf:resource

②关联资源

名称：关联资源

标签：ore:Aggregation

定义：由与知识单元相关的内容资源关联聚合而成的资源。

注释：关联资源遵循 OAI-ORE（Open Archives Initiative Object Reuse and Exchange）规范管理已存在的聚合资源。

属性：dc:identifier（标识）、gkadm:aggregatedRO（聚合资源对象）、gkadm:dataProvider（关联资源提供者）、gkadm:hasView（视图资源）、gkadm:isShownAt（关联资源呈现于）、gkadm:isShownBy（关联资源被呈现）、gkadm:object（关联资源的缩略呈现对象 URL）、gkadm:provider（发布者）、dc:rights（资源权利元数据）、gkadm:rights（发布权利元数据）、gkadm:ugc（用户产生内容）、gkadm:mgntMeta（管理元数据）。其中管理元数据应结合实际应用进行扩展。知识单元的关联资源属性如图 8-6 所示。

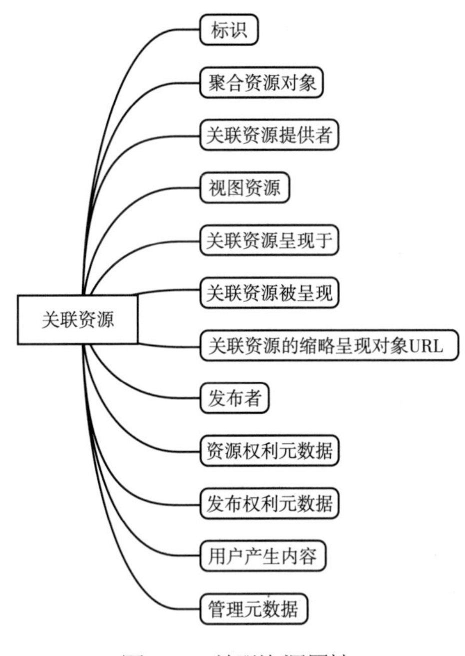

图 8-6 关联资源属性

知识单元的关联资源属性说明如表 8-2 所示。

表 8-2 知识单元的关联资源属性说明

编号	英文标签	中文名称	解释	约束性	数据类型
1	dc:identifier	标识	关联资源的标识	必选	URI
2	gkadm:aggregatedRO	聚合资源对象	聚合资源对象的访问链接	必选	URL
3	gkadm:dataProvider	关联资源提供者	关联资源提供者	可选	String
4	gkadm:hasView	视图资源	关联资源的视图资源链接	可选	URL
5	gkadm:isShownAt	关联资源呈现于	呈现关联资源对象的访问链接	可选	URL
6	gkadm:isShownBy	关联资源被呈现	关联资源对象权利所有者的访问链接	可选	URL
7	gkadm:object	关联资源的缩略呈现对象 URL	关联资源的缩略呈现对象链接	可选	URL
8	gkadm:provider	发布者	关联资源的发布者	可选	String
9	dc:rights	资源权利元数据	关联资源的权利元数据	可选	String
10	gkadm:rights	发布权利元数据	关联资源发布运营相关的权利元数据	可选	String
11	gkadm:ugc	用户产生内容	关联资源相关的用户产生内容	可选	String
12	gkadm:mgntMeta	管理元数据	关联资源的管理元数据	可选	gkadm: Mgnt Meta Type

示例 9 为关联对象示例。本示例定义了两个资源对象，分别为两本图书。示例代码如下：

```
<gkadm:ContentObjectType rdf:about="http://book.crphdm.com/book/005">
    <dc:identifier>http://book.crphdm.com/book/005</dc:identifier>
    <rdfs:label>GB/T 50262—2013《铁路工程基本术语标准》</rdfs:label>
    <dc:title>GB/T 50262—2013《铁路工程基本术语标准》</dc:title>
    <dc:subject> 铁路工程 </dc:subject>
    <dc:subject> 术语 </dc:subject>
    <dc:subject> 国家标准 </dc:subject>
    <dc:keyword> 铁路工程 </dc:kcyword>
    <dc:format>PDF</dc:format>
    <gkadm:isSourceOf rdf:resource="http://book.crphdm.com/concept/135" />
    <gkadm:isSourceOf rdf:resource="http://book.crphdm.com/concept/139" />
</gkadm:ContentObjectType>
<gkadm:ContentObjectType rdf:about="http://book.crphdm.com/book/026">
    <dc:identifier>http://book.crphdm.com/book/026</dc:identifier>
    <rdfs:label>《铁路技术管理规程》(高速铁路部分)条文说明下册 </rdfs:label>
    <dc:title>《铁路技术管理规程》(高速铁路部分)条文说明下册 </dc:title>
    <dc:subject> 铁路技术 </dc:subject>
    <dc:subject> 管理规程 </dc:subject>
    <dc:keyword> 铁路技术 </dc:keyword>
    <dc:format>XML</dc:format>
    <gkadm:isSourceOf rdf:resource="http://book.crphdm.com/concept/136" />
    <gkadm:isSourceOf rdf:resource="http://book.crphdm.com/concept/137" />
    <gkadm:isSourceOf rdf:resource="http://book.crphdm.com/concept/141" />
    <gkadm:isApplicationOf rdf:resource="http://book.crphdm.com/concept/135" />
    <gkadm:isApplicationOf rdf:resource="http://book.crphdm.com/concept/139" />
</gkadm:ContentObjectType>
```

本段代码定义了两个关联对象，分别为GB/T 50262—2013《铁路工程基本术语标准》和《铁路技术管理规程》（高速铁路部分）（条文说明下册）两本图书，分别与相应知识元进行关联。同时，对知识单元的XML描述进行扩展，加入关联资源属性，示例代码如下：

```
<gkadm:ContentObject rdf:resource="http://book.crphdm.com/book/005" />
<gkadm:ContentObject rdf:resource="http://book.crphdm.com/book/026" />
```

这时，对应的知识单元就可以关联相应的内容资源了。

（3）资源推荐计算方法

得益于知识单元XML描述的引入和对知识资源存储的扩展，我们可以利用上述XML描述进行基于知识关联关系的资源推荐计算。具体流程如图8-7所示。

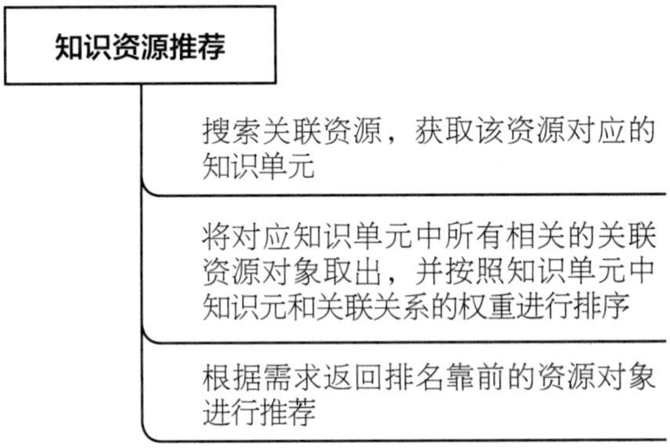

图8-7 知识资源推荐流程示意

首先通过关联资源，获取相应的知识单元集合，然后到每一个知识单元内部获取相应的关联资源对象，再将关联资源对象按权重排序，并取出排名靠前的资源进行推荐。

本方法计算量较小，效率较高，能够解决专业资源的推荐问题。

2. 专业领域术语检索的应用案例

专业领域术语检索，可以转化为搜索知识单元中所包含的知识元和知识元关联关系，并按照关联关系的权重进行排序。

具体流程如图 8-8 所示。

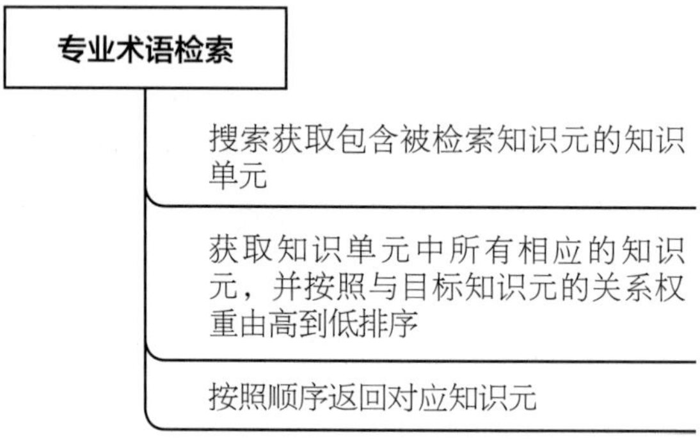

专业术语检索

搜索获取包含被检索知识元的知识单元

获取知识单元中所有相应的知识元，并按照与目标知识元的关系权重由高到低排序

按照顺序返回对应知识元

图 8-8　专业术语检索流程示意

首先找到包含被检索知识元的知识单元，随后获取知识单元中所有相关的知识元，并按与被检索知识元的关联关系权重由高到低排序，优先返回等同关系的知识元，并按次序返回相应词汇。

（六）总结

本章通过“专业领域图书资源推荐”和“专业领域数据检索”两个案例，介绍了《新闻出版 知识服务 知识单元描述》的应用方法，并对相应标准进行了解读。

《新闻出版 知识服务 知识单元描述》为广大新闻出版工作者提供了切实可行的面向应用的知识单元构建和应用方法，可以方便、快捷、灵活、创新地构建基于知识关联关系的专业知识资源主动推送和个性化智能检索功能的应用。

图书在版编目(CIP)数据

出版业知识服务转型之路：知识服务国家标准解读 / 魏玉山主编. -- 北京：社会科学文献出版社, 2021.10
ISBN 978-7-5201-9171-5

Ⅰ. ①出… Ⅱ. ①魏… Ⅲ. ①出版业 - 国家标准 - 中国 - 学习参考资料 Ⅳ. ①G239.2-65

中国版本图书馆CIP数据核字（2021）第205628号

出版业知识服务转型之路
——知识服务国家标准解读

主　　编 / 魏玉山
副 主 编 / 张　立
执行主编 / 刘颖丽

出 版 人 / 王利民
责任编辑 / 刘　姝
文稿编辑 / 陈美玲
责任印制 / 王京美

出　　版 / 社会科学文献出版社 · 数字出版分社（010）59366434
地址：北京市北三环中路甲29号院华龙大厦　邮编：100029
网址：www.ssap.com.cn
发　　行 / 市场营销中心（010）59367081　59367083
印　　装 / 三河市龙林印务有限公司

规　　格 / 开　本：787mm×1092mm　1/16
印　张：17　字　数：291千字
版　　次 / 2021年10月第1版　2021年10月第1次印刷
书　　号 / ISBN 978-7-5201-9171-5
定　　价 / 89.00元